Zeichen Zur Zeit

Kärnten – Kirche – Kommentare

von

Ulrich Habsburg-Lothringen

der wolf verlag
A–9411 St. Michael

Für den Inhalt verantwortlich: Dipl.-Ing. Dr. Ulrich Habsburg-Lothringen
Umschlaggestaltung: der wolf – verlag & agentur
Druck: Druckerei Theiss GmbH, A-9431 St. Stefan

ISBN 3-901551-74-3

Zeichen Zur Zeit

Kärnten – Kirche – Kommentare

von

Ulrich Habsburg-Lothringen

Inhaltsverzeichnis

Vorwort

Das vorliegende Buch versucht ein Stimmungsbild der Jahre 1986-2003 wiederzugeben und behandelt den Zeitraum von der Bundespräsidentenwahl 1986 bis heute. Durch den Abdruck von Leserbriefen und den Reaktionen darauf, hoffe ich auch für nicht direkt Beteiligte den Zeitgeist zu erfassen und widerzuspiegeln.
Als Autor, aber auch meine Frau Friederike, kritisch bis sozialkritisch eingestellt, lieferten wir mit Leserbriefen, Kommentaren in Zeitungen, oder durch Unterstützung von Ausstellungen – Wehrmachtsausstellung – genügend Zündstoff, damit die Meinung aus dem Volk richtig zum Vorschein kommen konnte.
Es begann mit der Zeit der Wahlkampagne Waldheims zum Bundespräsidenten, wo viel unaufgearbeitete Vergangenheit aus den braunen Tiefen zum Vorschein kam. Das beliebte Kärntner Thema „Volksgruppe" ließ wiederum die Urangst der Germanen vor einer Slowenisierung zu Tage treten, wo die große deutschsprachige Volksgruppe anscheinend in Gefahr sein sollte, von der kleinen slowenischsprachigen majorisiert zu werden.
Die Vorgänge in der katholischen Kirche, wo es Bestrebungen gab und gibt, wieder in der geistigen Einstellung hinter das 2. Vatikanische Konzil zurückzugehen, gab natürlich mit den konservativen Bischofsbestellungen von Krenn, Groer, Eder, Küng und Laun, welche schließlich zu Kirchenvolksbegehren führten, ebenfalls genügend Stoff zur Bearbeitung und Herausforderung von Reaktionen.
Die Wehrmachtsausstellung in Klagenfurt brachte ein explosives Gemisch aus Nazismus, Antisemitismus, Slowenenfeindlichkeit, germanischer Überheblichkeit und vorgestriges Denken zum Vorschein. In dieser Situation versuchte die katholische Kirche, nicht genau Stellung beziehend, über die Runden zu kommen, um ihre, zum Teil vorgestrigen Schäfchen, nicht zu provozieren. Dabei kam auch der latente Antisemitismus in Österreich wieder zu Tage, was schließlich soweit ging, dass aufgrund anonymer Briefe – es war die Zeit der Briefbombenattentate in Burgenland, Wien und Hartberg – mein Haus zu meiner persönlichen Sicherheit von der Gendarmerie überwacht wurde.
Schließlich werden auch noch die EU-Erweiterung, der Transitverkehr und aktuelle Tagesthemen in diesem Buch behandelt.
Alle diese Themen wurden von mir und meiner Frau in Form von Kommentaren für Zeitungen, sowie in Vorträgen aus unserer persönlichen und subjektiv gefärbten Sicht der Dinge, behandelt. Biographische Skizzen runden diese Publikation ab.

Ulrich Habsburg-Lothringen

Über den Autor

Vom Sohn des Großgrundbesitzers zum Grünen

Viele werden sich wundern, besonders die Geschwister, und man kann es ihnen nicht verübeln, wenn man nach fast 60 Lebensjahren als Grünpolitiker einer Kleinstadt auftritt, die Interessen eher der Kleinwaldbesitzer als der Großwaldbesitzer vertritt und marxistisches Gedankengut, welches systembedingt in der Nähe des christlichen liegt, nicht von vornherein verwirft.

Es begann alles im Jahre 1941, der mütterliche Großwaldbesitz, damals noch meinem dänischen Großvater gehörend, beschäftigte an die 100 Leute im 3500 Hektar großen Betrieb, welcher auch eine 40 Hektar große Landwirtschaft betrieb. Die Eltern hatten beide Forstwirtschaft studiert, der Vater leitete den Betrieb. Das Herrschaftshaus mit Büro und landwirtschaftlichem Hof lag im Tal – der Großvater Mozarts mütterlicherseits soll dort zur Zeit salzburgischer Herrschaft residiert haben. Die Sommer wurden am Jagdhaus verbracht, mit Tanten, Onkeln, Großeltern und Cousinen. Der ganze Hofstaat siedelte zu diesem Zweck Anfang Juli mit Hühnern, Kuh, Köchin, Stuben- und Kindermädchen ins 1000 Meter hoch, auf der Koralpe gelegene Jagdhaus, von wo man einen herrlichen Ausblick auf das untere Lavanttal und Südkärnten hatte. Mit Schulbeginn im September, wurde wieder ins Tal übersiedelt. Auf der Alm konnte ich miterleben, wie die Holzknechte noch teilweise in Rindenhütten im Wald schliefen, wie das entrindete Holz auf den bis zu zehn Hektar großen Kahlschlägen, unter teilweise lautem Tönen der sich gegenseitig anstoßenden Bloche, händisch in den Graben und sodann längs diesem zur nächsten Straße geliefert wurde. Es war teilweise eine eigenartige Musik dieser klingenden Hölzer, die so die steilen Hänge hinunter rutschten.
Die Holzarbeiter bekamen teilweise vom Forstbetrieb kleine Landwirtschaften – Deputathuben – zugeteilt. Hier lebten sie in einfachen Häusern, mit einem Stall für ihre Kühe, Schweine und Hühner und waren teilweise Selbstversorger. Auf den flacheren Stellen wurde Getreide, Mohn und Kartoffel bisweilen auch Futterkürbisse angebaut. Viele Kinder gab es hier, ob es gleichviel Betten gab bezweifle ich. Auch unterhalb des Jagdhauses lebten Forstarbeiter, die Familie Zahn. Hier wurde auch unsere Kuh im Sommer eingestellt, damit die tägliche Milch für das Jagdhaus geliefert werden konnte. Mit den Arbeiterkindern zu spielen, beim Melken zu helfen oder gar den Dreschflegel schwingen zu können war für uns Kinder ein besonderes Erlebnis. An manchen Nachmittagen hörte man die eigenartigen rhythmischen Töne des Dengelns der Sense.

Ja fast hätte ich verschwiegen, dass ich noch eine um ein Jahr jüngere Schwester, sowie einen um drei Jahre jüngeren Bruder habe. Hier auf dem Jagdhaus bekam ich auch viel vom täglichen Betriebsablauf mit. Im anschließenden Forstgarten wurden die Bäume für die Wiederbewaldung der

Kahlschläge herangezogen. Die Forstarbeiterfrauen fanden hier im Sommer ein zusätzliches Einkommen. Ihr Stundenverdienst war jedoch geringer als jener der Männer bei gleicher Arbeit – ein Zustand der mir damals schon sehr merkwürdig vorkam, obwohl er laut Kollektivvertrag in Ordnung war. Es mag teilweise die soziale Einstellung meiner dänischen Mutter gewesen sein, sonntags früh zu Mittag zu essen, damit das Küchenpersonal einen freien Nachmittag verbringen konnte, die mich sensibel machte. Bei Wahlen wurde sie von uns bisweilen im Spaß gefragt, ob sie wohl bei der richtigen Partei, der ÖVP und nicht bei der SPÖ, ihr Kreuz gesetzt hätte.

Nach dem Besuch des nahen Stiftsgymnasiums ging es nach Wien an die Hochschule für Bodenkultur um Forstwirtschaft zu studieren. Hier fand ich erstmals richtigen Zugang zu einer weiteren Geisteswelt. Die Kleinkariertheit einer kärntnerisch zentrierten Sichtweise wurde aufgerissen, die Lektüre von Kurier, Express und Presse forderten zur geistigen Stellungnahme heraus, obwohl ich noch immer dem Konservativen zugetan war. Zu dieser Zeit heiratete ich auch, wenn auch nicht ganz standesgemäß.
Nach dem Abschluss des Studiums war die vierjährige Tätigkeit als Hochschulassistent – es war die Zeit der berühmten 68er Jahre – grundlegend für eine weitere Öffnung meines Blickfeldes. Probleme der Wirtschaftsstrukturen von Forstbetrieben wurden klar ersichtlich, der Übergang von der händischen Arbeit zur maschinellen Arbeit hatte sich gerade teilweise vollzogen. Auch mein Bruder hatte mit seinem forstwirtschaftlichen Studium begonnen und meine Schwester war als Mag. der Handelswissenschaften ebenfalls auf der Hochschule für Bodenkultur als Hochschulassistentin tätig.
Und in dieser Zeit passierte es, mein Vater, führend in der Vertretung des Großwaldes, hatte einen tödlichen Autounfall. Nach dem Begräbnis, mit Onkeln und guten Bekannten meiner Eltern zusammensitzend, wurde das erste Mal das Problem des Erbens diskutiert. Alle waren der Meinung, ich sollte Hochschulprofessor werden und daher nur 160 Hektar Wald, sowie die Landwirtschaft erhalten. Schließlich kam die Mutter zum salomonischen Urteil, der Tüchtigere solle später den Betrieb übernehmen.

Mein Bruder ging bald nach dem Tod des Vaters in den mütterlichen Betrieb – nachdem dort meine Mitarbeit nicht gefragt war – und leitete diesen gemeinsam mit meiner Mutter, während ich drei Jahre Praxis in einem Großforst in der Steiermark absolvierte, dann in die Dienste der Zellstoff- und Papierfabrik Frantschach trat. Hier lernte ich natürlich die Forstwirtschaft von der anderen Seite kennen, wurde anfangs von meinen Studienkollegen als Verräter angesehen, da ich die feindliche Papierindustrie nun vertreten würde. Leider war zu dieser Zeit kein adäquater Job für mich in der österreichischen Forstwirtschaft vorhanden. Ein Angebot aus dem Ausland lehnte ich ab, da jenes aus Frantschach besser war.
Hier begann nun das Problem als präsumtiver Erbe eines Großforstes angesehen zu werden, was sich schließlich Ende 1979 klären sollte. Mit 30 Hektar

Landwirtschaft und 19 Hektar Forst sowie einem Geldbetrag, der für den Kauf von knapp 15 Hektar Wald gereicht hätte, wurde ich nun angeblich gerecht abgefunden. An die Aussagen beim Begräbnis meines Vaters konnte sich plötzlich niemand mehr erinnern. Die Landwirtschaft erhielt ich ohne Wohnhaus, ohne den zirka 50 Stück Vieh, ohne Maschinen und mit herausgerissener Melkanlage. Da stand ich nun mit einer 30 Hektar großen Landwirtschaft, ohne Traktor, ohne Pflug, ohne Egge, die Ställe waren leer, und ich zu 150 Prozent meiner Zeit in der Papierfabrik engagiert. Letzteres sollte sich jedoch nach einigen Jahren ändern, da ich gezwungen war mein Dienstverhältnis mit Frantschach zu lösen.

Nun musste es mir gelingen, in einer Zeit, wo es den Forstbetrieben wirtschaftlich schlecht ging, als forstlicher Zivilingenieur, hauptsächlich von den Einkünften meiner Land- und Forstwirtschaft lebend, auch meinen drei Söhnen eine Universitätsausbildung zukommen zu lassen. Dies in einer Zeit, als die Großforste Verluste einfuhren, die Holzpreise und landwirtschaftlichen Erträge stark zurückgingen, die Lohnkosten aber deutlich anstiegen.
Es gelang mir von knapp 50 Hektar zu leben, während es Eigentümer von Großforsten anscheinend nicht konnten. Zwar gelang mir das physische Leben, mit dem seelischen hatte ich jedoch meine Probleme. Von vielen Menschen wurde ich nicht verstanden, da sie meinten, ich hätte als Ältester den mütterlichen Betrieb übernommen oder zumindest ein Drittel davon erhalten. Zivilingenieurkollegen konnten es auch nicht verstehen, dass ich es nötig hätte, ihnen Konkurrenz zu machen. Kaum hatte sich bei mir eine Narbe über die angeblich gerechte Erbaufteilung gebildet, wurde sie mir wieder mehrmals im Jahr von Personen aufgerissen, denen ich erklären musste, warum ich mit knapp 50 Hektar an Erbschaft bei einem 3500 Hektar großen Betrieb abgefunden wurde. Und als Begleitmusik gab es von Seiten der Großforste immer das Gejammer über die schlechte wirtschaftliche Lage.

Dass man, wenn man all dies miterlebt hat, trotzdem sagen kann, auf einem 50 Hektar großen Land- und Forstbetrieb so gut gewirtschaftet zu haben, dass neben dem Lebensunterhalt auch das Studium für die drei Söhne, die keine sozialen Beihilfen erhielten, möglich war, vom konservativen ÖVP-Anhänger zum linksorientierten Grünen wurde, sollte keinen verwundern. Die Forstwirtschaft sollte ja grün sein, leider wird die soziale Komponente, die Bedeutung der Forstwirtschaft für die Allgemeinheit, für die Erholung und Volksgesundheit sehr stark von den Eigentumsrechten überlagert und verdeckt.
Rückblickend lässt sich sagen, dass mich die soziale Komponente meiner dänischen Mutter in der Jugend geprägt hat, ihr und ihrer Berater Unverständnis für Gerechtigkeit bei der Erbfolge mir die Augen für eine Forstwirtschaft, gelöst von Eigentumsproblemen, geöffnet hat. Dies mag zu recht den Anschein ergeben, eine Wandlung vom Konservativen zum linksorientierten Grünen durchgemacht zu haben.

lert Juden und
atürlich ein Zerr-
und Österreich
ann einige Hun-
ch mit einem

ließ schon
s, in Österreich
n. Sehen Sie
Sie seine Ambi-

sein politisches
d der europäi-

vom Haus Habs-
erreichischen
das Verhältnis
nd der Republik

Habsburger-Ge-
Ungeist der
allen. Sie ste-
heutigen
Normalität. We-
owakei, weder
diese Beispiele
chrechtswidrige

t Ihr Haus be-
Rechte einer-
nen Ansprüche
mpromißweg,
klärung laut
ckgabe von Ver-

gen habe ich
das auch in Zu-
zu sehr Jurist,
gegeneinander

chen Ihrem
werden, würden
sitz in Öster-
zudem in Öster-
bewerben?
es Mandat als
und will mich
ganz widmen.
ERT WACHTER

Etwas andere Habsburger: Erfinder Ulrich Habsburg-Lothringen mit seiner Frau Friederike (links), Bruder Christoph (oben): „Etwas anders als die anderen."

Ulrich, Friederike, Christoph Habsburg-Lothringen im NEWS-Gespräch

Die Kärntner Linie: bunte Vögel mit blauem Blut

Der Herr von der Handelskammer schickt seine Warnung ohne Umschweife übers Telefon von Kärnten nach Wien: Der Herr, den ich suchte, hätte „einen Tick". Worin sich der Tick ausdrücke? Der Kämmerer weiß eine prompte Antwort. „Na, wie er sich anzieht, wie er sich gibt. Aber freundlich ist er schon."

Ulrich Habsburg-Lothringen, Abkömmling des italienischen Zweigs der Kaiserfamilie, Urenkel Ferdinands IV, des letzten Großherzogs der Toskana und „dritten oder vierten Grades" verwandt mit Otto von Habsburg, enttäuscht vorurteilsbeladene Befürchtungen. Der 51jährige Kunstfreund erträgt ein recht weltliches Schicksal. Seitdem er die Frantschacher Zellstoffwerke wegen „Meinungsverschiedenheiten mit der Geschäftsführung" verließ, muß er sein Geld als freiberuflicher Zivilingenieur für Forst- und Holzwirtschaft verdienen. Er arbeitet als Konsulent für die Klagenfurter Holzmesse, berät Forstbetriebe, hat, wie er sagt, „eine Menge G'schaftln" und betätigt sich nebenbei als Erfinder. So soll sein „HMK-Milchkarton" – ein graues Stück Pappendeckel, richtig zusammengefaltet – junge Nadelbäume vor zuviel störendem Graswuchs schützen. Doch die Großaufträge blieben bislang aus. Dafür aber lernte er, ganz unadelig, die Nöte der Arbeitssuche kennen. Auch bei der Landesregierung stößt er, obzwar Träger eines klingenden Namens, immer wieder an enge Grenzen: „Ich bin kein großer Freund der zweitgrößten Partei Kärntens. Die ist aber im wirtschaftlichen Leben nicht auszuschalten. Ich kriege aus dem Kärntner Raum kaum Aufträge." Immer schon, erzählt sein Bruder, der Forstdirektor Christoph, sei Ulrich „anders als die anderen" gewesen. Und der etwas andere Habsburger erinnert sich gerne der Anfänge seiner Andersartigkeit: „Bei mir hat's mit der Slowenenfrage begonnen." Immer schon setzte er sich für die Rechte der Arbeitnehmer ein, sagt Herr Habsburg. „Ich habe etwa nie verstanden, warum Frauen weniger verdienen sollen als Männer." Sein Eintreten für Minderheiten ist in Kärnten offenbar nicht gerade gefragtes Ideal. Genausowenig wie antifaschistisches Engagement. Mit seiner zum Judentum konvertierten Frau Friederike betätigt er sich im „christlich-jüdischen Koordinationsausschuß" und erlebt dadurch in seiner Umgebung gesellschaftliche Isolation.

Nicht gerade eingestellt, aber auf ein Mindestmaß reduziert sind die Verbindungen zur Großfamilie, sind die Kontakte zum Über-Otto. Nur alle zehn Jahre, sagt Ulrich, sehe er seinen berühmten Verwandten. Vor allem die energische Frau des Hauses will mit der höchsten aller Hochadelsfamilien absolut nichts zu tun haben: „Ich finde in wesentlichen Fragen des Lebens keine Gemeinsamkeit." Am Begräbnis von Kaiserin Zita nahmen beide, obzwar geladen, nicht teil. Friederike nicht, „weil ich mich nicht als Teil des Hauses Habsburg verstehe", Ulrich nicht, „weil ich kein großer Begräbnisgeher bin. Überdimensionaler Totenkult liegt mir nicht." Reibeflächen mit der Habsburgischen Familienpolitik gibt es also genug. Dort aristokratischer Prunk und Pomp, hier feinbürgerliche Zurückhaltung. Dort ein Clan, der sich als der Hort des Konservativismus versteht, hier ein Einzelkämpfer, der schon lange – und mit Stolz – den Spitznamen „der rote Habsburger" trägt.

Trotzdem gibt es da etwas, das ihn, den bunten habsburgischen Vogel, an seinen Familienkäfig fesselt. Ein reinrassiger Linker wird Herr von Habsburg wohl nie werden, genausowenig wie er ein reinrassiger Habsburger ist. Von seiner Frau mit heftigen Stoßseufzern kommentiert, erzählt Ulrich von seiner ungebrochenen Treue zur monarchistischen Studentenverbindung „Maximiliana"; auch fühlt er sich „diskriminiert", weil Mitglieder der Familie Habsburg nach wie vor nicht zum Bundespräsident gewählt werden dürfen. Er bezeichnet die hochkommende Habsburger-Nostalgiewelle zwar als „unwürdige Reise in ein monarchisches Disneyland", fühlt sich aber andererseits nicht verpflichtet, unrepublikanische Ehrerbietungen zurückzuweisen. „Verschiedenen Leuten ist es einfach ein Bedürfnis, ‚Kaiserliche Hoheit' zu sagen. Diese Menschen sollte man nicht unbedingt vor den Kopf stoßen."

OTHMAR PRUCKNER

Über Kärnten

FAX an
DER STANDARD
Redaktion

29. November 1990

Betrifft:
Leserbrief zur Äußerung Haiders vom 29. 11. 90 zur Kath. Flüchtlingspolitik

Anfrage eines christlichen Mitbruders an seinen Landeshauptmann in Kärnten:

Lieber Glaubensbruder!
War die Art Ihrer Stellungnahme zur Asylanten-Politik unserer katholischen Kirche in einer Form, welche an die Zeiten des nationalsozialistischen Kirchenkampfes erinnert, unbedingt notwendig?
Nicht nur die Bischöfe, sondern auch wir Katholiken sind mit diesen die Kirche.
Auf viele von uns mag Ihre Stellungnahme zutreffen. Auch kleinere Waldbesitzer als Stifte und die katholische Kirche, auch Sie daher, könnten in Ihren Forsten Flüchtlinge beschäftigen.
An Arbeit im und am Wald soll es laut Experten nicht mangeln. 1,5 Milliarden Schilling pro Jahr, dies entspricht ungefähr 5000 Arbeitsplätzen, wären nötig um die Schutzfunktionen des österreichischen Waldes zu erhalten.

Ihr
Kath. Kärntner Glaubensbruder

Ulrich Habsburg-Lothringen

Otwald Schönherr
9400 W[illegible]fsberg
Lindhofstraße 7

(1)

Wolfsberg, 14.Feb.1991.

Herrn Dipl.Ing.Dr.
Ulrich Habsburg-Lothringen

9400 Wolfsberg

Betrifft : Ihr Leserbrief in der "Kleinen Zeitung"
vom 29. Jan. 1991
Aus der Broschüre
" Nie wieder Habsburg "
von Rechtsanwalt Dr.Eberhard Engelhardt
finden Sie umstehend einen Auszug, den ich
in gelber Farbe markiert habe.

Dazu die Erkenntnis : Die Habsburger standen schon
immer auf der falschen Seite.

Um diese Erkenntnis zu untermauern, lege ich
Ihnen den Artikel
"Kriege für eine neue Weltordnung"
bei und hoffe, Ihnen Gelegenheit gegeben zu haben,
Ihren o.g. Leserbrief einer Revision unter ziehen zu
können.

Hochachtungsvoll

Schönherr

Dipl.Ing.Dr.Ulrich Habsburg-Lothringen 15.2.1991
A-9400 Wolfsberg

An Herrn
Otwald Schönherr
A-9400 Wolfsberg

Betrifft: Ihr Schreiben vom 14.2.91 zu meinem Leserbrief in der
KLEINEN ZEITUNG am 29.1.1991

Ihre mir übermittelten Informationen aus verschiedenen mehr oder minder seriösen Büchern und Zeitschriften haben mich in meiner Meinung bestärkt, daß Aggressoren rechtzeitig Einhalt geboten werden muß.
Ich habe mir als Mitglied des Hauses Habsburg,Gott sei Dank, nie etwas Besonderes auf meine "deutsch-schweizer" Herkunft eingebildet. Während der Zeit zwischen 1930 und 1945, als das Deutschtum sich versuchte von seiner vitalsten Seite zu zeigen, dabei aber kulturell den Tiefpunkt erreichte, wurden die Habsburger trotz ihrer deutsch-schweizer Herkunft eher als Volksfeinde angesehen.
Volkstümelei,finde ich, grenzt anderer Bevölkerungsteile aus, ist leider jedoch bei Nichtintellektuellen stark verbreitet und für ein Staatswesen nicht gemeinschaftsfördernd. Zu jener Zeit hat sich das Deutsche Volk bemüßigt gefühlt, eine neue Weltordnung herbeizuführen. Und Sie Herr Schönherr glauben wahrscheinlich noch immer, daß die friedliebenden Deutschen von den Streitkräften der Tschechen, Polen, Russen, Jugoslawen, Engländer, Franzosen, Belgier und Amerikaner überfallen wurden?
Hätten die Deutschen nicht die Ausrottung der Juden betrieben, wären dieser sicher nochtin ihren angestammten Ländern und nicht, soweit noch Zeit dafür vorhanden war, nach Palestina und dem jetzigen Israel ausgewandert. Auch wenn man nicht an das Argument des Iraks glaubt, das Problem Kuwait sei nur gemeinsam mit dem palästinensischen zu lösen, so tragen doch die Deutschen, deutschnationalen Österreicher und Ostmärker einen großen Teil der Verantwortung für die jetzigen Konflikte im Nahen Osten. Die Deutschen lieferten das Gas für die Gaskammern des Dritten Reiches, sie liefern sogar Gasfabriken in den Nahen Osten um die Juden nocht weiter ihrer Endlösung zuführen zu können.
Darf ein Volk (Juden), welches infolge des mörderischen Druckes der Deutschen zur Auswanderung gezwungen wurde, sich nicht in seiner angestammten Heimat niederlassen wo es seit über 5000 Jahren geschichtlich präsent war und ist?
Die Drohung der Palästinenser, die Juden in das Meer zu treiben und das Bestreben des Iraks den Judenstaat zu vernichten, sind sicher nicht dazu angetan das Nah-Ost Problem einer friedlichen Lösung zuzführen.
Ihnen gebe ich daher den Rat, da Sie anscheinend aus der Geschichte zu wenig gelernt haben, der Umerziehung im Lager Wolfsberg nicht teilhaft wurden, sich weiterzubilden und die Reden des von mir sehr geachteten deutschen Bundespräsidenten Weizäcker zu studieren.

trotzdem mit einem Shalom

Otwald Schönherr, 9400 Wolfsberg, Lindhofstraße 7 - Tel. 04352 - 37 354

Herrn
Dipl.Ing.Dr.
Ulrich Habsburg-Lothringen

9400 Wolfsberg
Klagenfurter Straße 1

Wolfsberg, am 21. Feber 1991

Betrifft : Ihr Schreiben vom 15. Feber 1991

Honoré de Balzac (1799-1850) hat in richtiger Einschätzung der Gegebenheiten einmal gesagt : " Es gibt zwei Arten von Weltgeschichte; die eine ist die offizielle, verlogene, für den Schulunterricht bestimmte, die andere ist die geheime Geschichte, welche die wahren Ursachen der Ereignisse birgt."

Ihrem Brief ist zu entnehmen, daß Sie sich zur offiziellen Geschichte bekennen, da Sie etwas anderes nie gelernt haben und auch nicht mit den historischen Tatsachen vertraut machen konnten, da Ihnen hiezu die Gelegenheit fehlte und Sie scheinbar auch keine Neigung verspürten, sich mit diesem Fragenkomplex zu beschäftigen.

Eine weltweite Vereinigung von Geschichtsrevisionisten hat es sich zur Aufgabe gemacht, ohne Emotionen zu wecken den tatsächlichen historischen Erreignissen nachzuspüren um sie der Nachwelt zu erhalten, auch ohne Sie dazu um Erlaubnis zu bitten.

Herr Prof.Dr.Robert Faurisson (Frankreich) hat 1979 als Resultat seiner Forschungen die Behauptung aufgestellt, daß es keine einzige Gaskammer unter Hitler gegeben hat. Gegen seine Verutteilung hat Herr Faurisson Berufung eingelegt und bei der Berufungsverhandlung am 26. April 1983 in der Urtelsverkündung wurde u.a. folgende Begründung zu Protokoll gegeben :

> - Das Gericht sieht sich außerstande Prof.Faurisson im Sinne der Anklagen der Geschichtsfälschung, der Lüge, der Unwissenschaftlichkeit oder der Leichtfertigkeit zu überführen.
> Das Gericht weigert sich auch, aus den Untersuchungsergebnissen Prof.Faurissons Folgerungen zu ziehen :
>> "Es obliegt daher einzig und allein den Fachleuten, den Historikern und der Öffentlichkeit, die von Herrn Faurisson gezogenen Schlußfolgerungen zu bewerten."

Das Protokoll des Prozesses liegt sowohl in französischer Fassung als auch in deutscher übersetzung bei mir und beweist mir, wie notwendig die Erforschung der geschichtlichen Wahrheit ist.

Ohne Ihnen weitere Belehrungen aufzwingen zu wollen lege ich diesem Briefe einige Erkenntnisse bei, die Ihnen zeigen sollen, daß die Revisionisten ohne Naziverherrlichung und ohne Deutschtümelei mit gleichgesinnten Freunden in aller Welt sich der Forschung verschrieben haben.

Reader's Digest
JAHRGANG 44 Das Beste JANUAR 1991

Artikel und Buchauszüge von bleibendem Wert

RACHEL FLICK

IRAK – mit westlicher Hilfe zur Militärmacht

Ohne Waffenlieferungen aus den USA und Europa hätte Saddam Hussein nie so stark werden können

AUS DER Sowjetunion bekam der Irak zwar seine Artillerie und Luftabwehr, aber Amerika und Europa verkauften ihm von chemischen Waffen über Raketen bis zur Atombombentechnik alles, was sie zu bieten hatten. So machten sie aus einem Westentaschendiktator eine Bedrohung von Weltformat.

Manche Güter aus Europa fielen Saddam einfach deshalb in die Hände, weil die Zollbehörden schliefen. Andere europäische Waren wurden ihm großzügig von Ländern verkauft, die begierig waren auf irakisches Öl oder Geschäfte.

Die amerikanische Regierung trifft der gleiche Vorwurf. Sie ließ sich ganz bewußt mit Saddam Hussein ein, damit Irak seinen Krieg gegen Iran nicht verlor. Die Vereinigten Staaten wollten keine Vorherrschaft der fundamentalistischen islamischen Regierung des Ajatollah Khomeini im Na-

Fotos © Philippe Aimar/Sipa Press, © Kol Al Arab und © J. Paulosky, beide Sygma deutsche Karl Kolb GmbH, Hersteller von Labor- und Medizintechnik, für ihn mehrere „Pestizidfabriken". Im Herbst verkündet Saddam, daß in diesen Anlagen jetzt chemische Waffen produziert werden können.

1984. Irak kauft im Ausland für jährlich 14 Milliarden Dollar Militärgüter für seinen Krieg gegen Iran. Ein Untergrundnetz europäischer „Techniksöldner", die schon ballistische Raketen für Argentinien und Ägypten entwickelt haben, hält begierig die Hände auf. Renommierte europäische Firmen bleiben unentdeckt, weil ehemalige Mitarbeiter Tochterfirmen oder Geschäftsverbindungen begründet haben, über die bestimmte Transaktionen abgewickelt werden. Von US-Geheimdiensten auf dieses gefährliche Netz namens Consen aufmerksam gemacht, schickt Washington Protestnoten nach Bonn an die Bundesregierung. Die Deutschen unternehmen nichts.

Im Februar bestätigt Amerika, daß Saddam zum erstenmal Senfgas gegen iranische Truppen eingesetzt hat.

Im November lassen die USA, nachdem man Präsident Reagans Wiederwahl abgewartet hat, die Welt wissen, daß sie wieder volle diplomatische Beziehungen zum Irak aufnehmen wollen.

1985. In Europa verfolgen irakische Agenten weiter ihren Plan, von Consen eine Atomrakete – die Condor II – zu erwerben.

Mit Saddam Husseins Unterstützung gründet Marshall W. Wiley, ehemaliger amerikanischer Botschafter in Oman, das U.S.-Iraq Business Forum zur Förderung amerikanischer Investitionen im

35

Irak. Fast 70 große Unternehmen machen schließlich mit, darunter solche Riesen wie Westinghouse und Caterpillar.

Im Oktober ermorden Leute von Abul Abbas auf dem Kreuzfahrtschiff *Achille Lauro* im Mittelmeer den an den Rollstuhl gefesselten Amerikaner Leon Klinghoffer. Abbas, der einen irakischen Paß besitzt, findet Zuflucht im Irak. Aber die USA setzen das Land nicht wieder auf die Liste der den Terrorismus unterstützenden Staaten.

1986. Großbritannien verkauft dem Irak seine gesamten Bestände an wüstentauglichen Uniformen. Vier Jahre später werden die irakischen Soldaten passend gekleidet sein, während die Briten in ihren schweren Tarnanzügen schwitzen dürfen, bis neue Uniformen geliefert werden.

1987. Westdeutsche Behörden untersuchen endlich die Irak-Verflechtungen ihrer Wirtschaft. Amerika unterzeichnet unterdessen ein Abkommen zur Intensivierung seines Handels mit Irak. „Die Überzeugung wächst", sagt ein US-Vertreter, „daß wir an dem Geldsegen teilhaben sollten."

Im August meldet der Irak den Start einer Mittelstreckenrakete.

1988. Die Kurden, die nach Unabhängigkeit von der irakischen Herrschaft streben, haben Saddam erzürnt. Am 16. und 17. März läßt er die Stadt Halabja mit Giftgas beschießen. 5000 Menschen werden getötet, über 70000 fliehen in die Türkei, viele mit eiternden Wunden.

In Amerika fordern der demokratische Senator Claiborne Pell und sein republikanischer Kollege Jesse Helms Sanktionen gegen Irak. Die Regierung nennt diesen Schritt „verfrüht", und die Initiative bleibt im Parlament liegen. Unterdessen sichert die amerikanische Export-Import-Bank den Verkauf amerikanischer Pestizide an Irak ab. Vertreter der Bank halten es für unwahrscheinlich, daß die Stoffe zur Produktion chemischer Waffen verwendet werden sollen.

Am 17. Juli endet der iranisch-irakische Krieg ohne eindeutigen Sieger.

1989. Im Oktober sorgt Professor Gary Mulhollin von der Universität von Wisconsin für große Empörung in Deutschland, als er dem Bonner Untersuchungsausschuß Transnuklear erklärt, die Bundesregierung habe es versäumt, Exporte von Nuklearmaterial nach Irak zu ahnden. Prompt läßt die US-Botschaft die Bundesrepublik wieder aus der Schlinge. In einem amtlichen Schreiben an das Außenministerium in Bonn erklärt sie, die Vereinigten Staaten besäßen „keine Erkenntnisse über ein Abzweigen nuklearen Materials" aus Deutschland oder über irgendwelche diesbezüglichen Pläne.

Man erfährt, daß der amerikanische Ableger der italienischen Banca Nazionale del Lavoro in Atlanta zwischen Februar 1988 und Juli 1989 heimlich ungenehmigte Kredite für Irak in Höhe von drei Milliarden Dollar organisiert hat. Einige der Kredite gingen an britische, amerikanische und westdeutsche Unternehmen, die militärisch nutzbare Technik nach Irak exportierten, einige an die irakische Zentralbank. Kredite in einer Gesamthöhe von etwa 750 Millionen Dollar wurden über die Commodity Credit Corporation vom amerikanischen Steuerzahler garantiert. Mit Kreditgarantien von jeweils mehr als einer Milliarde Dollar in den letzten beiden Jahren ist der Irak zu einem der größten Kunden der CCC geworden. Im Oktober beschließt das Institut eine weitere Kreditgarantie über 500 Millionen Dollar.

Der amerikanische Kongreß hat das Giftgas nicht vergessen und schiebt im Dezember der Unterstützung des Irak durch die Export-Import-Bank einen Riegel vor.

Auf der Internationalen Waffenmesse im Irak tritt Frankreich als größter Aussteller in Erscheinung.

1990. Im Januar hebt Präsident Bush unter Hinweis auf „nationale Interessen" den Bann des Kongresses gegen eine irakische Inanspruchnahme der Export-Import-Bank wieder auf.

Im gleichen Monat erhält der Irak die Genehmigung zum Kauf hochmoderner Foto- und Bildauswertungsgeräte von der kalifornischen Firma International Imaging Systems in Milpitas. In ersten Verhandlungen hatten Saddams Unterhändler 1985 behauptet, die Geräte würden für „forstwirtschaftliche und kartographische Zwecke sowie zu Bodenanalysen" benötigt. Stephen Bryen vom US-Verteidigungsministerium warnte, die Geräte seien eher für Luftaufklärung und die Zielsuche von Raketen geeignet. Aber das Handelsministerium erteilt die Genehmigung, und bis zur Verhängung eines Totalembargos als Reaktion auf die Besetzung Kuwaits darf geliefert werden.

Saddam gebärdet sich immer kriegerischer. Er droht, Kuwait und Saudi-Arabien müßten ihm seine Kriegsschulden in Höhe von 30 Milliarden Dollar erlassen und weitere 30 Milliarden an ihn zahlen oder sie müßten mit Repressalien rechnen.

Am 28. März nehmen britische Zöllner in London fünf Personen fest, denen der Versuch zur Last gelegt wird, Kondensatoren in den Irak zu schmuggeln, die in Atombombenzündern Verwendung finden können. Die Kondensatoren wurden von einem kalifornischen Unternehmen in San Marcos hergestellt, das jedoch die Zollverwaltung verständigte und beim anschließenden Katz-und-Maus-Spiel mitwirkte. Zu den Festgenommenen gehört Ali Ashour Daghir von Euromac, einer britischen Firma, die im Verdacht steht, eine irakische Tarnfirma zu sein*).

Eine Woche nach der Festnahme der Verdächtigen prahlt Saddam im irakischen Fernsehen: „Wir brauchen keine Atombombe. Wir haben die chemische Zweikomponentenwaffe."

Bush fordert Saddam im April auf, seine hitzigen Äußerungen zu unterlassen. Insgeheim beauftragt er aber fünf Senatoren unter Führung des re-

*) Siehe *Iraks Griff nach der Atombombe*, *Das Beste*, Novemberheft 1990.

publikanischen Fraktionsvorsitzenden Robert Dole, Saddam eine versöhnlichere Botschaft zu überbringen. Dole übermittelt Saddam den Wunsch des amerikanischen Präsidenten nach besseren Beziehungen. Nach seiner Rückkehr teilt Dole dem Präsidenten mit, Saddam sei „ein Staatsmann, mit dem die USA reden können".

Im Mai entdecken Betriebsprüfer der CCC Rücküberweisungen an den Irak, die sie als „offenbar kleine Unregelmäßigkeiten" bezeichnen. Eine weitere Bürgschaft über 500 Millionen Dollar wird nicht gewährt.

Alan Friedman von der Londoner *Financial Times* berichtet, daß die Rücküberweisungen in einen 100-Millionen-Dollar-Pool geflossen seien, aus dem die Arbeit von Saddams europäischem Waffenbeschaffungsnetz finanziert werde. Bis 1993 könnten die amerikanischen Steuerzahler auf faulen Irak-Krediten von fast zwei Milliarden Dollar sitzen, die von der CCC abgesichert wurden.

Mitte Juli macht Saddam seine Streitkräfte mobil. Am 23. Juli enthüllen amerikanische Spionagesatelliten, daß 30000 irakische Soldaten an der Grenze nach Kuwait konzentriert sind. Am 24. Juli halten die USA als Ausdruck ihrer Besorgnis ein gemeinsames Seemanöver mit den Vereinigten Arabischen Emiraten ab.

Am 25. Juli ruft Saddam die amerikanische Botschafterin April Glaspie zu sich, um gegen das Manöver zu protestieren. Er droht die Entsendung von Terroristen nach Amerika an. Glaspie antwortet, sie bewundere seine „außerordentlichen Bemühungen" zum Aufbau des Landes. Dann erkundigt sie sich nach der Truppenkonzentration an der Grenze. Sie sagt, sie frage „im Geist der Freundschaft, nicht im Geist der Konfrontation".

Am 27. und 28. Juli warnen amerikanische Geheimdienste die Regierung vor einem möglichen irakischen Einmarsch in Kuwait. Am 30. Juli stehen über 100000 Iraker an der Grenze. Die Botschafterin ist nach ihrem Gespräch mit Saddam beruhigt und verläßt Bagdad zu einem lange geplanten Besuch in Washington.

Am 1. August warnt die CIA die Regierung erneut vor einem irakischen Einmarsch in Kuwait. Aber bis zum Abend dieses Tages hat das Außenministerium noch nicht einmal die Touristen davon unterrichtet. Am frühen Morgen des 2. August dringen irakische Truppen in Kuwait ein.

DIE STAATEN der Welt haben sich viel Zeit gelassen, bis sie ihre Torheit einsahen. Selbst als Amerika schon für sein größtes militärisches Engagement seit dem Vietnamkrieg mobil machte, versuchten das amerikanische Außen- und das Handelsministerium noch eine Genehmigung zum Verkauf von IBM-Supercomputern an ein brasilianisches Unternehmen zu erwirken, das enge Beziehungen zum Irak unterhielt.

Während britische Truppen nach Saudi-Arabien verlegt wurden, blieben irakische Tarnfirmen in London weiter tätig. Während im Golf französische Kriegsschiffe neben amerikanischen lagen, überhörte Paris anfangs geflissentlich das amerikanische Verlangen nach Informationen über die französischen Geräte, mit denen der Irak die amerikanische AWACS-Aufklärung mattsetzte. Und Deutschland stellte den Verkauf von hochentwickelter Technologie erst ein, als ein totales internationales Embargo beschlossen worden war. Elf Tage nach der Invasion fingen deutsche Zollbeamte am Frankfurter Flughafen eine Sendung mit Teilen für das irakische Raketenprogramm ab. Die Sendung von der H+H Metallform GmbH war als „Teile für die Molkereiindustrie" deklariert.

Einen Monat nach Saddams Überfall auf Kuwait erklärte Richard Murphy, der während des iranisch-irakischen Krieges jahrelang stellvertretender Außenminister für Nahostangelegenheiten gewesen war: „Ich glaube immer noch, daß Irak ein Staat geworden wäre, mit dem man einen beiderseits sehr profitablen Austausch hätte pflegen können."

Als im Herbst letzten Jahres die Truppen gegen Saddam Hussein aufmarschierten, sah der Londoner Nahostexperte Hans-Heino Kopietz die Situation ganz anders: „Wir haben die Augen zugemacht, weil manche Firmen Geld verdienen wollten und Saddam ein nützliches Werkzeug gegen Iran war. Saddam ist ein Monster, das der Westen geschaffen hat."

... nach dem Briefwechsel mit Herrn Schönherr, war 1995 das 75-Jahr-Jubiläum der Kärntner Volksabstimmung das nächste Thema, wo meine Wortspenden zahlreiche Reaktionen hervorriefen ...

Kleine Zeitung
Redaktion
A-9020 Klagenfurt

8. Mai 1995

Betrifft:
Leserbrief zur Ausgabe 8. 5. 1995, Seite 7

Abwehrkämpfer: Feier für Ermordete des Mai '45

Bei der Wortwahl empfiehlt es sich sensibler vorzugehen. Liest man nämlich den ersten Absatz des Artikels, wo von heimattreuen Kärntnern gesprochen wird, erhebt sich die Frage der Definition von „heimattreu". Nach der im Artikel verwendeten Aussage dürften alle jene Österreicher, welche sich an Deutschland anschließen wollten, was ihnen auch 1938 gelang, als nicht heimattreu gelten.
In weiterer Folge wäre in Kärnten daher ein beachtlicher Teil der deutschen Volksgruppe als nicht heimattreu zu klassifizieren, jener der slowenischen Volksgruppe hingegen überwiegend als heimattreu. Eine Aussage, die der Verfasser des Artikels sicher nicht machen wollte.

Ulrich Habsburg-Lothringen

Kleine Zeitung
Redaktion
Leserbriefe
Funderstraße 1a
A-9020 Klagenfurt

20. Mai 1995

Leserbrief

Betrifft:
Kleine Zeitung vom 8. 5. 1995 „Abwehrkämpfer“: Feier für Ermordete des Mai 1945 und 20. 5. 1995 „10. Oktober-Feier“ – Bedingungen an die Politik

Wird beim Artikel über die Feier für die Ermordeten des Mai 45 von heimattreuen Kärntnern gesprochen, so wird auch gedanklich unterstellt, es habe nicht heimattreue Kärntner in dieser Zeit gegeben. Für die Feier zum 10. Oktober meint nun die „Aktionsgemeinschaft 10. Oktober“, bestehend aus Ulrichsberggemeinschaft, Kammeradschaftsbund, Abwehrkämpferbund und Heimatdienst, dass ein Vertreter der slowenischen Volksgruppe Kärntens nur dann reden könne, wenn dies auch einem Repräsentanten des Abwehrkämpferbundes zustehe.

In beiden Artikeln wird suggeriert, dass es nicht heimattreue Vertreter Kärntens, besonders in der slowenischen Volksgruppe, gäbe. Dem ist entschieden entgegenzutreten, denn nach den in beiden Artikeln verbal nicht ausgsprochenen, doch geistig unterstellten Beschuldigungen, müssten alle jene Kärntner, welche sich Deutschland anschließen wollten, was ihnen auch 1938 gelang, als nicht heimattreu gelten, denn Österreich war und ist unsere Heimat. In weiterer Folge wäre in Kärnten daher ein beachtlicher Teil der deutschen Volksgruppe als nicht heimattreu einzustufen, jener der slowenischen Volksgruppe überwiegend als heimattreu. Aus diesem Grund ist die Teilnahme eines Vertreters der slowenischen Volksruppe Kärntens an der „10. Oktober-Feier“, sie haben übrigens auch zwischen 1938 und 1945 ihre Heimat Kärnten gegen den Anschluss an Deutschland verteidigt, unbedingt zu begrüßen, und nicht abhängig zu machen von der Teilnahme des Abwehrkämpferbundes.

Ulrich Habsburg-Lothringen

An die
Redaktion

24. Mai 1995

Betrifft:
75 Jahre, Kärnten frei und ungeteilt – Wo bleibt die Freiheit in Kärnten?

Die Einheit Kärntens mag, mit Ausnahme des Mießtales, Seetales und des Gebietes Pontafel-Tarvis, weitgehend erhalten geblieben sein, die geistige Freiheit ist jedoch eher abhanden gekommen. War Klagenfurt im 19. Jahrhundert, gemeinsam mit Laibach, das kulturelle Zentrum der Slowenen, gab es sogar eine jüdische Gemeinschaft in Kärnten, so muss man heute feststellen, dass allein der Gedanke, Klagenfurt könnte ein kulturelles Zentrum der Slowenen sein, in breiten Kärntner Kreisen zu Proteststürmen führen würde.

Freiheit im Geiste und in der Meinungsäußerung wird in diesem Land sehr oft nur in einer germanophilen Richtung toleriert. Diese geistige Unfreiheit, ja Voreingenommenheit, ist leider in allen Volksschichten, bis zum Politiker hinauf, der einem den guten Ratschlag gibt, wenn man für die Unterstützung zur Ausstellung „Der Loibl-Tunnel, das vergessene KZ Kärntens" vorspricht: „Geh zum Wiesenthal, der hat mehr Geld", vertreten. Auch Sozialisten, denen Freiheit ein besonderes Anliegen ist, verhalten sich hier bisweilen eher minderheitenfeindlich, man kann es auch deutschnational und antisemitisch nennen.

Dieses angeblich „Freie Kärnten" wirbt um Urlaubsgäste im Ausland, während ein Teil der Kärntner Menschen, die ihr Wort öffentlich und mit voller Adresse, zugunsten der Minderheiten erheben, am liebsten außer Landes schicken würden. Diese feige Art von Minderheiten- und Menschenverachtung äußert sich seit zehn Jahren in meistens anonymen Schreiben und Anrufen an meine Familie mit sehr deutschnationalem und volksverhetzendem Inhalt, und letztlich sogar in folgendem Wunsch:
„Sie arme alte ungebildete Frau, Sie müssen noch sehr viel lernen! Die Deutsche Wehrmacht war die beste und ehrenwerteste der WELT! Und Sie wagen sie dieselbe als Verbrecher zu bezeichnen! Fort mit Ihnen – hinaus aus Kärnten."

Das kann doch nicht die „Freiheit" gewesen sein, für welche die Kärntner 1920 gekämpft haben, denn dann hätte Haider mit seiner in den USA getätigten Äußerung, „Österreich wäre das letzte Ostblockland Europas", wirklich recht.

Ulrich Habsburg-Lothringen

ABWEHRKÄMPFER

Feier für Ermordete des Mai '45

Bleiburg. — Im Grenzlandheim Bleiburg wurde gestern der im Mai 1945 verschleppten und ermordeten heimattreuen Kärntner gedacht.

Über 500 Besucher nahmen an der vom Kärntner Abwehrkämpferbund (KAB), Bezirk Völkermarkt, organisierten Gedenkfeier für die 300 von Tito-Partisanen verschleppten Kärntner – von denen 128 ermordet wurden — teil.

KAB-Bezirksobmann freiheitlicher LAbg. Fritz Schretter hob die moralische Verpflichtung aller Kärntner, dieser Tragödie vor 50 Jahren zu gedenken, hervor.

Worte der Eintracht und des friedvollen Zusammenlebens in Kärnten richtete Bleiburgs Altbürgermeister Othmar Mory, dessen Eltern sich unter den Opfern der Partisanen befanden, an die Besucher. Traurig stimme ihn, so Mory, der Umstand, daß der Tragödie in den Maitagen 1945 im Kärntner Unterland von seiten der öffentlichen Stellen noch heute mit Schweigen und Ignoranz begegnet werde.

„Nie wieder". Zur Versöhnung rief der Obmann des Kärntner Heimatdienstes, Josef Feldner, auf. Er forderte das offizielle Slowenien auf, eine Gedenkstätte für die verschleppten und ermordeten Kärntner zu errichten. Feldner gedachte auch der 260 slowenischen Familien, die während des Zweiten Weltkrieges ausgesiedelt wurden und betonte, daß diese Tragödien sich nie mehr wiederholen dür-

Unabhängig vom KAB

Zu: Berichte vom 8. und 20. Mai

Wird beim Artikel über die Feier für Ermordete des Mai 1945 von heimattreuen Kärntnern gesprochen, so wird auch gedanklich unterstellt, es habe nichtheimattreue Kärntner gegeben. Für die Feier zum 10. Oktober meint nun die „Aktionsgemeinschaft 10. Oktober", daß ein Vertreter der slowenischen Volksgruppe nur dann reden könne, wenn dies auch einem Repräsentanten des Abwehrkämpferbundes zustehe. In beiden Artikeln wird nun suggeriert, daß es nichtheimattreue Vertreter Kärntens, besonders in der slowenischen Volksgruppe, gäbe. Dem ist entschieden entgegenzutreten, denn nach den in beiden Artikeln geistig unterstellten Beschuldigungen müßten alle jene Österreicher, welche sich Deutschland anschließen wollten, als nichtheimattreu gelten, denn Österreich war und ist unsere Heimat. Die Teilnahme eines Vertreters der slowenischen Volksgruppe an der 10.-Oktober-Feier ist unbedingt zu begrüßen und nicht abhängig zu machen von der Teilnahme des KAB.

Dr. Ulrich Habsburg-Lothringen, Wolfsberg

10.-Oktober-Feier

Zu: Leserbrief v. Dr. Habsburg-Lothringen

Das Verlangen, daß dann ein Vertreter des Kärntner Abwehrkämpferbundes in der Landtagssitzung zum 10. Oktober 1920 zu Wort zu kommen hat, wenn ein Vertreter der slowenischen Minderheitsorganisation sprechen kann, ist wohl recht und billig, vergißt man nicht, daß die nationalbewußten Slowenen nicht nur bei der Volksabstimmung 1920, sondern auch 1945 und nachher für den Anschluß Südkärntens an Jugoslawien eingetreten sind. Es ist wohl nicht zuviel verlangt, daß sich diese nationalistischen Slowenen von ihren Aussagen zu distanzieren haben. Und würden Sie, Herr Dr. Habsburg-Lothringen, einverstanden sein, daß bei einer Feier zu Ehren Ihres Geschlechtes jemand spricht, der das Gesetz über die Landesverweisung Ihrer Familie mitbeschlossen hat oder der heute noch gegen die Außerkraftsetzung dieses Gesetzes auftritt? Dieses Gesetz vom 3. April 1919 war der erste Akt einer Vertreibung, wie sie 1945 und in den Jahren danach brutal verwirklicht wurde.

Dr. Karl Th. Mayer, Klagenfurt

Zum 10. Oktober

Ich bin für einen Landesfeiertag, für den 10. Oktober. Denn das haben die Frauen, Männer und Kinder von 1918 bis 1920 verdient.

S. Napowanez, Ebental

*

Der Abwehrkampf kann auch als Abwehr der Zerreißung eines multiethnischen Kärntens aufgefaßt werden. Feiern wir also, daß es unsere Vorfahren für erstrebenswert hielten, ohne Zerstückelung des Landes, die ethnischen Probleme einer Lösung zuzuführen und helfen wir unserem slowenischen Juniorpartner, damit er ungeschmälert seine kulturellen Eigenheiten leben und auch in Kärntens Landeshauptstadt sein kulturelles Zentrum sehen kann.

Dipl.-Ing. Dr. Ulrich Habsburg-Lothringen, Wolfsberg

Stellenwert

Alljährlich steht der 10. Oktober als Feiertag zur Debatte. Eine traurige Frage, die es nicht geben sollte. 1920 entschieden sich die Kärntner der Zone A, die zwei Jahre lang von Serben besetzt war, in der Abstimmung am 10. Oktober mit einer Mehrheit von 59,04 Prozent für die Einigkeit Kärntens und den Verbleib bei Österreich. Ist dies nicht genug, um diesen Tag als Feiertag gelten zu lassen!? Sogar das Ausland wird bei der Frage, ob der Feiertag Verluste und Beschränkungen für Wirtschaft, Finanz und Verkehr mit sich bringt, beigezogen. Da sieht man wieder, welchen Stellenwert Kärnten im Staat Österreich hat.

Paul Kometter, Klagenfurt

Nach München

Viele weinen der AUA-Tagesrandverbindung nach Frankfurt nicht nach. Für die Überlandflüge nach Afrika, Asien und Amerika war der Morgenflug zu früh, der Abendflug zu spät. Was wir in Kärnten dringend brauchen, sind Flüge nach München, denn von dort aus sind Frankfurt und der Anschluß an den Weltluftverkehr fast zu jeder Zeit zu erreichen.

Vet.-Rat Dr. Hans Leber, St. Veit/G.

Nicht ausgetreten

In Ihrer Ausgabe vom 26. September schreiben Sie: „Georg Mautner Markhof aus der FPÖ ausgetreten." Ich habe meine Funktion als stellvertretender Bundesparteiobmann und mein Mandat als Abgeordneter zum Nationalrat niedergelegt. Ich bin jedoch (bisher noch) nicht aus der FPÖ ausgetreten.

Dkfm. Georg J. E. Mautner Markhof, Wien

Wir bedauern den Irrtum. **(Die Redaktion.)**

Kein Sittenverfall

Die Verteilung von Kondomen ist keine Gefahr für sittlichen Verfall. Ich befürworte daher den Vorschlag von Gesundheitsminister Dr. Michael Ausserwinkler, Gratiskondome in Schulen zur Verteilung zu bringen und fordere die Direktionen, Lehrer und Elternvereine zur Mitwirkung auf.

Gemeinsames

In einem Europa, das einerseits vom Fieber des Nationalismus und andererseits von der Gefahr eines kaum beeinflußbaren wirtschaftlichen Zentralismus bedroht wird, gewinnt die Botschaft des 10. Oktober 1920 ständig an Aktualität: Auch 1918/20 grassierte das Fieber des Nationalismus. Zwanghaft wurden „Nationalstaaten" selbst dort durchgesetzt, wo es ethnisch gemischte Gebiete gab. Wirklichkeitsferne „Zentralen", damals die Friedenskonferenzen der Sieger, entschieden vielfach über die Köpfe der Betroffenen hinweg. Wäre 1918/20 auch die Kärntner Bevölkerung dem nationalistischen Wahn erlegen, wäre es nicht zum von beiden Sprachgruppen getragenen Freiheitskampf gegen die Besatzer gekommen. Nationalisten beider Seiten hätten ja die Zerreißung des Landes entlang der einigermaßen erkennbaren Sprachgrenze geradezu begrüßen müssen.

Die Kärntner Bevölkerung kämpfte aber gegen das Nationalstaatkonzept der Alliierten, d. h. gegen die Zerreißung des Landes. Das klare Ja der Volksabstimmung für den ungeteilten Verbleib Kärntens bei Österreich war, entgegen späteren Umdeutungsversuchen, eine klare Absage an jeden Nationalismus. Die Kärntner Bevölkerung wollte in ihrer großen Mehrheit ohne Rücksicht auf sprachliche Unterschiede, wie bereits seit mehr als einem Jahrtausend, friedlich im gemeinsamen geographischen und wirtschaftlichen Rahmen zusammenleben.

Gerade heute gilt verstärkt die zeitlose Botschaft des 10. Oktober 1920: So lange es der Kärntner Bevölkerung gelingt, das Gemeinsame über das Trennende zu stellen und in diesem Sinne zu handeln, wird es ihr auch unter sich verändernden Bedingungen immer wieder gelingen, die Heimat ungeteilt zu erhalten, das Recht auf Selbstbestimmung durchzusetzen und die beide Volksgruppen umfassende Identität zu bewahren.

... Erinnerungen an die 30er Jahre, die in mir hoch kamen, bewogen mich, zu Aussagen Dr. Jörg Haiders, Stellung zu nehmen ...

Telefax an die
Redaktion des NEWS
A-1021 Wien

20. November 1995

Betrifft:
Leserbrief zu Haiders 3. Republik

3. Reich – 3. Republik

Die Lektüre über Haider hat mich bewogen in alten Zeitschriften einer Studentenverbindung aus dem Jahre 1936 zu blättern, und da fand ich jene interessante Buchkritik über ein in Amsterdam, im Querido-Verlag erschienenes Buch von Rudolf Olden, „Hitler", welches vom Österreicher Dr. Alfred Missong kritisiert wurde. Die Kenntnis dieser Kritik mag Parallelen auch zu heute auftun, und vielleicht bewahrheitet sich doch der Satz, dass man aus der Geschichte (Erfahrung) lernen könne. Ich möchte daher diese Buchrezession Ihnen unter dem Titel „Man konnte es ahnen, ahnt man sie kommen" zur Kenntnis bringen.

Anbei die Buchkritik

Mit freundlichen Grüßen

Ulrich Habsburg-Lothringen

Der STANDARD
Redaktion – Leserbriefe
1014 Wien

3. Dezember 1995

Betrifft: Leserbrief zum Thema „Haider"
„man konnte ihn kommen ahnen – ahnt man ihn kommen?

Bei der Durchsicht einer Zeitschrift (Akademische Blätter) aus dem Jahre 1936 fiel mir, neben anderen Beschreibungen von politischen Vorgängen in Österreich und Deutschland, auch jene Buchkritik auf, die Dr. Alfred Missong verfasste und leider Parallelen zur heutigen politischen Situation aufzeigt. Das rezensierte Buch „Hitler", verfasst von Rudolf Olden, wurde 1935 in Amsterdam im Querido-Verlag herausgebracht.

Anbei die Buchkritik

Ulrich Habsburg-Lothringen

heute noch hohen Aktualitätswert. Es handelt sich um nicht weniger als um den Versuch einer geistesgeschichtlichen und soziologischen Analyse der innersten Triebkräfte und des ideologischen Gehaltes der neuzeitlichen antidemokratischen Strömungen. Die Schrift erwuchs aus einer Reihe von Vorträgen und Aufsätzen, aber sie stellt trotzdem ein einheitliches Ganzes dar. Das einleitende Kapitel „Die Wende" kennzeichnet die Spannung zwischen zeitgeschichtlicher Ideenwelt und politischer Lebensform, aus der zwangsläufig die verschiedenen politischen Erneuerungsbewegungen entstehen mußten. Mit aller nur wünschenswerten Schärfe arbeiten die übrigen Abschnitte den unüberbrückbaren Gegensatz von autoritärständischer und totalitärer Staatsgestaltung heraus; dadurch erfährt das bekannte Schlagwort von der ideellen und strukturellen Einheit der „Faschismen" eine klare Widerlegung. Der Grundgedanke des Autors, der unsere vorbehaltlose Zustimmung verdient, ist die These, daß jeder Versuch, die relative Autonomie der Kultursachgebiete vom Staat her anzutasten, zu einer Sinnverkehrung des autoritären Staatsgedankens führen, d. h. den Autoritätsstaat [illegible]n totalitären Machtstaat, der überhaupt nur po[illegible]ische Zielsetzungen kennt, degradieren müßte. Wir dürfen dem geistvollen Soziologen für seine klärende Stellungnahme aufrichtig dankbar sein.

Dr. Alfred Missong.

•

Rudolf Olden: Hitler. 8°, 364 Seiten. Mit 14 Abbildungen. Brosch. S 11.80. Gebunden S 15.90. Querido-Verlag N. V., Amsterdam 1935.

Die höchst eigenartige Persönlichkeit des „Führers" hat manche Zeitgenossen, darunter nicht die schlechtesten, im wahrsten Sinne des Wortes sprachlos gemacht. Ein sehr bedeutender Wiener Schriftsteller verlieh dieser Tatsache Ausdruck in dem gewichtigen Diktum: „Zu Hitler fällt einem nichts ein." So begreiflich das sprachlose Erstaunen über den märchenhaften Aufstieg eines Mannes ist, der mit dem denkbar kärglichsten Ideenfonds Millionen von Menschen in geschichtlich beispielloser Weise zu blenden vermag, so bedauerlich wäre es, wenn ernsthafte Versuche, die „Führerbegabung" dieses Mannes zu analysieren, unterblieben. Glücklicherweise fehlt es an solchen Versuchen, die notwendig biographischer Art sein müssen, nicht. Neben dem Buch Konrad Heydens zählt Oldens Hitlerbiographie zu den besten, die wir heute [illegible]sitzen. Sie stützt sich auf umfassendes und zuver[illegible]ssiges Quellenmaterial und verzichtet auf die Heranziehung unbestätigter Tendenzberichte. Das Bild, das sie zeichnet, entspricht durchaus der Wirklichkeit: es vermittelt eine „Wesensschau" Hitlers, die für jeden, der nicht selbst fasziniert ist, überzeugende Kraft hat. Wir lernen das kleinbürgerliche Familienmilieu kennen, in dem Hitler aufwuchs, hören von dem starken Einfluß, den ein deutschnationaler Geschichtslehrer auf den wenig lerneifrigen Knaben ausübte, sehen plastisch den „Speisträger", Asylisten und später Aquarellisten vor uns, der sich in Wien kümmerlich durchs Leben schlug und in brennendem Ehrgeiz seine Zukunftsziele umso höher steckte, je schlechter es die Gegenwart mit ihm meinte. Die Legende von seinem Heldentum als Frontkämpfer wird auf ihren wahren Kern zurückgeführt und die Rolle der Reichswehrgeneräle bei der Heranbildung Hitlers zum völkischen Propagandisten klar herausgearbeitet. Meisterhaft ist die Schilderung der unendlich einfachen und gerade darum so wirksamen Methode, das Volk zu begeistern: unermüdliche Wiederholung „mitreißender" Schlagworte, drastische Schwarzweißmalerei, Appell an die „Schwäche und Bestialität" der Massenmenschen! Die treffsichere Kritik an dem allen Stilgesetzen hohnsprechenden Satzbau der Hitler'schen Versammlungsreden und an ihren ganz widerlogischen Bildern und Vergleichen bildet einen Höhepunkt der Darstellung. Wir folgen dann dem „Führer" auf dem bisweilen recht zickzackförmig verlaufenden Weg zur diktatorischen Macht über ein 65-Millionen-Volk. Wie ein

Kriminalroman lesen sich diese Partien des Buches aber sie sind nichts anderes als — Schilderung de Zeitgeschichte. Was uns Österreicher besonders inter essiert: die Herkunft der ganzen nationalsozialistische Ideologie vom staatsverneinenden Alldeutschtum Schö nerers ist zwar mehrmals betont, aber vielleicht doc nicht genügend klargestellt; die Selbstaussage Hitlers daß er vornehmlich bei Lueger in die Schule gegange sei, scheint erheblich überschätzt. Auch den Dualismu Reichswehr—nationalsozialistische Partei werden man che mit Recht etwas anders ausdeuten, als Olden e tut. Solche Schiefheiten und Mängel ändern jedoc nichts an dem hohen Wert der Gesamtdarstellung Wir müssen es Olden zuerkennen, daß er erfaßt hat worin Hitlers „Zauber" besteht, und was die diver gierenden Elemente seiner Bewegung im Innerste zusammenhält; er erklärt es uns absolut plausibel Der Führer ist nicht nur „Trommler", sondern auc „Ekstatiker" — allerdings nach unten, nicht nac oben; seine Bewegung lebt nicht bloß von der auf höchste gesteigerten „rabies teutonica", sondern vo allem von der zugkräftigen Losung und Tätigkeits maxime: Hoch die Starken, nieder mit den Schwachen Alles in allem: ein Buch, das namentlich in Öster reich nicht übersehen werden darf. Dr. A. M.

•

Karl Hans Ganahl: Versuch einer Geschichte des österreichischen Landrechts im 13. Jahrhundert. Mitteilungen des österr Inst. f. Geschichtsforschung, Erg.-Bd. XIII, Heft 3. Universitätsverlag Wagner, Innsbruck, 1935.

In einer äußerst gewissenhaften und scharfsinnigen Studi beschäftigt sich der Verfasser mit wohl einem der interessantesten Probleme der österreichischen Rechtsgeschichte, das bis zu Stunde noch nicht seine endgültige Lösung gefunden hat. Da österreichische Landrecht ist nicht in einer einheitlichen Fassung sondern in zwei voneinander abweichenden Textformen auf un gekommen, die wegen ihres ziemlich umfangreichen gemeinsamen Grundgehaltes ganz selbstverständlich Anlaß zu öfterer Untersuchungen über den Urtext, über die Zusammenhänge usw gaben. Die Literatur hierüber bietet ein schönes Zeugnis österreichischen Fleißes, dem sich als Beispiel von Gründlichkeit und Ernst diese neue Studie würdig anschließt.

Es wäre nur zu verlockend, wenn es dieser Rahmen ermöglichen könnte, eingehend sich mit einzelnen Deduktionen dieser Arbeit auseinanderzusetzen. Wenigstens aber das Schlußergebnis möge hier festgehalten werden. G a n a h l nimmt an daß weder die Fassung von LR II aus LR I abgeleitet werden könne, noch umgekehrt. Die Texte gehen vielmehr unabhängig voneinander auf einen gemeinsamen Grundtext zurück, als den er eine unter Albrecht I. 1298 geschaffene Landrechtserneuerung ansprechen möchte. Er nennt sie die albertinische Landrechtsfassung und grenzt ihren Inhalt ab. Da sie eine Erneuerung ist, mußte er auch ihren Entwicklungsgang zu ergründen suchen. Er schließt daher auf folgende Quellen: Einen der beiden bayrischen Landfrieden aus 1244 und 1256, der österr. Landfrieden Ottokars aus der Mitte des 13. Jahrhunderts, Schwabenspiegel, Landfriede Rudolfs I. von 1276, den verlorenen Text des rudolfinischen Landfriedens von 1281, den Mainzer Landfrieden von 1235 und Forderungen und Wünsche des österreichischen Adels aus der Aufstandsbewegung des Jahres 1295. M. E. ist der bleibende Wert dieser Arbeit weniger in dem W a h r s c h e i n l i c h k e i t s b e w e i s — denn ein Wahrheitsbeweis ist noch nicht möglich — gelegen, daß der gemeinsame Grundtext die von Ganahl angenommene albertinische Landrechtserneuerung ist, sondern in den schönen textkritischen Untersuchungen und dem Versuch, soweit es gegenwärtig möglich ist, die Q u e l l e n zum Landrecht überhaupt neuartig zusammenzufassen und für seine Thesen die sichersten Zeugnisse beizuschaffen. Daß diese Geschichte des Landrechts — und als eine wertvolle ist sie bedingungslos anzusprechen — vorderhand noch nicht das letzte Wort ist, spricht schon der Titel „Versuch" aus. Jedenfalls aber ist die Studie eine wissenschaftlich hoch achtbare Leistung. Univ.-Doz. Dr. Willibald P l ö c h l.

■

Friedrich Wilhelm Foerster: Alte und neue Erziehung. Preis kartoniert S 8.50; in Leinen S 10.30. Vita Nova Verlag, Luzern, 1936.

Dieses neue Buch Fr. W. Foersters ist wohl als eines der besten der gegenwärtigen pädagogischen Literatur zu bezeichnen. Es zeigt tiefes Verständnis für die Krise unserer Tage, vergißt aber auch nicht auf die ewigen, unveränderlichen Wahrheiten hinzuweisen, die nur allzu oft im Ringen der Gegenwart übersehen werden. Obgleich Foersters Buch von der allzu abstrakten Belastung neuerer pädagogischer Werke frei ist, entbehrt es doch nicht jener echten Theorie, die auch der beste Praktiker nicht vermissen darf, des Verstehens der Realität des Lebens des konkreten, einmaligen Individuums in seinem Bezogensein auf die Rangordnung der Werte. So wird nicht nur der Idealismus abgelehnt, seine Kehrseiten aufgezeigt und die Erziehung zum Realismus verlangt, das Werk selbst atmet die ganze Fülle eines echten und gesunden Sinnes für die Wirklichkeit, für ihre Freuden und Leiden. Alle brennenden Fragen der Gegenwart werden „sub specie aeternitatis" gelöst. Durch zahlreiche Beispiele aus seiner eigenen Lebenserfahrung kann der geschätzte Verfasser seinen Standpunkt begründen. Vor al-

Kärnten-Verunglimpfung

Unhaltbare pauschale historische Verurteilungen sind modern. Wie ein US-Autor die Kollektivschuld aller Deutschen am Holocaust propagiert, beschimpft ein heimischer Schreiber alle Kärntner Kriegsteilnehmer.

Keine Neuerscheinung zum Holocaust fand in internationalen Medien solche Resonanz wie das Buch „Hitlers willige Vollstrecker“ des jungen Harvard-Professors Daniel Goldhagen. Sein Werk soll im Sommer in deutscher Übersetzung im Berliner Siedler-Verlag erscheinen. Goldhagen vertritt die These, daß ein besonderer deutscher Volkscharakter verantwortlich für den Völkermord an den Juden ist. So radikal hat noch selten jemand die Kollektivschuld der Deutschen vertreten. Selbst israelische Historiker kritisierten, daß Goldhagen die Opposition zu Hitler und den Umstand, daß die Nazi bei Wahlen nie die absolute Mehrheit errungen haben, unerwähnt läßt. Es ist anzunehmen, daß dieses Buch im Sommer im deutschsprachigen Raum viel Aufsehen erregen wird.

Mit ähnlichen Pauschalurteilen ist dies auf Kärntner Ebene bereits Bertram Karl Steiner mit dem „Heimatbuch mit unterirdischen Begegnungen“ gelungen.
Wem soll es nützen, daß darin die Träger des Kärntner Anzuges, verächtlich machend, z. B. als maikäfer- oder kastanienfarbene Getreue bezeichnet werden, die das Nationale im Hirn und den Saustall in der Stub'n haben und sie mit einer längst vergangenen Zeit und Ideologie in Verbindung gebracht werden? „Unterirdisches“ kam auch bei der Vorstellung des Buches im Rahmen der Domgespräche hoch. Es wurden die Geister der Vergangenheit als Kärntner Wirklichkeit allgegenwärtig gemacht.
Steiner hat das Ohr beim Volk oder besser gesagt in den Wirtshäusern, denn dort will er gehört oder erlauscht haben: „Was is denn schon dran, war ma doch wohl alle bei der SS“ und so ein Satz muß sich einprägen, deshalb wird er gleich fünfmal auf zwei Seiten wiederholt. Steiner weiß auch, daß das Massaker am Perschmanhof am 25. 4. 1945 von der SS verübt wurde; obzwar dies bis heute nicht geklärt werden konnte.
Weiter heißt es: „Wo die Buben aus Kärnten hinkamen, dort türmten sich die Leichenberge und wenn sie wieder tausend Menschenkinder erschlagen, erschossen, massakriert hatten, da hallte es aus ihren Holzkehlen: Won i von mein Dirndl hamwärts geh.“ In dieser Diffamierungs- und Verunglimpfungsorgie geht es weiter.
Angesichts dieser Kostproben aus der angeblichen Liebeserklärung Steiners an seine Wahlheimat, forderten ihn Zuhörer auf, das Buch aus dem Verkehr zu ziehen.
L./J.

Pauschale Verurteilungen im „Heimatbuch mit unterirdischen Begegnungen“
Foto: Eggenberger

... positive und negative Reaktionen auf die Wehrmachtsausstellung kamen nicht nur aus politischen Lagern, sondern auch von Seiten der Kirche. Auch nach endlosen Diskussionen und Briefwechseln zu diesem Thema, stelle ich mir noch heute die Frage, ob dies nicht ein missglückter Versuch von Vergangenheitsbewältigung war ...

PROJEKTKOORDINATION
Klagenfurt für Ausstellung
und Begleitveranstaltungen
Vernichtungskrieg. Verbrechen der Wehrmacht 1941 bis 1944
des Hamburger Institutes für Sozialforschung

Patronanz:
ARGE Kärnten - Alpen - Adria Altenativ - Verein „Erinnern"!
Mag. Andrea M. Lauritsch
Krnazmayerstr.49
A-9020 Klagenfurt
Tel. und Fax.: 0463-239579 od. 0663-842218
Birgit Hebein: Tel. 0664-3373049

Klagenfurt, 12. August 1996

Betrifft:
Beitritt ins Ehrenkomitee für die Ausstellung „Vernichtungskrieg. Verbrechen der Wehrmacht 1941 bis 1944" in Klagenfurt

Sehr geehrter Herr Ulrich Habsburg-Lothringen!

Wir haben die Präsentation für die Ausstellung „Vernichtungskrieg. Verbrechen der Wehrmacht 1941 bis 1944" vom Hamburger Institut für Sozialforschung in der Zeit zwischen 6. September bis 6. Oktober übernommen.
Die politische Bedeutung der Ausstellung ist bereits in Wien deutlich geworden. Wir wollen Sie nun herzlich einladen, dem Ehrenkomitee der Ausstellung beizutreten!

Als Parallelveranstaltung bereiten wir überdies in Zusammenarbeit mit Kärntner Künstlern (Werner Hofmeister und Cornelius Kolig) die Installation von Gedenkräumen (Verfolgung und Widerstand in Kärnten) im Künstlerhaus/Kunstverein Kärnten vor. Zusätzlich zu diesen beiden Ausstellungen wird im Künstlerhaus ein reichhaltiges Begleitprogramm – wissenschaftliche Vorträge, Podiumsdiskussionen, Buchpräsentationen, Lesungen, Theater- und Musikaufführungen, Filmvorführungen sowie ein Symposium zum Thema Waffen-SS – stattfinden. Nicht zuletzt wollen wir auch ein wissenschaftlich-künstlerisches Gegengewicht zum berüchtigten Veteranentreffen am Ulrichsberg bieten.
Wir ersuchen Sie herzlich um die Unterstützung unseres Vorhabens, durch die Sie einen Beitrag zum Gelingen dieses sowohl gesellschaftspolitisch und künstlerisch, als auch wissenschaftlich äußerst relevanten Projektes leisten würden. Bitte sagen Sie uns bald bescheid. Danke!
Wir danken Ihnen schon im voraus für Ihr Interesse und verbleiben

Mit freundlichen Grüßen

f. d. Projektkoordination
Mag. Andrea Lauritsch
Birgit Hebein

Anfang Oktober – Zweiter Filmblock im »Neuen Volkskino« (u. a. *»Komm und sieh«* von Klimov, *»Alles Schweigen«* von Walterstorfer/Zuzanek)

4. 10. – ab 17^{00}
Buchpräsentation: »Der Waldheim-Bericht der Internationalen Historikerkommission« (Wien 1996)
anschließend: Uraufführung
»Land der Väter« – **Videofilm** von RUTH BECKERMANN
Eintritt: öS 50,–/öS 25,–
Kärnten hat reagiert! 20^{00}
Podiumsdiskussion

5./6. 10. – Internationales Symposion, 9^{00}–18^{00}
Die Waffen-SS
Tagungsgebühr: öS 500,–/öS 250,–

5. 10. – Kärntner LIEDER-ABEND, 19^{00}
Eintritt: öS 120,– (inkl. Kärntner Jause)

7. 10. – Wehrmacht und italienische Kriegsgefangene, 19^{00}
Vortrag von Dr. GERHARD SCHREIBER (Freiburg i. Br.)
Eintritt: öS 50,–/25,–

***

Eintrittspreise für die Ausstellung in der Kunsthalle Ritter: öS 50,–/öS 25,–

Ermäßigung (mit Ausweis) gilt für SchülerInnen, StudentInnen, Erwerbslose, Zivil- und Präsenzdiener

Führungen für Gruppen und Schulklassen nach Voranmeldung; eine Gruppe: mindestens 15, maximal 20 Personen – Führungszuschlag öS 20,– pro Person; bei Gruppen unter 15 Personen: Führungsgebühr öS 300,– pro Gruppe

ADRESSEN IN KLAGENFURT UND VILLACH:
Kunsthalle Ritter, Hermann-Gmeiner-Str., Tel.: 0463-35800-14, Fax: 0463-35800-17 (Busverbindung: ab Heiligengeistplatz Nr. 60/61 bis St. Peter; mit dem Auto: Völkermarkterstraße bis Media Markt, dahinter Kunsthalle – eigener Parkplatz)
Künstlerhaus, Goethepark, Tel.: 0463-55383, Fax: 0463-554046
Neues Volkskino, Kinoplatz 3, Tel.: 0463-239637
KULT, St. Veiter Ring 22 H (Innenhof), Tel.: 0463-504030
Villacher Studiobühne, Freihausplatz, A-9500 Villach; Tel.: 04242-27353

VeranstalterInnen und SubventionsgeberInnen: Abteilung 5 der Kärntner Landesregierung – Jugend; Abteilung Zeitgeschichte des Instituts für Geschichte der Universität Klagenfurt; Alekto Verlag; Alpen-Adria-Alternativ; Alternativreferat am Zentralausschuß (ZA) der Österreichischen HochschülerInnenschaft (ÖH); Arbeitsgemeinschaft für Wehrdienstverweigerung und Gewaltfreiheit; ARGE Kärnten; Erinnern! Verein zur Aufarbeitung der verdrängten Vergangenheit – Villach; Forschungskommission der Universität Klagenfurt; Förderungsstelle des Bundes für Erwachsenenbildung für Kärnten; GRAS – Grüne & Alternative StudentInnen; Grünalternative Jugend; Grüne Akademie. Grüne Bildungswerkstatt Steiermark; Grüne Alternative Kärnten; Die Grünen; Die Grünen – Villach; Grüne Bildungswerkstatt Kärnten/Koroška; Grüne Bildungswerkstatt – Minderheiten, Wien; Hamburger Institut für Sozialforschung; Land Kärnten – Kultur; Mauthausen Aktiv Kärnten/Koroška; Bundesministerium für Inneres und Sicherheit; Bundesministerium für Wissenschaft, Verkehr und Kunst; Bundesministerium für Unterricht und kulturelle Angelegenheiten; MNEMOSYNE. Gesellschaft für Erinnerung; ÖH der Universität Wien; Österreichischer Gewerkschaftsbund – Kärnten; Österreichisches Studienzentrum für Friedens- und Konfliktforschung; Rat der Kärntner Slowenen/Narodni svet koroških Slovencev; Referat für Bildung und Politik am ZA der ÖH; Republikanischer Club; Slowenischer Kulturverband/Slovenska prosvetna zveza; ULV (Universitätslehrerverband); UNIKUM; ZA der ÖH Wien; Zentralverband der Slowenischen Organisationen in Kärnten; (Stand: 18. 8. 1996)
Ehrenkomitee: Ilse AICHINGER, Schriftstellerin; Univ.-Prof. Dr. Albert BERGER, Germanist; Univ.-Prof. Dr. Gerhard BOTZ, Historiker; Univ.-Prof. Dr. Willibald DÖRFLER, Rektor der Universität Klagenfurt, Dr. Heinz FISCHER, 1. Nationalratspräsident; Barbara FRISCHMUTH, Schriftstellerin; Friederike HABSBURG-LOTHRINGEN, Vorsitzende des Jüdisch-christlichen Koordinationsausschusses, Kärnten; Dipl.-Ing. Dr. Ulrich HABSBURG-LOTHRINGEN; Univ.-Prof. Dr. Günther HÖDL, Historiker; Elfriede JELINEK, Schriftstellerin; Prof. Topsy KÜPPERS, Theaterdirektorin; Janko MESSNER, Schriftsteller; Dr. Heinrich NEISSER, 2. Nationalratspräsident; Dr. med., Dr. h.c. Paul PARIN, Psychoanalytiker; Univ.-Prof. Dr. Anton PELINKA, Politikwissenschaftler; Dietmar PFLEGERL, Intendant des Stadttheaters Klagenfurt; Karin PRUCHA, Landessprecherin der Grünen Kärnten; Johannes Mario SIMMEL, Schriftsteller; Mary STEINHAUSER; Marlene STREERUWITZ, Schriftstellerin; Johannes VOGGENHUBER, Abgeordneter der Grünen/EU-Parlament; Univ.-Prof. Dr. Erika WEINZIERL, Historikerin; Dr. h. c. Simon WIESENTHAL, Leiter des Jüdischen Dokumentationsarchivs; Dr. Leon ZELMAN, Leiter des Jewish Welcome Service; (Stand: 18. 8. 1996)

Projektkoordination: Mag. ANDREA LAURITSCH
Ausstellungskoordination: BIRGIT HEBEIN

Nähere Informationen zu den einzelnen Veranstaltungen in einer eigenen Broschüre (öS 50,–), erhältlich ab Anfang September im Künstlerhaus und in der Kunsthalle Ritter.

Ausstellungskatalog: öS 312,–

Impr.: Projektkoordination »Vernichtungskrieg«, Postfach 479, 9020 Klagenfurt
Spendenkonto: Kärntner Sparkasse, BLZ 20706, Kto-Nr.: 0360-125605 (lautend auf: Ausstellung »Vernichtungskrieg« [illegible]
Absender: UNIKUM, Universitätsstr. 90, A-9020 Klagenfurt/Celovec POSTGEBÜHR BAR BEZAHLT

EINLADUNG

Vernichtungskrieg
Verbrechen der Wehrmacht
1941 bis 1944

Eine Ausstellung des Hamburger Instituts für Sozialforschung

in der Kunsthalle Ritter
Klagenfurt
vom 6. September bis 6. Oktober 199
täglich von 10^{00} bis 20^{00}

Parallelausstellung

REINIGUNG
FRIES DER NAMEN

im Künstlerhaus
vom 6. September bis 6. Oktober 199
Mo–Fr von 10^{00}–13^{00}, 16^{00}–19^{00}
Sa von 10^{00}–13^{00}
Sonntag und Feiertag geschlossen!

Begleitprogramm
im Künstlerhaus
in der Studiobühne Villach
in »Neues Volkskino«
im KULT

Patronanz
ARGE Kärnten
Alpen-Adria-Alternativ
Verein »Erinnern!«

Begleitprogramm

9. – Eröffnung, 19^{00}

9. – Podiumsdiskussion, 19^{00}
lnehmerInnen: HANNES HEER (Ausstellungsleiter, Ham-
rg), BIRGIT HEBEIN (Ausstellungskoordinatorin, Klagenfurt),
ERNER HOFMEISTER (Künstler), Mag. ANDREA LAURITSCH
ojektkoordinatorin, Klagenfurt), Dr. WALTER MANOSCHEK
usstellungsmitarbeiter, Wien)
oderation: Dr. FRED DICKERMANN (ORF)

9. – Workshop für LehrerInnen, 10^{00}–13^{00}
nsthalle Ritter
ungsbeitrag: öS 500,–

9. – Geiselkrieg in Serbien, 19^{00}
rtrag von Dr. WALTER MANOSCHEK (Wien)
ritt: öS 50,–/öS 25,–

9. – Der Herr Karl und
unschkonzert für den Herrn Karl, 19^{00}
VERONIKA FABER und KURT WEINZIERL
ritt: öS 180,–/öS 130,–

/13./14. 9. – Ein Versteck im 20. Jahrhundert, 19^{00}
VERONIKA FABER und KURT WEINZIERL
diobühne Villach, Freihausplatz, Villach
ritt: öS 180,–/öS 130,–

9. – Schuld und Gedächtnis (Kino), 19^{45}
9. – Totschweigen (Kino), 19^{45}
9. – Hasenjagd. Vor lauter Feigheit gibt es kein
barmen (Kino), 19^{45}
ritt bei allen Filmen: öS 75,–

9. – Entnazifizierung in Kärnten, 19^{00}
rtrag von Dr. ROBERT KNIGHT (London)
ritt: öS 50,–/öS 25,–

9. – Vernichtungskrieg und Desertion, 19^{00}
rtrag von LUDWIG BAUMANN (Bremen)
ritt: öS 50,–/öS 25,–

9. – XY ungelöst. Monodrama, 19^{00}
n JANKO MESSNER, mit MARIJAN HINTEREGGER
ritt: öS 100,–/öS 50,–

Donnerstag, 5. September 1996, 19^{00}

Eröffnung
im Künstlerhaus

Eröffnungsrede von ELISABETH REICHART
Einführung: HANNES HEER (Hamburg)
und Dr. WALTER MANOSCHEK (Wien)
Lesung aus Feldpostbriefen, Befehlen
und Geständnissen

Bustransfer in die Kunsthalle Ritter

***

Freitag, 4. Oktober 1996, 20^{00}
im Künstlerhaus

Podiumsdiskussion
Kärnten hat reagiert!

TeilnehmerInnen: Dr. WALTER MANOSCHEK (Univ.-Ass. am Institut für Staats- und Politikwissenschaft, Wien), Divisionär HUBERTUS TRAUTTENBERG (Adjutant des Bundespräsidenten, Wien), eine Vertreterin der Ausstellungskoordination (Klagenfurt), ein Vertreter des Kärntner Heimatdienstes (angefragt); ein Vertreter des Österreichischen Kameradschaftsbundes (angefragt)
Moderation: HUBERTUS CZERNIN

***

Samstag/Sonntag, 5./6. Oktober 1996,
jeweils von 9^{00} bis 18^{00}
im Künstlerhaus

Internationales Symposion
Die Waffen-SS
Ideologie – Struktur – Einsatz – Wirkungsgeschichte

mit ReferentInnen aus den USA, Deutschland, Großbritannien, Israel, Österreich, Polen, Tschechien

Tagungsgebühr: öS 500,–/öS 250,–

20. 9. – Die Behandlung der sowjetischen Kriegsgefangenen durch die Wehrmacht, 19^{00}
Vortrag von Dr. CHRISTIAN STREIT (Heidelberg)
Eintritt: öS 50,–/öS 25,–

21. 9. – Workshop, 10^{00}–14^{00}
SchülerInnen treffen ZeitzeugInnen
Künstlerhaus

25. 9. – Doppelreferat, 19^{00}
Dr. FLORIAN FREUND (Wien): **Zwangsarbeit in Kärnten**
Dr. PETER GSTETTNER (Klagenfurt): **Abwehrkampf gegen die Erinnerung**
Eintritt: öS 50,–/öS 25,–

26. 9. – GegnerInnen von gestern, 19^{00}
Ehemalige Wehrmachtsangehörige treffen ehemalige PartisanInnen – Versuch eines Gesprächs

27. 9. – Doppelreferat, 19^{00}
Dr. KARL STUHLPFARRER (Wien): **Globocnik und die Kärntner in Lublin;** Mag. HELGE STROMBERGER (Klagenfurt): **Euthanasie und Holocaust in Kärnten**
Eintritt: öS 50,–/öS 25,–

28. 9. – Still ist das Land II, 19^{00}
Multimediaperformance mit KLAUS KARLBAUER, DIETER KAUFMANN, GUNDA KÖNIG, ROSWITHA SCHREINER
Eintritt: öS 100,–/öS 50,–

28. 9. – Konzertnacht im KULT, 21^{00}
mit den Gruppen EXTENDED VERSIONS, NAR MALIK und DJ's
Eintritt: öS 120,–(inkl. ein Getränk)

1. 10. – Lesung, 19^{00}
Abschiedsbriefe von Kärntner WiderstandskämpferInnen
mit Musik von EXTENDED VERSIONS: »Angst macht krank« (Text von Axel Corti)
Eintritt: öS 100,–/öS 50,–

3. 10. – Jiddische Lieder und neue Chansons, 19^{00}
mit SANDRA KREISLER
Buchpräsentation: Tusia Herzberg: »Der lachende Sand« (Klagenfurt 1996)
Eintritt: öS 100,–/öS 50,–

BISCHOF VON GURK
IN KLAGENFURT

A-9010 Klagenfurt, 10. Oktober 1996
Mariannengasse 2

Geehrter Graf Habsburg-Lothringen !

Für Ihren Brief vom 4. Oktober 1996 danke ich, darf aber der Überzeugung Ausdruck geben, dass er - ebenso wie Ihr vorausgehender, in Kärntner Zeitungen publizierter Leserbrief - an meiner Entscheidung, den Ehrenschutz für die "Wehrmachtsausstellung" nicht zu übernehmen, und an meiner öffentlich bekannt gemachten Begründung dafür vorbeigeht. Ihr Verweis auf das Bild vom guten Hirten im Ezechiel-Buch der Heiligen Schrift soll offenbar begründen, dass ich als "guter Hirt" zu einem solchen Ehrenschutz verpflichtet gewesen wäre. Das leuchtet nicht ein. Die Frage konnte und kann ja nur sein, ob man kirchlicherseits Versuchen zu einer möglichst gerechten Beurteilung von Verbrechen (z. B. des Nationalsozialismus) ausweichen darf. Diese Frage ist mit einem klaren Nein zu beantworten.

Eine ganz andere Frage ist, ob ein kirchlicher Verantwortlicher für ein Projekt einer zeitgeschichtlichen Aufarbeitung einer komplexen Problematik den Ehrenschutz und damit auch so etwas wie eine Haftung übernehmen soll oder gar muss? Hier antworte ich ebenfalls mit Nein, weil ein solches Vorhaben keinen Ehrenschutz (in den Augen der 68er-Generation ohnedies nur eine bourgeoises Stilelement) braucht, sondern eine fair diskutierende kritische Begleitung durch die Öffentlichkeit, was ja indessen zum Teil geschehen ist. Der Ehrenschutz sollte meines Erachtens eine Parteinahme für das Projekt erwirken, die aber einer nüchternen Erfassung der Vergangenheit nicht nur in Kärnten eher hinderlich wäre. Übrigens hat in Wien kein Politiker der Stadt Wien oder auch der Wissenschaftsminister einen solchen Ehrenschutz zugedacht bekommen bzw. übernommen, wie mir der Ihnen wahrscheinlich bekannte sozialdemokratische Intellektuelle Peter Weiser brieflich mitgeteilt hat.

Ich war einmal mehr darüber erstaunt, dass auch intellektuell anspruchsvolle Menschen die wenigen Sätze einer Stellungnahme nicht als Ganzes wahrnehmen konnten oder wollten. Das Problem der Abtreibung sollte man nicht gegen das Problem von Kriegsverbrechen aufwiegen wollen, wie es in Ihrem Leserbrief, so wie ich ihn verstanden habe, geschehen ist.

Ich gebe von Ihrem und meinem Brief unserem Herrn Generalvikar Kenntnis, der vielleicht einmal Gelegenheit haben wird, von einem dritten Standpunkt aus mit Ihnen klärend darüber zu sprechen.

Mit guten Wünschen bin ich Ihr

+ Egon Kapellari

Diözesanbischof

Herrn
Dipl.-Ing. Dr. Ulrich HABSBURG-LOTHRINGEN
Klagenfurter Straße 1
A-9400 Wolfsberg

An die
Redaktion
DIE FURCHE
1010 Wien

25. August 1996

Betrifft:
Leserbrief zur Ausstellung „Vernichtungskrieg, Verbrechen der Wehrmacht 1941-1944“ in Klagenfurt vom 6. 9. – 6. 10. 1996

50 Jahre nach Kriegsende – vom Dritten Reich war ein Angriffskrieg geführt worden – sollte man die Freiheit besitzen auch über die deutsche Wehrmacht diskutieren zu können. Es ist in der Zwischenzeit klar geworden, dass gewisse Bevölkerungsteile des Deutschen Reiches, vornehmlich waren es Juden, Zigeuner und Slawen, während des Krieges einen überproportionalen Verlust an Menschen zu erleiden hatten. Massengräber (Deponien von Menschenasche) sind eher von Juden (Zigeunern) bekannt als von Deutschen. Schließlich sind auf Fotos, wo nackte Juden in Gruben fallen, sehr oft Stehende und daher Lebende in deutschen Uniformen abgebildet.
Beschämend ist heute, dass es für hohe Politiker und Geistliche derzeit nicht die rechte Zeit ist über Recht und Unrecht zu diskutieren. Die einen wollen ihre EU-Wahlchancen nicht durch Festlegungen schmälern und für die anderen scheint Abtreibung und der Kommunionsempfang von wiederverheirateten Geschiedenen das größere Übel zu sein als das unfreiwillige, und vom Dritten Reich geförderte, gewaltsame Ausscheiden von Volksgruppen aus der Weltgeschichte.

Ulrich Habsburg-Lothringen

Dr. Rudolf O. Zucha
Zeitschrift für Sozialpsychologie und Gruppendynamik
Persönlichkeits- und Organisationsentwicklung und -forschung
A-1120 Wien, Frauengruberg. 4/5/13, Viktor Kaplanstr.45, 9500 Villach
Tel. 0663/10987, Fax 0222/9854653 (Austria)

Herrn
DI Dr. Ulrich Habsburg-Lothringen
Klagenfurterstr. 1
9400 Wolfsberg

per Fax

Villach, 1. September 1996

Betrifft:
Ihren Leserbrief in der KZ von heute

„Die Stimme der Vernunft ist leise"

Die aggressive Frechheit der faschistoiden Politiker, ebenso wie die Feigheit vieler demokratischer Politiker im Lande ist hinlänglich bekannt.
Daher ist Ihr Leserbrief von heute so wichtig.
Ich möchte Ihnen herzlich danken für Ihren Brief, der die Stimme des anderen Kärnten repräsentiert.
Sie sollten diesen Leserbrief an alle Tageszeitungen senden.

Ich wünsche Ihnen viel Erfolg und eine erfolgreiche Kur!

Mit freundlichen Grüßen

Dr. Zucha e. H.

WOLFGANG PFARL

FORMANEKGASSE 39
A-1190 WIEN
TEL. +43 1 36 25 25
FAX +43 1 36 25 254

EINGEGANGEN AM
5. SEP. 1996

Wien, am 2. September 1996

Lieber Uli,

nur so viel und ganz kurz: mit Deinem Leserbrief im STANDARD am 29. August hast Du den Nagel auf den Kopf getroffen. Und umso mehr, als auf der nächsten Seite ein Artikel abgedruckt wurde (von Samo Kobenter), der ebenso trefflich, wie mir scheint, die Diskussion beschreibt und kommentiert.

Ich habe die Ausstellung, als sie in Wien war und (feigerweise) irgendwo in der Südbahnhof-Gegend in einem ehemaligen Milchhof-Gebäude versteckt wurde, gesehen. Wirklich bewegend! Und als ich vor vierzehn Tagen in Paris Gelegenheit hatte, das Mahnmal an die deportierten Juden, nahe der Notre Dame, zu besuchen, war es dort das gleiche Erlebnis, der gleiche Eindruck: Verzeihen ja, Vergessen nie !

Deine Zivil-Courage verdient Respekt !

Beste Grüße
Wolfgang

Herrn Dipl.Ing.
Dr. Ulrich Habsburg-Lothringen

9400 Wolfsberg

26. Oktober 1996

Lieber Wolfgang,

Deine positive Stellungnahme zu meinem Leserbrief hat mich sehr gefreut und sogar verwundert, muß man doch oft bei Wirtschaftstreibenden und Generaldirektoren feststellen, daß Äußerungen zu politisch/weltanschaulichen Angelegenheiten möglichst nicht getan werden um nach allen Seiten offen und mit allen Seiten Geschäfte machen zu können. Mein Landesbischof hat natürlich - bezogen auf die kärntner Situation - meine Äußerungen über seine Pressestelle einer scharfen Kritik unterzogen. Seitdem liegen wir im kühler werdenden Briefverkehr. Leider scheint man in Oberösterreich noch weniger klug als in Kärnten zu sein, anscheinend will die ÖVP ihre Verbindung zu den nationalen Kreisen inklusive der FPÖ nicht strapazieren.

Dich muß ich zu Deinen Fernsehauftritten wegen der EU-Wahlen beglückwünschen, sie haben mir sehr gut gefallen. Die EU-Wahlen und ein Kuraufenthalt in Baden bei Wien sind auch ein Grund meiner späten Reaktion.

Mit *Leykam* bzw. *Bruck* bin ich in leichtem Geschäftskontakt mit Schleifholz wo mich Herr Schindelbacher gut betreut, leider nimmt er mir viel zu wenig Schleifholz ab. Mit der Papierbranche bin ich sonst über meinen Sohn Eugen, der bei *Brigl & Bergmeister* für die Entwicklung zuständig ist und auch diesbezüglich *Vevce* betreut, sowie DI. Judmayr von der *SCA/Steyrermühl* und DI. Schachenmann von der *Patria* in Kontakt.
Es würde mich freuen, wenn sich für mein Zivilingenieurbüro eine Zusammenarbeit auch auf Konsulentenbasis mit der *Leykam* ergeben könnte.

Nochmals herzlichen Dank und viele Grüße

R. C. Riess
Grünentorgasse 16
1090 Wien

Wien, 12. September 1996

Sehr geehrter Herr Dr. Habsburg!

Als Abonnent der (sehr guten) Furche habe ich mit Freude und Befriedigung Ihren ausgezeichneten Leserbrief von heutigem Datum gelesen.
In ähnlichem Sinne habe ich an LH Zernatto (immerhin ein Verwandter jenes großartigen Guido Z. – „Vaterländ. Front") und Bischof Kapellari geschrieben, deren Verhalten nicht gerade von „Zivilcourage" und Vergangenheitsbewältigung zeugt! Aber das schöne Kärntnerland ist eben ANDERS! (leider)
Das zeigt schon das heutige Verhältnis der zirka 34 Prozent FPÖ-Wähler zu 1938 = 36 Prozent in NS-Organisationen eingeschriebene Kärntner (der höchste Prozentsatz im Großdeutschen Reich!)
Wie Sie es richtig sagen: „Beschämend" für hohe Politiker und Geistliche und Feige.
Noch dazu diese Diskrepanz: JA zum „Ulrichsberg", wo Wehrmacht und SS glorifiziert werden, aber NEIN zur „Wehrmachtsausstellung" – deutlicher kann man kaum seine immer noch – 50 Jahre danach! – Sympathien zeigen!

R. C. Riess (Jahrgang 1919)

3 Jahre Soldat der 44. Inf. Divison = Teil der zitierten 6. Armee (allerdings nur bis 1941), die dann in Stalingrad „venichtet wurde".
Auch Furche – Leserbriefschreiber.

Anbei Bild mit Widmung
Aus Schloss Pottenbrunn bei St. Pölten, Juli 1996

Als kleines Dankeschön dies Bild Ihres großen Vorfahren, von einem Verehrer des Hauses Habsburg-„Österreich", der auch mehrfach mit dem Chef Ihres Hauses (Otto) korrespondierte – vor 10-20 Jahren – aber leider nicht sehr viel hält vom „Langzeitstudenten" Karl als EU-Vertreter.

R. C. Riess
Grünentorgasse 16
1090 Wien

17. September 1996

Sehr geehrter Herr Doktor!

Noch immer sehr positiv beeindruckt von Ihrem Leserbrief (Furche, 12/9), da solche ehrlich-offene Meinungen aus dem Karawanken-Land leider nur zu selten zu vernehmen sind, darf ich mir erlauben, Ihnen im Anschluss an mein Schreiben vom 12. 9. diese Kopien einer alten Illustrierten des Jahres 1922 zu übermitteln. Bedauerlicherweise ist das, was man zumeist hört (Ulrichsberg, Krumpendorf!) und die nur zu deutlichen Stimmen auch von Nicht-FPÖ Politikern zur NS-Zeit, II. Weltkrieg und die sogenannte „Kriegsgeneration", der auch ich angehörte, beinahe deprimierend.
Zur Ausstellung „Wehrmacht", die ich mir zwei Mal angesehen habe, und außer einigen kleineren Fehlern als durchaus „korrekt" gefunden habe, kann man nur als Sympathisant des NS-Reiches so ablehnend gegenüberstehen.

Mit nochmaligem „Dankeschön"
Hochachtend

R. C. Riess

Siehe auch Profil 16/9
Kärnten Seiten 32-36

14/Dez. 96

WIEN - Schönbrunn
Sternweiher im Schloßpark

Nr. 58

Sehr geehrter Herr Doktor

Mit Dank für Ihren so netten Brief zu meiner positiven Reaktion anläßl. eines Leserbriefes*) aus Ihrer Feder erlaube ich mir als alter Wiener Ihnen und den Ihren ein schönes Weihnachtsfest und Glück wie Gesundheit für 1997 zu wünschen.

Es war mir damals ein Anliegen, Ihnen meine volle Zustimmung auszudrücken, gerade

VERLAG BAUER, BEATRIXGASSE 3, 1030 WIEN, TELEFON 7133337

weil solche Stimmen (leider!) aus Kärnten nur zu selten zu hören sind. Verständlich, wenn sogar Diözesanbischöfe u. (schwarze) Landeshauptleute sich nur „negativ" äußern, offenbar weil es nämlich in OÖ.) im Land der Karawanken nicht „opportun" ist, sich kritisch zur NS-Wehrmacht zu äußern, weil diese glorifiziert wird. — Ich war selbst fast 3½ Jahre Soldat der 44. Inf. Div., die im Ostfeldzug der 6. Armee zugehörte —

Ein Photo für Sie aus Pannonhalma. —

Alles Gute für Sie und Ihre Familie!

Rich. C. Riess

bauer

*) betr. Wehrmacht-Ausstellung.

[redacted]
9020 Klagenfurt

Klagenfurt 20. September 1996

Sehr geehrter Herr Doktor!

Ich bin nicht sicher, ob Sie meinen Brief im Hinblick auf eine unrichtige Adressierung erhalten haben. Ich erlaube mir daher Ihnen beiliegend eine etwas ergänzte und auch besser lesbare Ausfertigung meines Leserbriefes an die Furche zu übersenden.
Zur umstrittenen Wanderausstellung werde ich täglich in Anrufen und Briefen gefragt, wer es zugelassen hat, dass man sie nach Kärnten holte. Die Einladung zur Ausstellung (grüner Falter) klärt ohnehin alles. Es gibt noch genug Etablierte im Lande, die offensichtlich keine anderen Sorgen haben. Deutsche Kommunisten kommen daher und erklären die ganze Wehrmacht zu Kriegsverbrechern und das im Stile einer stalinistischen Greuelpropaganda, und das 51 Jahre danach. Erlauben Sie mir, dass ich Ihnen auch noch die Ablichtung eines Schreibens beilege, das ich kürzlich an Divisionär Trauttenberg (Adjuntatur des Bundespräsidenten) richtete.

Mit freundlichen Grüßen

3 Beilagen

Leserbrief erging an die Redaktion der „Furche“ und an DI Dr. Ulrich Habsburg-Lothringen

Anti – Wehrmachtsausstellung

In einem, unter „50 Jahre danach“ veröffentlichten Leserbrief (in der Nr. 37/ 12. 9. 1996 der Furche) findet es DI Dr. Ulrich Habsburg-Lothringen beschämend, dass es für hohe Politiker und Geistliche derzeit nicht die rechte Zeit sei, über Recht und Unrecht zu diskutieren. Er meint damit offensichtlich ihre Weigerung, einem die umstrittene Wanderausstellung „Vernichtungskrieg-Verbrechen der Wehrmacht 1941 bis 1944“ unterstützenden Ehrenkomitee beizutreten. Gott sei Dank gibt es noch Persönlichkeiten mit Rückgrat, die nicht immer das machen, was ihnen sogenannte Zeitgeistige (insbesonders jene mit grüner Tarnfarbe) vorschreiben beziehungsweise vorschreiben wollen. Sein im Leserbrief artikuliertes Anliegen steht seit 50 Jahren auf der Tagesordnung und ich erinnere ihn nur an die vielen Bedenk- und Gedenkveranstaltungen, die in all den Jahren landauf landab abgehalten wurden und die sehr maßgeblich auch von der Kirche getragen worden sind.

Es entzieht sich meiner Kenntnis, ob der Leserbriefschreiber die besagte Ausstellung, welche andernorts schon viel Staub aufwirbelte, bereits besichtigte. Sollte dies der Fall sein, dann muss man seine Denk- und Kritikfähigkeit schon etwas in Zweifel ziehen, wenn er an dieser nichts „Umstrittenes“ bemerkte, obwohl sie von Ungereimtheiten nur so strotzt. Umso bedauerlicher ist es, dass man noch genug Etablierte gefunden hat, die Drahtzieher einer so umstrittenen Ausstellung hofieren. Dem Leserbriefschreiber wird empfohlen, die zur Wanderausstellung verfasste Streitschrift (wider den Missbrauch der Geschichte deutscher Soldaten für politische Zwecke) von Proske (erschienen im Köhler-Verlag) und die 50-seitige Abhandlung von Dr. Schustereit zu studieren. Anhand solcher Unterlagen ist die Absicht, die mit dieser Ausstellung verfolgt wird, auch für einen unkritischen Besucher erkennbar. Es soll die Wehrmacht generalisierend als „verbrecherisch“ stigmatisiert werden. Eine Qualifizierung, die die Alliierten im Nürnberger-Prozess ausdrücklich ablehnten.

Was mir eine eingehende Besichtigung der Ausstellung vemittelte, war die Bestätigung für das, was ich schon bisher in Erfahrung bringen konnte. Man sieht nur deutsche Täter und sowjetrussische Opfer. Es werden Einzelexzesse generalisiert, man verschweigt den Partisanenterror, man bedient sich eines reißerischen und propagandistischen Stils, übernimmt das sowjetische Propaganda-Vokabular, klammert aus, was nicht in die Zielrichtung passt, es gibt keine Einordnung in geschichtliche Abläufe, fälscht Quellen und manipuliert. Es trifft auch die Feststellung zu, dass 75 Prozent der gezeigten Fotos sich gar nicht auf die Wehrmacht beziehen. Einer Kernaussage der zitierten Streitschrift zufolge, sollen so gut wie alle in der Ausstellung erhobenen Vorwürfe in den letzten 30 Jahren widerlegt worden sein. Des weiteren heißt es, dass sich die

Empörung nicht gegen die Aufarbeitung von Verbrechen richtet, sondern gegen die unglaubliche wissenschaftliche Schlamperei, generalisierende Schuldzuweisung „Verbrecherische Wehrmacht" und gegen die infamen Propagandamethoden eine Johannes Heer. Sie stelle eine gröbliche Verfälschung der Geschichte der deutschen Wehrmacht im Sinne der Unterdrückung des stalinistischen Terrorsystems dar. Dr. Schustereit kommt in seiner Studie zum Schluss: „Die Kombination aus Verfälschung von Quellen und pauschalen Verleumdungen von partiell reißerisch-propagandistischen, mit sowjetischem Agitationsvokabular versetzten Formulierungen artikuliert, lässt die eigentliche Zielsetzung erkennen. Es geht ganz offensichtlich darum, die Wehrmacht soweit wie möglich abzuwerten, um sie kriminalisieren zu können. Man hat übrigens keine Skrupel in der Ausstellung Dokumentar-Fotos zu zeigen, die für jedermann erkennbar mit „Davidsternen" übermalt beziehungsweise retuschiert wurden. Eines von diesen getürkten Fotos veröffentlichte kürzlich eine Tageszeitung, als sie Mag. Lauritsch im Zusammenhang mit der Ausstellung – welche Ehre – zur Frau des Tages kürte".
Wenn man weiß, mit welcher Grausamkeit die Partisanenüberfälle geführt und der Partisanenterror praktiziert wurde, der unbestritten auch überharte Reaktionen nach sich zog, ist es auch ein Hohn und eine Infamie, in der Ausstellung nur diese (und das auch noch im Stile stalinistischer Greuelpropaganda) zu zeigen und nicht auch das, was die in einem bestimmten Rahmen völkerrechtlich erlaubten Geiselerschießungen provozierte. Für Fotos über solche Vorgänge gibt es keinen genauen Quellennachweis. Man weiß daher nicht, was sie wirklich darstellen, Vorgänge etwa, die durch das Völkerrecht gedeckt sein könnten, oder Bilder von tatsächlichen Verbrechen. Mit grosser Wahrscheinlichkeit sind zudem zumindest eine Reihe von Fotos gefälscht, wie sich Fachleute dazu äußerten.

Plakativ wird behauptet, „die Wehrmacht war verantwortlich für den millionenfachen Mord an sowjetischen Kriegsgefangenen". In der Ausstellung werden sie wahrheitswidrig mit 3,3 Millionen von insgesamt 5,5 Millionen beziffert. Nach seriösen Untersuchungen von Oberst Roschmann, auf die sich der Historiker Dr. Post (er lehrt Geschichte am Geschwister-Scholl-Institut der Uni München) stützt, sind es 1,6 Millionen, was auch noch erschreckend genug ist. Sie sind zum Großteil aber nicht, wie es die Greuelpropaganda à la Heer zum Ausdruck bringt, ermordet, sondern auf Grund objektiver Umstände umgekommen. Während bis zum September 1941 die Versorgung der anfallenden Kriegsgefangenen einigermaßen funktionierte, brach sie im Herbst 1941 zusammen. Hauptursachen dafür waren, dass die Sowjets beim Rückzug das Prinzip der verbrannten Erde anwandten und soweit es ihnen möglich war, das Eisenbahnsystem, Industrieanlagen, landwirtschaftliche Geräte und Nahrungsmittelvorräte zerstörten und alles Transportable nach Osten verbrachten. Die Wehrmacht stieß in ein ökonomisch verwüstetes Gebiet vor. Mit Einsetzen der Schlammperiode brach das völlig überdehnte und überlastete deutsche Transportsystem zusammen und die Wehrmacht geriet in größte Versorgungsschwierigkeiten.

Der Zusammenbruch des Transportsystems wirkte sich auf die zu diesem Zeitpunkt besonders zahlreichen sowjetischen Kriegsgefangenen verheerend aus. Sie fielen häufig im Zustand der Unterernährung und tödlichen Erschöpfung in deutsche Hände, was den Ausbruch von Seuchen, insbesondere Fleckfieber und Ruhr begünstigte. Ab dem Frühjahr 1942 konnten die Kriegsgefangenen wieder ausreichend versorgt werden und die Schreckensbilder des Winters 1941/42 gehörten der Vergangenheit an. Man klammert aus, was nicht in das Klischee der Ausstellung passt, deshalb muss auch verschwiegen werden, dass sich rund eine Million russische Kriegsgefangene in die Befreiungsarmee des General Wlassow rekrutieren ließen. Sowjetische Kommissare nahmen in dieser hohe Ränge ein. Es ist daher Greuelpropaganda „pur", wenn behauptet wird, die Kriegsgefangenen wurden planmäßig zu Tode gehungert.

Eine deutsche Politik zur planmäßigen Dezimierung der slawischen Bevölkerung, wie irreführend behauptet wird, ist nach einer Aussage des Historikers Dr. Post eine Legende. Dass von drei Millionen deutschen Kriegsgefangenen auch mehr als eine Million in sowjetischer Gefangenschaft umgekommen sind, darf die Ausstellung, für die Untaten der anderen Seite tabu sind, nichts erwähnen oder glaubt man, einer uninformierten Öffentlichkeit weismachen zu können, dass sie ganz korrekt eines natürlichen Todes gestorben sind?

Breit dargestellt werden in der Ausstellung die angeblichen Untaten der 6. Armee. Sie sollen auf ihrem Weg nach Stalingrad eine einzige Blutspur hinter sich gelassen haben. Man kann das ziemlich gefahrlos behaupten, denn sie wurde im Kessel von Stalingrad geopfert. Es werden ihr insbesonders die Geiselerschießungen von Babi Yar (Altwelderschlucht bei Kiew) angelastet. In der Ausstellung beziffert man sie mit 33.000. Während man bei den Orten Bykivina, Bielhodka, Darnica und anderen (in der Nähe von Kiew) zahlreiche Massengräber aus den 30er Jahren entdeckte, konnte in der Schlucht von Babi Yar bisher nichts davon gefunden werden. Aufgrund der Luftaufnahmen (in Nationalarchiven in Washington lagern etwa 1,1 Millionen aus der Kriegszeit, unter ihnen allein 600 von Kiew und Umgebung) und der Aufklärungsschrift des Vorsitzenden des Forschungsausschusses Babi Yar, Nikiforuk, ist diese angeblich größte Massenerschießung im Osten durch deutsche Soldaten oder Einsatzgruppen in Frage gestellt beziehungsweise gibt es diesbezüglich noch große Rätsel. Selbst bei den Nürnberger Prozessen waren die Richter von einem deutschen Massaker ebenso wenig überzeugt wie von Katyn. Während zu Letzterem das Eingeständnis Gorbatschows alles erklärte, bleibt das Erstere unbewiesen, und was man nicht beweisen kann, vermag man auch nicht zu widerlegen. Das gilt auch für die Behauptung, dass von zehn Millionen Weißrussen angeblich 2,2 Millionen ausgerottet wurden. Wenn die behaupteten Geiselerschießungen tatsächlich stattgefunden haben, dann aber als Reaktion auf einen Terroranschlag, bei dem 600 Soldaten und unzählige Zivilisten getötet wurden. Bei Geiselerschießungen im Verhältnis 1:50 (das harte Durchgreifen gegen Partisanen sah dieses Verhältnis vor) ergäbe dies eine Liquidation von über 30.000 Menschen. Dem aber steht die Tatsache gegenüber, dass man bisher keine Spuren derartiger Geiselerschießungen entdeckt hat.

„Wir dürfen es nicht zulassen, wenn versucht wird, die Geschichte der deutschen Wehrmacht aus einem bestimmten ideologischen Blickwinkel heraus umzuschreiben", äußerte sich Glos, der Vorsitzende des CSU-Landesverbandes Bayern. Wenn man die „Vita" des Organisators der Ausstellung (ein militanter kommunistischer Funktionär, mehrfach vorbestrafter Gewalttäter) und seine Hintermänner (die sogenannte „rote Zelle" im militärgeschichtlichen Forschungsamt der BRD mit Kontakten zu Historikern der ehemaligen DDR) kennt, wird man verstehen, was Glos mit seiner Kritik meint. Gegen die Verantwortlichen der Ausstellung stellte sich auch der Bundespräsident a. D. Richard von Weizäcker, weil er der Ansicht ist, dass mit dieser ein Pauschalurteil gefällt wird, das historisch, moralisch und menschlich nicht haltbar ist. Der Ministerpräsident von Baden-Württemberg E. Teufel meinte, „wenn gegen uns Solaten der Vorwurf erhoben werde, man gehörte einer verbrecherischen Organisation an, haben wir uns vor sie zu stellen." Der ehemalige Bundeskanzler Dr. Schmidt (ein Sozialdemokrat) bezeichnete die Behauptungen der Ausstellung, die aus der deutschen Wehrmacht ein Verbrecher-Kollektiv macht, als unglaubwürdig. Im Zusammenhang mit der Polemik, die man gegen die Errichtung der Gedenkstätte in Stalingrad führte, macht Dr. Helmut Zilk, ehemaliger Bürgermeister von Wien, eine bemerkenswerte Aussage: „Man kann mit dem Nationalsozialismus nicht aufräumen, wenn man Unschuldige immer wieder schuldig werden lässt".

Es ist kein Zufall, dass in der Einladung zur Anti-Wehrmachtsausstellung unter den MitveranstalterInnen und SubventionsgeberInnen die grün- und alternativ getarnten Vereine und Gruppen der links-linken Schickeria (wie Verein der Wehrdienstverweigerer und anderer obskurer Vereine) aufscheinen. Man traut aber seinen Augen nicht, unter diesen auch einen Österreichischen Gewerkschaftsbund und gleich zwei Abteilungen des Amtes der Kärntner Landesregierung zu entdecken.
In einer Zeit der Sparpakete eine den Generationenkonflikt schürende Ausstellung zu unterstützen und sie aus öffentlichen Mitteln mitzufinanzieren, ist doch etwas eigenartig. Dieser Umstand muss jeden, dem der Friede im Land heilig ist, nachdenklich machen. Was ist das für eine Gesellschaft, die es zulässt, dass Tote und die wenigen Überlebenden eines furchtbaren Krieges, der sie um ihre Jugend brachte und die so unendlich viel büßen mussten, 50 Jahre danach noch straflos durch den Dreck gezogen werden können. Da es nicht mehr viele gibt, die die schwarze Erde noch nicht verschlungen hat, und die sich gegen diese Diffamierungs-, Verleumdungs-, Verunglimpfungs- und Kriminalisierungskampagne wehren können, betreibt man mit dieser Ausstellung nicht zuletzt auch üble „Leichenfledderei".

In den ersten Oktobertagen wird am Ulrichsberg, wie schon seit 30 Jahren, das Gedenken an die Kriegsopfer mit Dank für die Heimkehr und mit der Mahnung „nie wieder Krieg" begangen. An diesen Grundsätzen hat sich in all den Jahren nichts geändert. Trotzdem wird von bestimmter Seite mit medialer Unterstützung, insbesondere aus Wien, immer wieder versucht, eine Organisation, die

dieses Gedenken mit dem Ziel der Friedenserhaltung zur Tradition macht, zu vermießen, abzuqualifizieren und das Traditionstreffen als solches politisch in das radikale Eck zu drängen. Die Absicht derer, die eine so umstrittene Ausstellung nach Klagenfurt holten, liegt auf der Hand. Vier Wochen lang kann eine Ausstellung gezeigt werden, mit der man diffamieren und kriminalisieren darf. Vier Wochen lang kann plakativ behauptet werden, dass sie Verbrecher waren, damit man sich gegen das Traditionstreffen entsprechend aufmunitionieren und dieses wieder in Misskredit bringen kann. Einige Politiker und kirchliche Würdenträger haben diese Absicht durchschaut und daraus entsprechende Konsequenzen gezogen. Bedauerlich ist, dass nichts getan wurde, um diese umstrittene Wanderausstellung überhaupt zu verhindern. Was den Skandal perfekt macht, ist die Tatsache, dass solche, den Frieden im Lande störende Aktivitäten, vom Land Kärnten noch unterstützt und auch finanziell gefördert werden.
Wenn der Öffentlichkeit eine Wanderausstellung vorgeführt wird, die nicht frei von Manipulationen und Fälschungen ist, muss in Umkehrung des Zitates von Ingeborg Bachmann die Frage gestellt werden: „Ist gefälschte und manipulierte Wahrheit zumutbar?“ Das mögen sich jene ins Stammbuch schreiben lassen, die glauben, ihr Eintreten für die Ausstellung mit dem Hinweis auf einen Ausspruch der Dichterin rechtfertigen zu können.

Den Ewiggestrigen, die keine Gelegenheit auslassen, die Gespenster der Vergangenheit zu beschwören, was mit besagter Ausstellung ja in konzentriertester Form unternommen wird, muss auch noch ins Stammbuch geschrieben werden, dass wir unsere Vergangenheit im Guten und im Schlechten bewältigt haben. Wir kennen seit 50 Jahren auch die dunklen Flecken und wir haben a conto dieser bis zur Selbstverleugnung Asche auf unser Haupt getan. Ich glaube, die Zeit wäre reif, damit aufzuhören und die Gespenster der Vergangenheit endlich ruhen zu lassen. Mich wundert es, dass die Amerikaner, Briten oder Russen überhaupt kein Problem mit dieser ominösen und kuriosen „Vergangenheitsbewältigung“ haben, obwohl sie die ärgsten Menschenrechtsverletzungen und Kriegsverbrechen begingen.Eine stalinistisch-kommunistische Agitation, die mit besagter Ausstellung betrieben wird, passt augenscheinlich in das Konzept der übereifrig Ewiggestrigen im Lande, weil sich diese als Missbrauch der Geschichte der deutschen Soldaten für politische Zwecke auch zur Verunglimpfung des Ulrichbergtreffens eignen kann.Es erhebt sich die Frage, ob mit der Anti-Wehrmachtsausstellung nicht etwa die Runde für die nächsten 50 Jahre Vergangenheitsbewältigung eingeläutet wird. Als nächstes könnten dann auch noch die Mütter als NS-Täterinnen an den Pranger gestellt werden, denn sie haben Söhne geboren, die in einer verbrecherischen Organisation mitgetan haben.
Austria quo vadis – Österreich wohin gehst du.

[redacted]
9020 Klagenfurt

Divisionär
Hubertus Trauttenberg
Präsidentschaftskanzlei
Hofburg
1010 Wien

Klagenfurt, 18. September 1996

Sehr geehrter Herr Divisionär!

Ihr mit heutigem Tag erhaltenes Schreiben vom 13. 9. 1996, für das ich Ihnen danke, vermittelt mir schon den Eindruck, dass Sie sich mit Ihrer Reklame für die Anti-Wehrmachtsausstellung doch etwas zu weit aus dem Fenster gelehnt haben, denn die Argumente gegen die Kritiker fallen für mich nicht sehr überzeugend aus. Der Streitschrift von Proske ein Schema zu unterstellen, das aus dem Dritten Reich hinlänglich bekannt sein soll, ist gelinde gesagt arg, zumal Proske weit entfernt von einem „Hurra-Patriotismus", von einer einseitigen Schönfärberei zugunsten der Deutschen ist, ebenso wie wir die Fehlleistungen und Untaten auf deutscher Seite einräumen, aber nicht à la Heer verallgemeinernd und verabsolutierend. Heer und seine Ausstellung sind nicht nur wegen der zu Tage tretenden Gesinnung abzulehnen, sondern wegen der abgrundtiefen Unwissenschaftlichkeit schreibt Generalmajor a. D. Dr. J. Schreiber. Dr. Schustereit listet in seiner Studie die Ungereimtheiten der Ausstellung nur auf 50 Seiten auf und kommt zum Schluss: „Die Kombination aus Fälschung von Quellen und pauschalen Verleumdungen von partiel-reißerisch-propagandistischen, mit sowjetischen Agitationsvokabular versetzten Formulierungen artikuliert, lässt die eigentliche Zielsetzung erkennen: es geht ganz offensichtlich darum, die Wehrmacht soweit wie möglich abzuwerten, um sie kriminalisieren zu können". Es ist die Frage erlaubt, kann man auf Grund von Dokumentar-Fotos, die aus Fälscherwerkstätten stammen (wo man von zwielichtigen Gestalten bekanntlich jedes Bild und jedes Dokument für ein paar Dollar haben kann), ein objektives Geschichtsbild vermitteln? Ich besichtigte die Ausstellung gewiss nicht als Fachmann, wohl aber als kritischer Laie (mit Vorwissen). Trotzdem kann ich Sie auf eine Reihe von Dokumentar-Fotos verweisen beziehungsweise hinweisen, die zur Untermauerung eines bestimmten Begleittextes ganz eindeutig mit Retuschen (Übermalungen) vesehen wurden. Wie oberflächlich müssen Sie die Ausstellung gesehen haben, wenn Sie von all dem nichts bemerkten. Ich frage Sie, ist zur Verfälschung der Geschichte der deutschen Soldaten beziehungsweise der Wehrmacht, im Sinne einer Unterdrückung des stalinistischen Terrorsystemes, jedes Mittel recht? Mir gibt das zu denken! Ihr Vorwurf, dass man historische Dokumente danach bewertet, ob sie von Roten oder Schwarzen Historikern gefunden werden, entbehrt jeder Grundlage.

Der im Zusammenhang mit der Ausstellung herausgegebene Sammelband ist, was die Autoren betrifft, bereits eine Bankrotterklärung. In Ihrem Schreiben ist von 20 Historikern die Rede. Tatsächlich sind von 20 Deutschen drei Mitglieder des MGFA als ausgewiesene Historiker (rote Zelle), zwei Historiker sind ohne erkennbare Qualifikation, einer ist Mitarbeiter eines SED-Institutes (Vertreter der DDR-Geschichtsschreibung) und der Rest von 14 sind Lehrer, Literaturwissenschaftler, Soziologen und Studenten, Redakteure, Filmemacher, Kunstgeschichtler, Journalisten und Dramaturgen. Am Krieg teilgenommen hatten von ihnen allen nur zwei. Damit aber steht Ihre Argumentation auf sehr wackeligen Beinen. Die Empörung gegen Heers Ausstellung richtet sich laut Proske nicht gegen die Aufarbeitung von Verbrechen, sondern auf ihre unglaubliche wissenschaftliche Schlamperei, pauschalierende Schuldzuweisung „verbrecherische Organisation“, die damals 18 Millionen Menschen umfasste, die einmal in der Wehrmacht gedient haben, und gegen Heers infame Propaganda-Methoden. Der ehemalige Bundeskanzler Dr. Schmidt (ein Sozialdemokrat) zieht es nicht aus dem Finger, wenn er sagt, die Ausstellung macht aus der …

Eine Sonderform des totalen Krieges ist bekanntlich der Guerilla- oder Partisanenkrieg. Er ist nach der Haager Landkriegsordnung völkerrechtswidrig und Repressalien (darunter Geiselerschießungen) sind in einem bestimmten Rahmen erlaubt. Als Kriegsverbrechen gelten erst Exzesse, die in der Praxis leider häufig vorkommen. Der Partisanenkrieg ist bekanntlich so angelegt, dass die Zivilbevölkerung von den Freischärlern zur Tarnung und als Schutzschild benutzt und von der Besatzungsmacht als Geisel genommen wird. Häufig geht der Konflikt noch in einen Bürgerkrieg über (siehe Jugoslawien und Sowjetunion Union 1941-45, Vietnam). Anschläge und Grausamkeiten der einen ziehen beinahe regelmäßig Vergeltungsmaßnahmen und Grausamkeiten der anderen Seite nach sich. Diese Erfahrungen musste auch die holländische Armee in Indonesien, die französische in Indochina und Algerien, die amerikanische Armee in Korea und Vietnam machen. Alle diese Kriege wurden mit größter Grausamkeit unter ständiger Verletzung des Kriegsrechtes und der Menschenrechte geführt. Die Verbrechen der Wehrmacht bei der Partisanenbekämpfung dürften sich kaum von denen der französischen, holländischen oder amerikanischen Armee unterschieden haben, auch wenn vergleichende Untersuchungen hierzu merkwürdigerweise noch nicht angestellt wurden, schreibt der Historiker Dr. W. Post in einem Artikel „Verunglimpfung der Wehrmacht“ (der historische Faktenhintergrund zu einer erneuerten Kampagne).

Zu diesen Ausführungen, die doch einiges klarstellen, noch die Schilderung der Amerikaner W. R. Corson und R. I. Crowley in ihrem Buch „The new KGB“ auf Seite 202: „In anderen Gegenden, welche der Gefahr der deutschen Besatzung ausgesetzt waren, gingen NKVD-Truppen, in SS-Uniformen gekleidet, hin, besetzten Städte und Dörfer und mordeten, vergewaltigten und raubten mit schockierender Barbarität, dabei immer achtgebend, dass es einige überlebende Zeugen gab … Nachdem die sowjetische Zivilbevölkerung auf diese Weise die „deutschen“ Verbrechen am eigenen Leib verspürt hatten, war es für die Sowjets leichter, antideutsche Partisaneneinheiten zu organisieren“.

Fest steht, dass der Bandenkrieg eine ungeheure Realität war. Im Juli 1943 gab es allein in Russland 1560 Eisenbahnsprengungen und im September waren es 2600, das sind 90 pro Tag. Das heimtückische Partisanen- und Heckenschützenunwesen kostete unzähligen Soldaten das Leben. Es war ein Kampf, auf den die Wehrmacht nicht vorbereitet war. Der sowjetische Generalleutnant Ponomarenko prahlte auf dem Historikertag in Moskau 1965 mit den Morden der Partisanen. Stalin rief bereits am 3. 7. 1941 über den Moskauer Rundfunk dazu auf, den Krieg in die Zivilbevölkerung zu tragen. Am 1. 5. 1942 verschärfte er diesen Befehl. Die Mordparolen eines I. Ehrenburg, die Ihnen, Herr Divisionär gewiss nicht unbekannt sind, wurden, wie man weiß, nirgends fanatischer befolgt, als unter Titos Partisanen in Jugoslawien und in den abgelegenen Gebieten Südkärntens. Rund 200.000 deutsche Soldaten fielen in die Hände der Titopartisanen und zirka die Hälfte davon wurde oft auf die grausamste Weise getötet. Kranke und Verwundete wurden nicht verschont. Fest steht, dass der Partisanenkrieg in der Regel eine große Zahl unschuldiger Opfer fordert, aber die Unterscheidung zwischen schuldig und unschuldig wird im totalen Krieg bekanntlich leider weitgehend aufgehoben. In einer Ausstellung nur Reaktionen (Geiselerschießungen) zeigen und nicht auch das, was diese provozierte, ist Manipulation und Desinformation zugleich. Ich empfehle Ihnen das Buch „Vernichtungskrieg Stalins 1941-45“ von J. Hoffmann (eine unverfälschte Dokumentation) oder das Buch „Aufbewahren für alle Zeiten“ von Lew Kopelew zu lesen, dann werden Sie wohl zur Kenntnis nehmen müssen, dass der Vernichtungskrieg der anderen Seite um einiges grausamer geführt wurde. Sie werden nicht im Ernst behaupten können, dass mit einer Ausstellung, die die Geschichte der deutschen Soldaten im Sinne einer Unterdrückung des stalinistischen Terrorsystems verfälscht (bevor die Schergen eines Himmler in Funktion traten, sind im stalinistischen Machtbereich bereits 40 Millionen Menschen umgebracht worden) ein objektives Geschichtsbild vermittelt wird. Vom General Glaise-Horsenau ist mir bekannt, dass er im Jahre 1946 in einem Lager bei Nürnberg Selbstmord beging.

Weitaus notwendiger als die Aufarbeitung vergangenen Unrechts wäre das unablässige und weltweite Bemühen aller friedliebenden Menschen, künftige Verbrechen gegen die Menschlichkeit zu verhindern: Die Notwendigkeit dieses Bemühens ergibt sich aus der Tatsache, dass die Menschheit aus Holocaust und Gulag nichts gelernt hat und seither weltweit weitere unvorstellbare Greueltaten begangen wurden und werden.

Es ist kein wirklicher Beitrag zum Frieden, wenn Wohlstandsbürger, die noch nie am eigenen Leib Krieg, Not und Elend verspürt haben, mit pauschalen und einseitigen Schuldzuweisungen ein ganzes Volk zu Verbrechern stempeln, gleichzeitig für die von anderer Seite im Zweiten Weltkrieg begangenen Untaten kein einziges Wort des Bedauerns finden und – was noch schwerer wiegt – untätig bleiben gegenüber dem heutigen Kriegsgreuel in der Welt und sogar vor unserer Haustür.

Das Aufzeigen von Jahrzehnte zurückliegenden Verbrechen (unterstützt mit gefälschten und getürkten Dokumentarfotos etc.) gegen die Menschlichkeit ohne gleichzeitige friedensschaffende Zukunftsperspektiven, ist Heuchelei und Pharisäertum und bringt keinerlei Nutzen im Kampf gegen die Gewalt, der Keimzelle des Krieges.

Was man sonst noch gegen die umstrittene Wanderausstellung sagen kann, dürfen Sie noch den beiliegend mitfolgenden Leserbriefen (Ablichtungen) entnehmen.

Mit den besten Grüßen

[redacted]

PS: Ich bitte um Entschuldigung, dass ich Ihren Vornamen in meinem ersten Brief nicht richtig in Erinnerung hatte!

[redacted]t:

Verbrechen der Wehrmacht (?)

Schon allein der Titel der an sich fragwürdigen Ausstellung ist absolut unrichtig. Selbst bei der geringsten Überlegung kann man nur „Verbrechen des Krieges" sagen. Wenn man sich dann noch mit dem Ausdruck der „Vergangenheitsbewältigung" zu befassen versucht, ist die Unsinnigkeit dieser Wortkonstruktion offenbar. Was soll an der Vergangenheit bewältigt werden, wenn neuerdings völlig einseitig Hass gesät wird. Können wir Österreicher dann Amerikanern, Briten, Franzosen, Russen und unzähligen anderen bei ihrer „Vergangenheitsbewältigung" helfen? Brutalitäten und unvorstellbare Grausamkeiten weist der Krieg trotz der Haager Landkriegsordnung auf. Bombenangriffe auf die Zivilbevölkerung und Auslöschung ganzer Städte stellen wahrscheinlich nach Ansicht der Ausstellungsorganisatoren Ruhmesblätter der Humanität dar.
Mit gegenseitiger Aufrechnung kommen wir ebenso wenig weiter, wie mit einseitiger Schuldverteilung.

In sehr dezenter Weise hingegen zeigt die Ausstellung Befehle von Kommandeuren, die „Beitreibungen" (Requirierung) und Übergriffe zu Lasten der Bevölkerung unter strenge Bestrafung stellen. Ich selbst war drei Jahre bei der Wehrmacht und habe unzählige Kammeraden, die nie Verbrechen der in der Ausstellung gezeigten Art erlebt haben.

Heute muss die Kriegsgeneration pauschale Beschimpfungen und Verdächtigungen hinnehmen.
Gehört es aber andererseits zu den Regeln der Kriegsführung, wenn aus dem Hinterhalt Verwundetentransporte restlos aufgerieben werden, oder wenn Zivilisten als Partisanen ihre mörderische Tätigkeit entfalten? Die darauf folgende Gegenwehr stellt hingegen das „Verbrechen der Wehrmacht" dar!

Wenn man schon das Entsetzliche eines Krieges darstellen zu glauben muss, dann mit dem Blick nach allen Seiten. Das ist traurig genug!

[redacted]t

Dr. Siegfried Lorber
Reichenbergerstraße 40
A-9020 Klagenfurt

4. Oktober 1996

Sehr geehrter Herr Doktor,

Ich freue mich, dass Sie auf meinen Leserbrief so prompt reagiert haben – er sollte ja auch bei denkenden Menschen zu Reaktionen führen. Ich bitte meine verspätete Antwort zu entschuldigen, habe mich jedoch wegen Problemen mit der Wirbelsäule in Baden bei Wien im September zur Kur befunden und mir absichtlich keine Post nachsenden lassen. Nun in Wolfsberg angekommen, fand ich Ihre Stellungnahme, neben vielen anderen, zumeist positiven, vor.
Nun, da auch von Bischof Kapellari eine Stellungnahme in der Zeitung auf meinen Leserbrief vorliegt, möchte ich zuerst zu Kapellari Stellung nehmen und anschließend zu Ihnen. Kapellaris zitierten Ausspruch des Hl. Ignatius von Loyola, nachdem „Jedes unordentlich geführte Gespräch eine Sünde sei" aufgreifend, möchte ich nun antworten und ihn als „Guten Hirten" auch Fragen stellen.

Einleitend muss ich festhalten, dass ich nirgends behauptet habe, dass Dr. Kapellari früher keine eindeutige Stellungnahme zu den Verbrechen des Dritten Reiches abgegeben hätte oder dass er in Zukunft keine solche abgeben werde; es wurde lediglich von mir festgehalten, dass heute anscheinend nicht die richtige Zeit dazu wäre.
Die richtige Reaktion hätte ich mir als „guter Hirte", wie in Ezechiel 34,14-20 beschrieben, vorgestellt, der aber auch nach der Erfüllung des Gebotes der Liebe (1 Joh 4,7-21) fragt. Der gute Hirte kümmert sich um die zerstreuten Schafe und führt sie auf gute Weide, missbilligt aber wenn gutes Weideland unter den Füßen der Herde zertreten oder Wasser verunreinigt wird. Muss nicht bei allen Handlungen die Frage nach der Liebe gestellt werden? Was hat Geiselerschießung außerhalb des Vaterlandes mit Liebe zu tun? Kann man sagen, dass Wehrmachtsangehörige immer und bei allen ihren Handlungen die Frage nach der Liebe gestellt haben?

Wenn nicht ausgeschlossen werden kann, dass einzelne Personen oder Personengruppen der Wehrmacht sich gegen dieses Gebot verhalten haben, wäre es nicht Aufgabe eines „guten Hirten" diesen Personen (-gruppen) ihren Irrweg aufzuzeigen und sie zurück zur Herde zu führen? Bei Schafen ist dies sicher leichter, bei Menschen muss zuerst die Erkenntnis einsetzen sich am falschen Weg zu befinden. Und eben dies aufzeigen, dass in der Wehrmacht nicht wenige Menschen gegen das Gebot der Liebe verstoßen haben, indem bestimmten Bevölkerungsgruppen im Machtbereich der Hitlerdiktatur nach Leib und Leben getrachtet wurde, will diese Ausstellung.
Wenn es jetzt noch immer eine nicht geringe Zahl von Menschen gibt (siehe Leserbriefschreiber in den Zeitungen zum obigen Thema), die der Meinung sind, die Wehrmacht beziehungsweise deren Angehörige hätten sich nichts zu

Schulden kommen lassen (in christlichem Sinn?), dann bin ich der Überzeugung, dass es auch bei dieser Ausstellung der Wegweisung der christlichen (evangelisch/katholisch) Hirten bedurft hätte – allein ein Leuchtturm kann schon den Weg weisen. Auch Jesus hat die im ersten Testament enthaltenen Gebote seinem Volk zu ungelegenen Zeiten in Erinnerung gerufen ebenso vor ihm die Propheten Jesaia, Ezechiel und Hosea.

Herr Dr. Lorber bei Ihnen wird sehr leicht mit Pauschalierungen gearbeitet. Bei obiger Ausstellung geht es ja darum aufzuzeigen, dass es auch in einer deutschen Wehrmacht zu Verstößen gegen das Gebot der Liebe und die Menschlichkeit gekommen ist. Kein Mensch, auch nicht die Verantwortlichen der Ausstellung werden leugnen, dass es auch in der deutschen Wehrmacht Personen gab, die sich nichts zu Schulden kommen ließen und auch nicht gegen das christliche Gebot der Liebe verstießen.

Jeder der an diesem Krieg teilgenommen hat, sei es als Aktiver oder Passiver, muss es selbst wissen und mit seinem Gewissen vereinbaren, ob alle seine Handlungen unter dem Auge Gottes bestehen können, denn vor Gott wird nicht die Truppe sondern der einzelne Mensch gerichtet. Vaterlandsliebe rechtfertigt kaum das Töten von Feinden, wie wollte man Feinde überhaupt außerhalb des Vaterlandes bekämpfen, wenn doch deren Vaterländer von den Truppen der deutschen Wehrmacht angegriffen und besetzt wurden? Ist es nicht ein Verbrechen gegen die Menschheit, wenn man die Partisanen in Italien, Jugoslawien, Polen, Russland usw., die doch ihre Heimat verteidigten als Verbrecher stempelt und, falls man ihrer habhaft wird, diese massenweise liquidiert. Und wenn die deutsche Wehrmacht so schuldlos war, ist mir nicht erklärlich warum es auf Seiten der Zvilisten in den besetzten und eroberten Gebieten zu so großen Ausfällen an Menschenleben kam. Wurden diese Menschen womöglich schlechter mit Nahrung oder ärztlicher Hilfe versorgt? Wäre es nicht Aufgabe der Deutschen gewesen, diese Menschen mit besonderer Fürsorge hinsichtlich Nahrung, ärztlicher Betreuung und geistiger sowie körperlicher Freiheit zu behandeln? Wenn man schon ungerufen kam, hätte man doch diese Vorteile auch den „Fremdvölkern" gewähren müssen.

Ihre Sorge, dass nur bei der deutschen Wehrmacht die Schattenseiten aufgezählt werden, kann ich nicht teilen, wurde doch über die amerikanische Armee in Japan, die japanische in Asien schon viel Negatives berichtet und auch in den östlichen Staaten kommen die Schandtaten ihrer Armeen langsam zu Tage. Es wird sicher auch eine entsprechende Aufarbeitung der Untaten anderer Kriegsmächte geben, nur wird dies eben länger dauern. Der 2. Weltkrieg war weltumfassend, bis alle Untersuchungen vorliegen, kann es daher noch einige Zeit dauern.

In der Hoffnung, dass Sie meine Beweggründe verstehen,
verbleibe ich mit dem gebührenden Anstand
Ulrich Habsburg-Lothringen

Wissenschaftlich

Ein verbrecherisches NS-Regime löste die größte Apokalypse der Geschichte aus. Im Glauben an das Vaterland zogen Soldaten der deutschen Wehrmacht in den Krieg. Sechs Millionen sahen die Heimat nicht mehr. Die Ausstellung argumentiert, sie sei das Ergebnis „wissenschaftlicher Historikerforschung". Ebenso „wissenschaftlich" könnte man das Gegenteil beweisen. Als Frontsoldat in fünf Kriegsjahren erlebte ich nie Aktionen im Sinne von Kriegsverbrechen, noch habe ich davon gehört. Fünfzig Jahre später, werden diese Soldaten generell als Verbrecher bezeichnet. Eine Hetze, die wohl so lange dauern wird, bis die letzten dieser ehemaligen Kameraden nicht mehr am Leben sind.

Hermann Vogel, Klagenfurt

Leidgeprüfte Väter

Liest man einige Namen der in diesem Komitee vertretenen Personen, so kann man getrost annehmen, daß es sich nicht um objektive, seriöse und faire Aufarbeitung jüngster Geschichte handeln kann. Die ideologische Gesinnung mancher dieser Herrschaften würde eine solche auch gar nicht zulassen. Somit werte ich dieses Unterfangen nur als einen weiteren Versuch, unsere leidgeprüften Großväter und Väter schlechtzumachen.

Richard Dellemeschnig, Grafenstein

Welche Gerechtigkeit?

Die Ausstellung muß man auch unter dem Aspekt sehen, daß nahtlos daran bereits die nächste folgt. Sie trägt den Titel „Auch die Mütter waren Täter!" Jene Mütter, die vorher eventuell das Mutterkreuz entgegengenommen haben, denen man später Männer und Söhne tot oder zu Krüppeln geschossen hat. Sollen NS Mittäter gewesen sein? Die NS-Gesetze in Österreich waren mit Abstand die strengsten in Europa. 300.000 Österreicher verloren ihre Existenz, 600.000 mußten Sühneabgaben zahlen und 43 ließen österreichische Richter enthaupten. Gegen diese Volksgerichtshofurteile gab es keine Berufungsmöglichkeit.

Freizeit zum Diskutieren

Fünfzig Jahre nach Kriegsende – vom Dritten Reich war ein Angriffskrieg geführt worden – sollte man die Freiheit besitzen, auch über die deutsche Wehrmacht diskutieren zu können.

Es ist in der Zwischenzeit klar geworden, daß gewisse Bevölkerungsteile des Deutschen Reichs, vornehmlich waren es Juden, Zigeuner und Slawen, während des Kriegs einen überproportionalen Verlust an Menschen zu erleiden hatten. Massengräber und Deponien von Menschenasche sind eher von Juden und Zigeunern bekannt als von Deutschen. Schließlich sind auf Fotos, wo nackte Juden in Gruben fallen, sehr oft Stehende und daher Lebende in deutschen Uniformen abgebildet.

Beschämend ist heute, daß es für hohe Politiker und Geistliche derzeit nicht die rechte Zeit ist, über Recht und Unrecht zu diskutieren. Die einen wollen ihre EU-Wahlchancen nicht durch Festlegungen schmälern und für die anderen scheint die Abtreibung und der Kommunionsempfang von wiederverheiratet Geschiedenen das größere Übel zu sein als das unfreiwillige, und vom Dritten Reich geförderte, gewaltsame Ausscheiden von Volksgruppen aus der Weltgeschichte.

DI. Dr. Ulrich Habsburg-Lothringen, EU-Kandidat (Die Grünen)

Selbstzerfleischung

Vergehen wo immer sie begangen wurden, die nicht im Einklang mit der Landkriegsordnung standen, sind zu verurteilen. In Rußland war es nicht schwer, Hilfswillige zu finden, die bereit waren, mit Stalins Häschern abzurechnen. Doch den Nachkriegsgenerationen gehört ein vollständiges Geschichtsbild vermittelt und hinterlassen. Sie sollen erfahren, was sich die andere Seite an Verbrechen geleistet hat.

Friedbert Rohr, Ludmannsdorf

Notwendiger denn je?

Mein Vater, 1892 geboren und als überaus korrekt handelnder Mensch zum 1. und 2. Weltkrieg einberufen worden. Er verdient es nicht, daß über ihn nachträglich und pauschal geurteilt wird. Man sollte die schreckliche Vergangenheit nicht immer wieder hochpuschen und. 51 Jahre nach Kriegsende dazu übergehen, statt wieder neue Gräben aufzureißen, endlich diese einzuebnen.

Hans Germ, Klagenfurt

Kriegsgreuel

Eine besondere Schau, eine Selbstinszenierung, die bei keinem Volk, bei keiner Nation möglich wäre. Die deutschen Soldaten haben schon im ersten Weltkrieg angeblich belgischen Kindern die Hände abgehackt. Im zweiten Weltkrieg haben sie ebenfalls angeblich 4000 polnische Offiziere bei Katyn erschossen und verscharrt. Dagegen zwei unbedeutende Begebenheiten:

Der etwas schrullige General Schörner ließ einen Soldaten durch das Kriegsgericht zur Strafkolonie versetzen. Der Mann hatte im besetzten Bessarabien einem Zivilisten eine Füllfeder geraubt. Das harte Urteil wurde in allen dem General unterstellten Einheiten verlautbart.

An der zurückweichenden Front im Abschnitt Miskolc wurde ein Soldat von einer verzweifelten Mutter um Hilfe angefleht: Ihr Kleinkind hatte hohes Fieber und Halsschmerzen. Der Soldat hatte vor dem bevorstehenden Abzug noch die Möglichkeit, den Truppenarzt zu erreichen. Dieser begab sich sofort zum kranken Kind. Das weitere Schicksal blieb unbekannt, da das Dorf geräumt und am nächsten Tag vom Gegner besetzt wurde. Eine Ausstellung, die noch fehlt: April – Mai 1945 in Ostösterreich und Südkärnten. Zeitzeugen dafür gäbe es ja noch.

Heribert Eckert, Maria Saal

Meinungsvielfalt

Die sogenannte „Wehrmachtsausstellung“ hat die Gemüter erhitzt. In unserer Redaktion ist eine Flut von Leserbriefen eingetroffen, die nur durch zusätzlichen Platz zu bewältigen gewesen ist. Dabei ist es gelungen, die Meinungsvielfalt wiederzugeben. Wir wollen dieses Thema nun abschließen und danken auch jenen für ihre Zuschriften, deren Gedanken nicht veröffentlicht wurden.

Barbara Rausch

Andere Sorgen

Das ständige Wühlen in der Vergangenheit hängt den meisten schon zum Hals heraus. Im übrigen wäre es wohl angebrachter, sich mit den Problemen der Gegenwart zu befassen und die Kräfte in erster Linie zur Verhinderung solcher Gemetzel wie am Balkan zu verwenden. Auch die Österreicher haben bei der Arbeitslosigkeit andere Sorgen.

M. Votava, Klagenfurt

Leider traurige Wahrheit

Man muß unterscheiden zwischen einfachen Soldaten, die durch ein verbrecherisches Regime in diesen Krieg getrieben wurden, und der oberen „Generalität“ als „Auftraggeber“. Daß die deutsche Wehrmacht an Verbrechen, vor allem an der Zivilbevölkerung in Rußland und am Balkan sowie in Konzentrationslagern, beteiligt war, wird wohl niemand zu leugnen versuchen. Verallgemeinerungen sollten aber sehr wohl vermieden werden.

Heidelinde Mellitzer, Klagenfurt

Vergangenheitsbewältigung?

Die deutsche Wehrmacht soll nun den Kopf hinhalten für eine Gruppe geltungssüchtiger und von blankem Haß getriebener Vergangenheitsbewältiger. Anhand nichtssagender oder gefälschter Fotos und einer im Laufe der Jahre immer wieder korrigierten Geschichtsschreibung versucht man der jüngeren Generation die Schlechtigkeit der älteren Generation einzureden. Es wäre für die jüngere Generation lehrreicher, über die Verbrechen der Alliierten Siegermächte informiert zu werden. Der Nationalsozialismus und speziell die Verbrechen in den deutschen KZs gehören ohnehin schon zum festen Bestandteil des Lehrstoffes in den Schulen. Die wenigsten wissen aber von den deutschen Kriegsgefangenen, die in den amerikanischen Kriegsgefangenenlagern systematisch verhungerten, oder über die Tausenden von Kärntner Zivilisten und deutschen Kriegsgefangenen, die von den britischen Besatzungstruppen nach dem Krieg an die Tito-Partisanen und somit in den sicheren Tod ausgeliefert wurden. Und über Stalins Rote Armee, die Hunderttausende von Menschen bestialisch abschlachtete, vergewaltigte, ausraubte und Millionen zu Flüchtlingen gemacht hat, wird so wenig wie möglich berichtet. Am liebsten hüllt man diese Tatsachen in tiefes Schweigen. Die jüngere Generation soll die Alliierten nur als die Befreier vom Nationalsozialismus kennen, und da paßt das wirkliche Bild von den Siegermächten nicht ins Konzept. **Mario Markowitz, Spittal**

Geschichtsbetrachtung

Laut den Organisatoren der Wanderausstellung „Vernichtungskrieg. Verbrechen der Wehrmacht 1941 bis 1944" soll diese der Vergangenheitsbewältigung dienen. Vergangenheitsbewältigung setzt umfassende Geschichtsbetrachtung voraus. Dazu ist Bemühen um objektive Tatsachen- und Wahrheitsfindung unerläßlich, sonst ist sie propagandistisch, kann volksverhetzend sein und mißbraucht dann alle unschuldigen Opfer der Kriegsverbrechen durch zweckbestimmtes Hervorheben (Ausstellung) und gleichzeitiges Verschweigen (Dresden, Hiroshima). Am Beginn der Wahrheitsfindung steht unbestritten die Frage nach der Kriegsschuld. Diese lautet: Warum hat der deutsche Soldat 1939 zu den Waffen gegriffen oder greifen müssen? Obwohl die Ursachen für die Kriegsschuld nach wissenschaftlichen Geschichtserkenntnissen und menschenrechtlicher Beurteilung bzw. der Friedensverträge 1919 von Versailles und Saint Germain historisch feststellbar sind, wird die Kriegsschuldfrage bis heute nicht klargestellt. Wenn der Wanderausstellung die aufgezeigte Voraussetzung zur Vergangenheitsbewältigung fehlen sollte, ist sie nur im oben dargestellten Sinn wirksam und zu beurteilen.

Helmut K. Stieger, Klagenfurt

Bestürzt

Wir sind bestürzt über die Art, wie die Diskussion zur Ausstellung „Vernichtungskrieg. Verbrechen der Wehrmacht 1941 bis 1944" derzeit in Kärnten geführt wird. Diese Ausstellung wäre Anlaß für eine längst fällige, unvoreingenommene Auseinandersetzung zu diesem bisher tabuisierten Aspekt der Wehrmacht. Anstatt in einer derartigen Debatte Bereitschaft zu einer Auseinandersetzung von einer vorurteilsfreien Position aus zu zeigen, reagieren Repräsentanten des politischen und kirchlichen Lebens mit termingerechter Polemik und wichen diesem Diskurs bisher aus.

Die Teilnehmer der Sommerakademie PRO SCIENTIA, Klagenfurt

Wieweit bin ich mitschuldig?

Niemand wird bestreiten können, daß dieser Krieg eine furchtbare Katastrophe war. Da stellt sich die Frage, wie konnte es nur dazu kommen? Viele Menschen haben Gott nicht mehr die Ihm gebührende Ehre gegeben und die weise, göttliche Ordnung mißachtet. Unordnung und Ungerechtigkeit waren die Folgen. Ich frage mich und es sollte sich jeder fragen, wie weit bin ich mitschuldig geworden? **Josef Weinstich, Villach**

Linkslastig

Dr. Michael Ausserwinkler ist einem linkslastigen Ehrenkomitee beigetreten, welches versucht, außer den geschundenen und ge-[illegible]deten Soldaten, auch uns, die wenigen Überlebenden, nach 50 Jahren zu Verbrechern zu stempeln. Wollen Sie, Herr Dr. Ausserwinkler, dadurch auch Ihren Vater vernadern? Sie machen sich mehr Sorgen um die Erfüllung maßloser Forderungen der Slowenen als um das Wohl Ihres Heimatlandes Kärnten.

Walter Mochar, Klagenfurt

*

Mit Ihrem Ehrenschutz über die Ausstellung erweisen Sie, Herr Lhstv. Dr. Michael Ausserwinkler, Ihrem Vater Hans Ausserwinkler, dem ehemaligen Fallschirmjägeroffizier der Deutschen Wehrmacht und langjährigen Bürgermeister von Klagenfurt, eine späte, sehr merkwürdige „Ehre", die [illegible] Nachdenken anregt.

Roland Keihsler, Klagenfurt

*

Der Zusammenbruch der kommunistischen Systeme im Osten hat die Linksintellektuellen im Westen schwer erschüttert. Manche von ihnen versuchen nun, ihren Frust anderweitig loszuwerden. Indem sie z. B. eine Ausstellung gegen die Deutsche Wehrmacht inszenieren. Das Rezept: die Ausnahme (bei überall vorkommenden Übergriffen) wird einfach zur Regel gemacht. Und fertig ist die Pauschalverleumdung! **Bernhard Kaspar, Villach**

Vernichtungs-GmbH

Der österreichische Katholik Adolf Hitler gründete das Unternehmen „Judenvernichtung". Sein Konzept „Mein Kampf" bot

Die Wehrmacht am Balkan. Bilder, die ab Freitag in der Kunsthalle Ritter in Klagenfurt zu sehen sind FOTO: FRITZ

Die Ausstellung „Vernichtungskrieg. Verbrechen der Wehrmacht 1941 bis 1944" stößt auf Ablehnung, Mißverständnis, Vorverurteilung, anderseits auf Interesse an einem differenzierten Geschichtsbild und Vergangenheitsbewältigung. Ein Auszug aus vielen Leserbriefen.

jedem die Möglichkeit, sich mit der Philosophie dieser „Vernichtungs-GmbH" auseinanderzusetzen. Nach gründlichster „Ausbildung" konnten die Führungspositionen sprich Offiziersposten besetzt werden. Für diese berufliche Karriere waren unbedingter Gehorsam gepaart mit dem absoluten Glauben „Der Jude ist das Böse an sich" Voraussetzung. Führende Mitarbeiter, Offiziere, haben teilweise nach dem Konkurs dieser „Juden-Vernichtungs-Firma" in hohen politischen Ämtern Zuflucht gefunden und bekleiden diese noch immer. Sie leben in ständiger Angst vor der Aufdeckung ihrer grausamen Vergangenheit. Aufgrund der „Ausbildung" haben sie Unteroffiziere und Soldaten durch Lügen, Korruptheit, Falschheit und Käuflichkeit in absolutem Gehorsam an sich binden können.

Roland Pomorski-Rose, Klagenfurt

Zivilcourage

Unser LH. Dr. Zernatto zeigte trotz aller Überredungskünste Zivilcourage, indem er dieser üblen Vergangenheitsbewältigung Absage erteilte. Wenn schon eine „zweideutige" Ausstellung, dann soll diese auch Bilder der Greueltaten unserer einstigen Gegner zeigen! Als mündige Bürger wird es uns nicht schwer fallen, in der Beurteilung der Geschehnisse den richtigen Weg zu finden. Vor allem die Kriegsgeneration sollte ein „klares Signal" setzen und endlich „Kniebeugen" und Schuldbekenntnisse vor dem Ausland aus der Welt schaffen.

Huberta Knafl, Kappel a. Kr.

Wer sind die „Täter"?

Welche „Täter" sind gemeint? Die 70- bis 90jährigen von heute, die damals in den blutigen Krieg ziehen mußten? 1946 wurden die NS-Hauptkriegsverbrecher in Nürnberg gehenkt. Einer seriösen Statistik zufolge gab es nach 1945 über 80.000 Strafverfahren gegen deutsche und österreichische NS-Verbrecher. Und das reicht noch immer nicht? Offenbar wollen nur jene „Ideologen", die hinter der Wehrmachtsausstellung stehen, diese Vergangenheit nicht ruhen lassen.

Gernot Berger, Villach

*

Beim Nürnburger Kriegsverbrecherprozeß haben es die Alliierten abgelehnt, die Wehrmacht als verbrecherische Organisation zu qualifizieren. 50 Jahre danach will eine Wanderausstellung das Urteil des Tribunals korrigieren. Mit dem Versuch, die Soldaten der Wehrmacht zu kriminalisieren, spricht man jene Generation an, die nach dem Krieg hart gearbeitet hat und die Basis geschaffen hat, der auch die Wanderaussteller Wohlstand und soziales Netz verdanken.

Siegwald Amlacher, Radenthein

Nestbeschmutzung

Warum machen die Amerikaner, die im Golfkrieg und in Vietnam so viele Greueltaten begangen haben, keine solche Ausstellung? Kein Staat der Welt wirft bewußt Schmutz auf seine toten und lebenden Offiziere und Soldaten. Nur Österreich bzw. eine bestimmte linke Clique. Ich schäme mich für Österreich.

Dr. Rudolf Schmidt, Graz

Vae victis

Wehe den Besiegten. Das gilt leider mehr als ein halbes Jahrhundert nach Ende des Zweiten Weltkriegs immer noch. Allerdings steht fest: Nur die Siegermächte und nicht die Besiegten haben seit 1945 immer wieder Kriege geführt, wobei es auch zu zahlreichen Kriegsverbrechen gekommen ist. Ein schon gebrechlicher Achtzigjähriger appelliert daher eindringlich an die Organisatoren der Ausstellung, an ihre „Ehrenschützer" und die nichtwissenden jungen „Historiker": Hört endlich auf mit Eurer einseitigen Berichterstattung, gebt der Versöhnung eine Chance.

Wilhelm Heinrich, Villach

Andere Wahrheit

Auch wenn es für viele der Kriegsgeneration unangenehm ist, sollte man die damalige Zeit in *all* ihren Facetten darstellen. Vielen wurde damals durch die nationalsozialistische Propaganda der Blick auf die Greueltaten verstellt. Gerade denjenigen würde es gut tun, sich der anderen Wahrheit zu stellen. Am Ende des 20. Jahrhunderts sollte dies auch in Kärnten möglich sein.

Mag. Christian Salmhofer, Andreas Wernitznig, Mag. Walther Schütz, Mag. Gertrud Zimmermann, Villach

Verallgemeinerungen

Der Österreichische Kameradschaftsbund, Landesverband Kärnten, verfolgt sehr aufmerksam Medien und Politiker um die vom Hamburger Institut für Sozialforschung in Kärnten vorgesehene Ausstellung über behauptete Verbrechen der Soldaten im 2. Weltkrieg. Das Präsidium wendet sich nicht gegen die Ausstellung, sondern gegen Teile ihrer verallgemeinernden Darstellung der Kriegsereignisse, die den Schluß einer Pauschalverurteilung der Altsoldaten als Kriegsverbrecher zulassen. Da nützen noch so schöne Beteuerungen von Journalisten und jener Politiker, die sich als Ehrenschutz der Ausstellung zur Verfügung stellen, nichts. Das Ziel ist es, die Kollektivschuld am Krieg anzupeilen und aus tatsächlich getätigten Übergriffen und Greueltaten, die begangen wurden, die Schlußfolgerung auf alle Kriegsteilnehmer in der öffentlichen Meinungsbildung zu erwarten. Der ÖKB verwahrt sich gegen Verunglimpfungen der Kriegsteilnehmer ohne individuelle Herausnahme der wahren Schuldigen und verweist darauf, daß die meisten Kriegsteilnehmer kostbare Jahre ihres Lebens, viele von ihnen ihr Leben, geben mußten. Sie haben nach ihrer Heimkehr unter Not und schlechten sozialern Gegebenheiten das Land wiederaufgebaut und keinesfalls einen „Dank" solcher Art verdient, daß sie diese Behandlung erfahren müssen. Deutsche Historiker haben 50 Jahre lang gebraucht, die Kriegsereignisse auf ihre Art darzustellen. Deren geistiges Produkt durch Teilnahme und Mitfinanzierung einer Ausstellung unter dem Aspekt wissenschaftlicher Beurteilung wäre zu begrüßen – auftretende Manipulationen sind abzulehnen.

Hans Hirn, Obst i. R., Landesobmann des ÖKB, Landesverband Kärnten

Ehrenschutz

Unser Herr Lhstv. Dr. Ausserwinkler wird nun doch in den Kreis der Ehrenschützer neben den NR.-Präsidenten Fischer und NR. Neisser eintreten. Wie sagte der Herr Doktor am 28. September 1995: *„Ich lasse meinen Vater nicht in einen Topf mit Mördern und Verbrechern werfen!"* Und er – sein Vater – war, wenn ich richtig informiert bin, Leutnant dieser Wehrmacht. Apropos Ausstellung: 95.000 Besucher in zwei Jahren in Deutschland und Österreich. Ich habe die Einwohner der Ausstellungsstädte zusammengezählt und komme auf über 12 Millionen. Da sind die 95.000 Besucher ja nicht einmal 1%. Wer zahlt das eigentlich?

Norbert Rencher, Klagenfurt

Signal

Die Ausstellung „Vernichtungskrieg. Verbrechen der Wehrmacht 1941 bis 1944" hat nun doch noch nach anfänglichem Zögern einen hochrangigen Kärntner Politiker, einen spätgeborenen Genossen als Ehrenschützer erhalten. Wie steht es in der KLEINEN ZEITUNG: Er will ein klares Signal setzen, um im Ausland zu zeigen, daß Kärnten nicht nur ein Ort von SS-Treffen ist. Wir ehemaligen Soldaten, vor allem wir Kriegsversehrten, können dieser Ausstellung völlig gelassen gegenüberstehen, da wir keine Verbrecher, in dem von uns nicht gewollten Krieg waren. Wir lassen uns unsere Ehre nicht in den Dreck ziehen, zumal wir wissen, wer die Aussteller sind.

Ing. Ernst Huber, Feld am See

Nicht angebracht

Ich bin zwar Jahrgang 1950, aber ich finde es unangebracht, Rassismus, Haß und Mord immer wieder aufzuzeigen. Ich kann LH. Zernatto gut verstehen.

Hans Walcher, Friesach

Kleine Zeitung
Redaktion
Leserbrief
Funderstraße 1a
A-9020 Klagenfurt

Betrifft: Leserbriefe vom 16. 9. 1998 zum Thema „Wiedergutmachung"

Den beiden Herren Vogel und Mag. Dr. Rebernig mag es entgangen sein, dass der Initiator des 2. Weltkrieges das Deutsche Reich war, dem Österreich nicht ganz unfreiwillig – man denke nur an die große Hitler zujubelnde Menge am Heldenplatz – angeschlossen wurde. Das österreichische Militär wurde nicht aufgefordert die Souveränität Österreichs zu verteidigen, daher muss der Anschluss von der Mehrheit des österreichischen Staatsvolkes gebilligt worden sein.

Österreich hat gemeinsam mit dem Deutschen Reich die räumliche Expansion zur Schaffung von neuem Lebensraum für die deutsche Volksgemeinschaft mitgetragen. Diese Expansionsgelüste haben natürlich die Lebensrechte anderer Volksgemeinschaften, wie der Tschechen, Polen, Jugoslawen, Russen, Ukrainer, Belgier, Niederländer, Dänen, Franzosen und anderer im Krieg involvierter Völker beschnitten.

Dass, nach dem für das Deutsche Reich ungünstigen Ausgang dieser Expansionsbestrebungen, von den anderen Volksgemeinschaften Repressalien gegen die deutschen Mitbewohner ergriffen wurden, darf nicht verwundern und hätte auch vor Beginn der deutschen Angriffe als „worst case"-Szenarium bekannt sein müssen. Mit den im Deutschen Reich und in den von diesem eroberten oder annektierten Ländern lebenden Juden ist man jedoch ganz anders verfahren. Man brauchte sie nicht zu unterwerfen, sie waren zumeist schon deutsche oder ehemalige österreichische Staatsbürger, nein man versuchte sie ihrer Existenz zu berauben. Man pferchte sie unter unwürdigsten Verhältnissen in Konzentrationslager und ließ zirka sechs Millionen Juden durch die Verbrennungsöfen als Rauch in den Himmel aufsteigen.

Diesem Problem haben sich Österreich und Deutschland zu stellen; sie wollten gewinnen, haben aber verloren. Die Juden haben keinen Staat besessen und waren nur als Staatsbürger im Deutschen Reich unerwünscht und mussten daher arischen deutschen Volksgenossen Lebensraum geben, was gleichzeitig zumeist den Verlust ihres Lebens bedeutete. Wir, Österreicher und Deutsche, haben dieses Problem und diese Schuld unserer Väter und Großväter zu bewältigen und dafür gerade zustehen. Die zu Schaden gekommenen Personen sind größtenteils leider nicht mehr am Leben, es fehlt daher weitgehendst die Möglichkeit, dass die Geschädigten den Schuldigen vergeben können, zur Schadensgutmachung sind wir jedoch auch im christlichen Sinne verpflichtet.

Die im Zuge diverser Kriegshandlungen und sonstiger staatlicher Aktivitäten angefallenen Verletzungen des Völker- und Menschenrechtes, sowie vermögensrechtlicher Art sind strengstens zu verurteilen, dürfen uns aber nicht davon abhalten, zuerst das Unrecht, welches durch das Hitler-Regime anderen Völkern und den Juden zugefügt wurde, zu lösen.

Ulrich Habsburg-Lothringen

Unkorrekter Umgang

In mehreren Zeitungen, so auch in der KLEIEN ZEITUNG, wurde wortgetreu berichtet, Diözesanbischof Dr. Egon Kapellari habe erklärt, die Verbrechen des Nationalsozialismus wie des Kommunismus dürften nicht vergessen werden, weil die Erinnerung daran hoffentlich zur Minderung künftiger Unmenschlichkeiten beiträgt. Dennoch hat Dr. Ul[illegible] Habsburg-Lothringen in einem Leserbrief unterstellt, man wolle kirchlicherseits nicht darüber reden. Dieser unkorrekte Umgang muß zurückgewiesen werden.

Die Diözesane Pressestelle wird Herrn Dr. Habsburg und den Verfassern ähnlicher Leserbriefe die Texte der Reden des Bischofs bei der Segnung von Gedenktafeln für den in Dachau umgekommenen slowenischen Kärntner Priester Anton Kutej am 26. 3. 1994 in St. Michael bei Bleiburg und bei der Enthüllung des Mahnmals für die durch Nationalsozialisten ermordeten Patienten der psychiatrischen Abteilung des Landeskrankenhauses Klagenfurt am 12. 10. 1988, sowie der Predigt beim Gedächtnisgottesdienst am 20. 6. 1995 in Viktring für die Tausende 1945 durch die Engländer an Jugoslawien ausgelieferten und hernach getöteten Slowenen übermitteln. Die Ablehnung es Ehrenschutzes für eine Wehrmachtsausstellung ist nicht zu verwechseln mit einem Verschweigen und Vergessen von Verbrechen, wer immer sie begangen haben mag. **Mag. Matthias Kapeller, Pressereferent der Diözese Gurk**

... die in Wien beschlossene Blockade des Baus des Semmering-Basistunnels veranlasste mich, den Wirtschaftsraum Kärnten und Steiermark, unabhängig von Wien, neuen-alten Partnern neu zuzuordnen ...

Umorientierung

Kärnten + Slowenien (Krain) + Steiermark – ein Staat

Die derzeitige wirtschaftliche Lage Kärntens, als Schlusslicht Österreichs, erfordert Visionen hinsichtlich der wirtschaftlichen und politischen Neugestaltung unseres engeren Lebensraumes. Die Verbesserung des Eisenbahnanschlusses an den Zentralraum Wien (350 km) wird von Niederösterreich verhindert. In den Raum Salzburg-München (250-400 km) gelangt man nur über bemautete einspurige Autobahntunnels, der Raum Linz (400 km) ist noch schwieriger zu erreichen. Lediglich der Raum Udine (150 km) ist per Autobahn und demnächst per Hochleistungsbahn erreichbar, das nahe liegende (80 km) und prosperierende Laibach über die Autobahn. Für den Flugverkehr nutzt man am besten den Laibacher oder Grazer Flughafen.
Die südlichen Bundesländer werden schon seit Jahrzehnten links liegen gelassen. Während die Südautobahn erst fertiggestellt wird und man über den Ausbau der Südbahn erst nachdenkt, wird die Westautobahn schon erneuert und die Westbahn vierspurig ausgebaut. Die „wilden Bergvölker" hinter dem Semmering werden finanziell ausgeblutet. Ähnliches dürfte sich leider jetzt wiederum bei der Umsetzung der Agenda 2000 ereignen.

Besinnen wir uns daher der gemeinsamen Geschichte des Raumes Mur-Drau-Save. Vor 1000 Jahren umfasste das Herzogtum Kärnten zusätzlich Steiermark und Krain (Slowenien). 1396 bildeten diese Länder unter den Habsburgern Innerösterreich, zur napoleonischen Zeit wurden große Teile davon zum Königreich Illyrien mit der Hauptstadt Laibach zusammen geschlossen; aber auch in den dunklen Jahren der Hitler-Diktatur gab es für diese Länder teilweise eine gemeinsame Verwaltung. Die Zugehörigkeit Kärntens zu Österreich ist weniger alt und auch die meisten, zur Zeit der Österreichisch-Ungarischen Monarchie, angelegten Verkehrsverbindungen per Schiff und Bahn waren eher Richtung Slowenien und der Adria gerichtet als Richtung Wien und den Norden. Es führten sechs Bahnverbindungen nach Slowenien während es nur je zwei nach Salzburg, Oberösterreich und Niederösterreich waren.

Gemeinsam mit Slowenien ein Staatswesen zu bilden würde einen Raum von 46.000 km² mit 3,8 Millionen Einwohnern schaffen in dem die deutsche und slowenische Volksgruppe annähernd gleich vertreten ist, beiderseitige Minderheitenprobleme wären damit nicht mehr so bedeutend. Der nahe liegende Laibacher Zentralraum mit seinen 400.000 Einwohnern und der Anschluss an einen eigenen Hafen an der Adria könnte Kärntens Wirtschaft positiv beeinflussen, besonders wenn man bedenkt, dass das kommende Jahrtausend – für die EU mit ihren Erweiterungsplänen – zu Beginn eines der Slawen werden wird. Auf den Ausbau der Semmeringbahn könnte man verzichten und lieber die Verbindung Klagenfurt-Marburg-Budapest ausbauen, sowie die stillgelegten Bahnverbindungen nach Slowenien aktivieren.
Ein Landeshauptmann Haider, der geschichtliche Zusammenhänge sehr gut zu deuten und zu nutzen weiß, hätte die Chance neue Wege einzuleiten.

Ulrich Habsburg-Lothringen

SAMSTAG
27. MAI 1995

Anschluß von Kärnten

Zum Leserbrief vom 23. Mai 1995 „Unabhängig vom KAB" muß ich festhalten, daß die kleine Kärntner nationalslowenische Minderheit 75 Jahre lang versucht hat, mit allen Mitteln versucht hat, Kärnten zu teilen und Südkärnten an Jugoslawien (Balkan) anzuschließen.

Davon wären immerhin ca. 180.000 deutschsprachige Kärntner und 2470 Quadratkilometer unseres schönen Kärntner Landes betroffen gewesen. Diese 75jährige gegen Kärnten gerichtete Tätigkeit, übrigens mit österreichischen Steuergeldern gefördert, kann wohl nicht als „heimattreu" bezeichnet werden. Daher kann ich mir wirklich nur schwer vorstellen, mit diesen zwei Prozent Kärntner Nationalslowenen „75 Jahre „Kärnten frei und ungeteilt" gemeinsam zu feiern.

RR. Walter Zoppoth, Villach

Aufruf an die „wilden Bergvölker“

Kärnten, Steiermark, Slowenien sollten ein Staatswesen bilden, meint Ulrich Habsburg.

Die derzeitige wirtschaftliche Lage Kärntens als Schlußlicht Österreichs erfordert Visionen hinsichtlich der wirtschaftlichen und politischen Neugestaltung unseres engeren Lebensraumes. Die Verbesserung des Eisenbahnanschlusses an den Zentralraum Wien (350 km) wird von Niederösterreich verhindert. In den Raum Salzburg–München (250–400 km) gelangt man nur über bemautete einspurige Autobahntunnels, der Raum Linz (400 km) ist noch schwieriger zu erreichen. Lediglich der Raum Udine (150 km) ist per Autobahn und demnächst per Hochleistungsbahn erreichbar, das naheliegende (80 km) und prosperierende Laibach über die Autobahn. Für den Flugverkehr nutzt man am besten den Laibacher oder Grazer Flughafen.

Die südlichen Bundesländer werden schon seit Jahrzehnten links liegengelassen. Während die Südautobahn erst fertiggestellt wird und man über den Ausbau der Südbahn noch nachdenkt, wird die Westautobahn schon erneuert und die Westbahn vierspurig ausgebaut. Die „wilden Bergvölker“ hinter dem Semmering werden finanziell ausgeblutet. Ähnliches dürfte sich leider jetzt bei der Umsetzung der Agenda 2000 ereignen.

Besinnen wir uns daher der gemeinsamen Geschichte des Raumes Mur–Drau–Save. Vor 1000 Jahren umfaßte das Herzogtum Kärnten zusätzlich Steiermark und Krain (Slowenien). 1396 bildeten diese Länder unter den Habsburgern Innerösterreich, zur napoleonischen Zeit wurden große Teile davon zum Königreich Illyrien mit der Hauptstadt Laibach zusammengeschlossen; aber auch in den dunklen Jahren der Hitler-Diktatur gab es für diese Länder teilweise eine gemeinsame Verwaltung. Die Zugehörigkeit Kärntens zu Österreich ist weniger alt, und auch die meisten zur Zeit der österreichisch-ungarischen Monarchie angelegten Verkehrsverbindungen per Schiff und Bahn waren eher Richtung Slowenien und der Adria gerichtet als Richtung Wien. Es führten sechs Bahnverbindungen nach Slowenien, während es nur je zwei nach Salzburg, Oberösterreich und Niederösterreich waren.

Gemeinsam mit Slowenien ein Staatswesen zu bilden würde einen Raum von 46.000 Quadratkilometern mit 3,8 Mio. Einwohnern schaffen, in dem die deutsche und slowenische Volksgruppe annähernd gleich vertreten ist, Minderheitenprobleme wären damit nicht mehr so bedeutend. Der Laibacher Zentralraum mit seinen 400.000 Einwohnern und der Anschluß an einen Hafen an der Adria könnte Kärntens Wirtschaft positiv beeinflussen, besonders wenn man bedenkt, daß das kommende Jahrtausend – für die EU mit ihren Erweiterungsplänen – zu Beginn eines der Slawen wird. Auf den Ausbau der Semmeringbahn könnte man verzichten und lieber die Verbindung Klagenfurt–Marburg–Budapest ausbauen sowie die Bahnverbindungen nach Slowenien aktivieren.

Ein Landeshauptmann Haider, der geschichtliche Zusammenhänge sehr gut zu deuten und zu nutzen weiß, hätte die Chance, neue Wege einzuleiten.

DI. Dr. Ulrich Habsburg-Lothringen lebt in Wolfsberg und kandidierte mehrmals für die Kärntner Grünen

„Derartig blöde Idee"

Was tun, daß Kärnten nicht am Griffner aufhört und das Lavanttal punktet? Schreiben Sie uns!

Grün-Politiker Ulrich Habsburg-Lothringen hat die Vision, daß Kärnten, die Steiermark und Slowenien ein Staatswesen bilden sollten, um aus der wirtschaftlichen Schlußlichtposition herauszukommen. Andere wieder sagen, daß Lavanttal solle sich, weil vom Land benachteiligt, an die Steiermark anschließen. Was halten Sie von solchen Visionen?

Schreiben Sie uns: *Kleine Zeitung,* Johann-Offner-Straße 3/1, 9400 Wolfsberg. Fax: 0 43 52/38 14-20. Fix ist derweil nur eins: Mit der österreichweiten Umstellung der Telefonnummern, die bis 2001 geplant ist, wird das Lavanttal steirisch.

* * * *

Das Lavanttal ist ein großer östlicher Teil Kärntens! Warum soll dann das Telefon steirisch werden? Die meisten Bekannten wohnen ja in Kärnten, nicht in der Steiermark. Ich finde es eine derart blöde Idee, so etwas überhaupt zu denken. Gott sei Dank gibt es in unserem Tal noch so einen Politiker, der die Heimat liebt. Gleichzeitig bitte ich LAbg. August Eberhard weiter so für unsere Heimat zu kämpfen.

Fam. Rössler, St. Stefan

Gegen slowenischen Raum

Mit dem Vorschlag, Kärnten, Steiermark und Slowenien zu einem „Staatswesen" zusammenzuschließen, beweist Dr. Ulrich Habsburg-Lothringen mangelndes Österreichbewußtsein. Darüber hinaus erweist er sich damit auch als Erfüllungsgehilfe jener Befürworter einer großslowenischen Idee, die ein „Vereintes Slowenien" mit zumindest Teilen Kärntens und der Steiermark nach einem EU-Beitritt Sloweniens anstreben.

Daß dieses Ziel in Slowenien nicht nur von deklarierten Nationalisten verfolgt wird, sondern in allen politischen Lagern Unterstützung findet, zeigte im August vergangenen Jahres der sozialdemokratische Abgeordnete im Laibacher Parlament, Ivo Hvalica, der dort folgende Vision verkündete: *„Mit dem Eintritt Sloweniens in die EU wird sich . . . der gemeinsame slowenische Kulturraum in einen slowenischen Raum verwandeln. So oder so werden die Grenzen in der EU fallen und wir werden . . . das Vereinte*

Slowenien erreichen." („Večer", 11. August 1998)

Der Kärntner Heimatdienst wird als österreichpatriotische Organisation weiterhin darauf drängen, das Bekenntnis zur immerwährenden Kärntner Landeseinheit im Verbund mit Österreich in der Landesverfassung zu verankern.

Dr. Josef Feldner, KHD-Obmann, Klagenfurt

An der Tatsache vorbei

(Zu „Aufruf an die wilden Bergvölker", 13. 4. und LB „Gegen slowenischen Raum", 17. 4.)

Der quergedachte Gastkommentar von DI. Habsburg-Lothringen und die darauf erwartete Replik des Dr. Feldner haben eines gemeinsam: sie gehen an der Tatsache vorbei, daß die europäischen Nationalstaaten durch die EU Schritt für Schritt Kompetenzen verlieren und als Verwaltungsbezirke mit den geographischen Einheiten adäquater Aufgaben verbleiben werden.

Das von DI. Habsburg-Lothringen zur Diskussion gestellte „Staatswesen Kärnten-Slowenien-Steiermark" wurde von ihm inhaltlich leider nicht näher dargelegt.

Die Problemstellung ist jedoch nicht spezifisch für unseren Lebensraum, sondern sie gibt es überall, wo sich Grenzen im Abbau befinden. Je eher die anstehenden Fragen diskutiert und gehört werden, umso grünstiger wird sich das für die Betroffenen, nämlich die Bevölkerung, auswirken.

Ein Ratschlag an den Heimatdienst: Die Pflege des Kärntenmythos wird uns nicht von der neunten ökonomischen Stelle an einen vorderen Platz reihen, viel weniger noch wird sie uns in der Konkurrenz mit den Nachbarländern bestehen lassen.

Dr. Artur Roßbacher, Klagenfurt

KHD macht mobil: Kinder in Schulen wieder trenner

Heimatdienst warnt vor „politischer Großregion“ mit Slowenien – und pocht auf getrennte Klassen im zweisprachigen Gebiet.

Der KHD schlägt Alarm. Die „nationalen Interessen Kärntens“ seien in Gefahr, warnte Dienstag KHD-Obmann Josef Feldner. Für Feldner ein Grund, die Landesregierung mit einem Forderungskatalog zu konfrontieren. Denn schuld an der Gefährdung nationaler Interessen sei auch die Landesregierung, die eine eindeutige Positionierung im Hinblick auf die Großregion Kärnten, Slowenien und Friaul schuldig geblieben sei. Im Gegensatz zu Kärnten ortet Feldner in Slowenien bereits Vorbereitungen für eine politische Großregion: „Slowenien sieht – wie das auch im Parlament diskutiert wurde – nach einem EU-Beitritt das erträumte „Vereinte Slowenien“ in den Bereich der Realität gerückt.“ Als Beweis für das „slowenische Anspruchsdenken“ führt Feldner Atlanten und Kunstführer an, in denen „Kärnten konsequent in einen gemeinsamen slowenischen Raum einbezogen wird“. Ein Dorn im Auge ist dem KHD auch die Verdreifachung der EU-Mittel für grenzüberschreitende Projekte mit Slowenien. „Wir sind nicht gegen die Förderung solcher Projekte, aber es ist nicht der richtige Weg, wenn die Mittel für Kärntner

Kein Heimatromantiker: Feldner EGGENB.

Projekte immer geringer werde sieht sich Feldner bestätigt, 'daß sich bei der Diskussion einer Gr region nicht um „Sandkastenspi einiger Utopisten handelt“. Ge einen EU-Beitritt Sloweniens wie den Ausbau wirtschaftlic Beziehungen will sich der KHD lerdings nicht aussprechen.

Die Regierung fordert Feld auf, einen „Runden Tisch“ mit S wenen, KHD und Wissenschaft zu „institutionalisieren“. Ebe soll es zu einer Neuregelung Schulwesens kommen. Die For rung des KHD, der dafür 15. Unterschriften sammelte: „Eig Schulen für Kinder der Mehrhe bevölkerung und der Minderhe

Carina Kerschbau

Landeseinheit

(LB „Schwächung", 22.5.):
Im Gegensatz zu Ulrich Habsburg-Lothringen, der für den Zusammenschluß von Kärnten, Steiermark und Slowenien zu einem neuen „Staatswesen" eintritt, bekennt sich der Kärntner Heimatdienst zur immerwährenden Kärntner Landeseinheit im Verbund mit Österreich. Wenn Habsburg-Lothringen darin eine „Schwächung des eigenen Volkes" zu erkennen glaubt, dann kann dem schon deshalb nicht gefolgt werden, weil die Beibehaltung unserer Karawankengrenze einen weiteren Ausbau der wirtschaftlichen und sonstigen Kontakte zu Slowenien in keiner Weise behindert. Der KHD wird als überparteiliches österreichpatriotisches Sammelbecken seinem Grundsatz „Zusammenarbeit JA – Zusammenschluß NEIN" treu bleiben.

Dr. Josef Feldner, Obmann des Kärntner Heimatdienstes

KLEINE-UMFRAGE

Das Lavanttal steirisch – warum eigentlich nicht?

Die Ankündigung, daß das Lavanttal im Jahr 2001 neue und zwar steirische Telefonvorwahlen bekommt, sorgt allenthalben für Diskussionen. Die Reaktionen sind breit gefächert. Viele halten den Vorschlag für einen schlechten Scherz, andere sind durchaus bereit, den Gedanken weiterzuspinnen. Wenn schon telefonisch mit der Steiermark verbunden, warum dann nicht auch politisch? Könnte das nicht Vorteile bringen? Tenor unserer Umfrage war: Ob Kärnten oder Steiermark – Das Lavanttal muß sich stärker im Konzert der Regionen Europas profilieren. Es wird entscheidend sein, sich abzuheben und unverwechselbar zu werden.

Werner Kristan: Ich würde den Anschluß an die Steiermark begrüßen. Es gibt nichts, was die Kärntner Politiker für das Lavanttal getan hätten. Lavanttaler müssen stärker um ihre Identität kämpfen.

Johann Gutsche: Mit den neuen Telefonvorwahlen heben wir uns das erste Mal von Kärnten ab. Wir werden uns in den nächsten Jahren ohnehin viel stärker profilieren müssen, keine schlechte Idee.

Jörg Stefflitsch: Zum einen wird es sicher ein Kulturgefälle geben – von der Pack geht es ja abwärts in die Steiermark. Außerdem könnte es dann zu Verwechslungen mit Wolfsberg in der Steiermark kommen.

Michaela Maurer: Die Telefon-Umstellung wird sicher auf Kosten der Lavanttaler gehen. Und warum sollten wir daran denken, uns von Kärnten zu trennen, wo wir doch so einen tollen Landeshauptmann haben?

Alexandra Dohr: Finde das eine absolut sinnlose Aktion. Die neue Vorwahl wird das Lavanttal noch mehr von Kärnten abspalten. Ich frage mich, ob wir keine anderen Probleme in dem Tal haben.

Daniela Goldnik: Als Jauntalerin kann ich nur sagen. Kärnten hört nicht beim Griffner auf. Man sollte das Lavanttal weder politisch noch telefonisch von Kärnten abkoppeln. Das würde ich sehr bedauern.

Kleine Zeitung
Leserbriefe

19. Mai 1999

Betrifft: Kleine Zeitung vom 19. 5. 1999
KHD macht mobil: Kinder in Schulen wieder trennen

Ist dem KHD unter Leitung von Herrn Feldner noch immer nicht klar geworden, dass (überbetonter) Nationalismus nur zur langfristigen Schwächung des eigenen Volkes führt und geführt hat?
Offen sein für Fremde, bei Bewahrung der eigenen Identität und ein Hinausblicken, noch besser Hinauswirken oder sogar Zusammenarbeit über die Grenzen hinweg, kann ein Volk wirtschaftlich, kulturell und demographisch stärken. Leider hat auch verstärkter deutscher Nationalismus in den letzten 100 Jahren zu einer drastischen Reduzierung des deutschen Sprach- und Kulturraumes geführt.

Ulrich Habsburg-Lothringen

Kleine Zeitung
Frau Kerschbaumer
9010 Klagenfurt

21. Mai 1999

Sehr geehrte Frau Kerschbaumer,

Ihr Telefonat und einige politische Äußerungen, sowie latente wirtschaftliche Unzukömmlichkeiten haben mich veranlasst, wieder etwas zu Papier zu bringen.

Mit freundlichen Grüßen

Visionen, nicht Nationalismen braucht Kärnten

Schwierigkeiten führen zu zweierlei Reaktionen des Menschen. Der Sicherheitsbedürftige und Ängstliche wird sich einigeln und zurückziehen, der Weltoffene wird mit Vorwärtsstrategien versuchen, die Probleme zu lösen. Was für den Einzelnen gilt, hat auch Bedeutung für das Volk. Um wirtschaftlich unsere Position zu stärken, braucht Kärnten Visionen und keine Abgrenzung und Abschottung, wie vom KHD (Kärntner Heimatdienst) jüngst gefordert. Der Blick über die Grenzen hinweg kann erst das Herz für eine prosperierende Zusammenarbeit mit dem Nachbarn öffnen. Wirtschaftlicher Erfolg setzt das Kennen des Nachbarn samt seiner Kultur voraus. Kultureller Austausch fördert diese Interaktion.
Austausch erfordert auch Bahnen, auf denen er erfolgen kann. Das sind einerseits Verkehrsträger, Straße, Bahn, Flugzeug, andererseits aber auch Fernsehen, Radio, Internet usw. Untersuchungen für Europa haben zudem ergeben, dass sich Wohlstand im Laufe von zwei Jahrtausenden längs der Hauptverkehrsachsen angesiedelt hat. Gerade diese Austauschmöglichkeiten sind in Kärnten leider schlecht ausgebaut.

Das Autobahnnetz geht zwar der Vollendung entgegen, der Bahnverkehr erfolgt aber noch immer weitgehendst auf den vor über 100 Jahren geplanten Bahntrassen, als auf den Straßen noch Pferdekutschen verkehrten, die den heutigen Bedürfnissen nicht mehr entsprechen. Der Ausbau der Eisenbahn erfolgt mehr im Geiste als am Boden. Ohne schnellem Ausbau der Südbahn mit dem Koralmtunnel, einer schnellen Bahnverbindung Klagenfurt-Laibach und Klagenfurt-Marburg wird Kärnten weiter in die wirtschaftliche Bedeutungslosigkeit versinken und der Messestandort Klagenfurt bald der Vergangenheit angehören. Tagesrandverbindungen mit Schnellzügen müssen auch von Villach über den Ossiachersee nach Wien beziehungsweise über Unterkärnten und das Lavanttal nach Wien geführt werden. Eine Schnellzugverbindung aus dem Raum Oberitalien-Klagenfurt-Marburg-Budapest könnte neue Anbindungen an den Osten ermöglichen. Am dringendsten zu realisieren wären kürzere Fahrzeiten auf der

Südbahn und ein besserer Komfort beziehungsweise Service, will man nicht den überregionalen Personenverkehr auf die Autobahn verweisen. Für den drittklassigen Provinzflughafen Klagenfurt gibt es nur zwei Möglichkeiten; entweder Ausbau auf einen üblichen Standard oder Mitbenützung des Flughafen Graz-Thalerhof, der durch die Koralmbahn in einer Stunde von Klagenfurt erreichbar sein wird.

Kulturelle Zusammenarbeit würde eine stärkere Vernetzung der Universitäten Klagenfurt, Graz, Laibach, Marburg und Udine erfordern. Studentenaustausch über anrechenbare externe Semester an den anderen Universitäten oder Sommerakademien wären dringend nötig, denn die EU-Erweiterung wird überwiegend in den slawischen Raum erfolgen. Auch die Intensivierung der Zusammenarbeit der Opernhäuser in Graz, Klagenfurt, Marburg und Laibach über Austausch von Inszenierungen und Aufführungen gehört hier dazu.

Grenzen und Trennungen, wie sie der Kärntner Heimatdienst fordert, sind die falschen Wege. Sie behindern den Ausblick und führen auf das wirtschaftliche und demographische Nebengeleis, denn nur wer seinen Geschäftspartner auch kulturell versteht wird langfristig wirtschaftlichen Erfolg haben.

Ulrich Habsburg-Lothringen

Kleine Zeitung
Frau Kerschbaumer
Funderstraße 1a
A-9010 Klagenfurt

19. Juli 1999

Betrifft: Quergedacht

Jugend und Visionen, für Kärntens Politiker nur Lippenbekenntnisse

Am 9. Juli fand im Philips Carinthia Center in Klagenfurt die Preisverleihung aus Anlass eines Gestaltungswettbewerbes für eine zweigleisige Draubrücke, im raumökologisch sensiblen Bereich Tainach, der Koralmbahn, statt. Die Studenten reichten 22 Projekte ein, davon wurden je zwei Anerkennungspreise an die Technischen Universitäten in Graz und Klagenfurt verliehen. Die Preise eins bis drei gingen an das Technikum Joanneum in Graz, die Fachhochschule für Bauingenieurwesen in Wien und an die Technische Universität in Bratislava.
Zu dieser internationalen Feier, an der Vertreter und Studenten aller beteiligten Institute teilnahmen, waren auch die Vertreter des Landes und der, von der Koralmbahn betroffenen, Gemeinden eingeladen. Die Politiker aller im Landtag vertretenen Parteien glänzten durch Abwesenheit, lediglich die Grünen waren vertreten.

Aus diesem Verhalten der Politiker kann man nun seine Folgerungen ziehen. Entweder war der Besuch der Sommerfeste, in Hinblick auf die Wahl im Herbst, wichtiger, denn Studenten aus Bratislava oder den anderen Bundesländern nützen den Kärntner Parteien nichts. Es kann jedoch auch der mangelnde Weitblick vieler Politiker sein, die nicht erkennen können, dass die Einbindung der Jugend in die Gestaltung raumrelevanter Strukturen, wie es die Anlage der Koralmbahn samt ihren Brücken ist, auch zu einer demokratischen Willensbildung zählt. Schließlich können die Politiker auch der Meinung sein, genügend Fachkompetenz zu besitzen und keines Wettbewerbes zur Entscheidungsfindung zu bedürfen. Auf der Strecke bleiben jedoch die Bürger, die von solchen Politikern schlecht vertreten werden und über alternative Möglichkeiten nicht informiert werden.

Für die Zukunft muss es daher Forderung an die politischen Parteien sein, dass nicht nur Frauen entsprechend in die Meinungsbildung einbezogen werden, sondern auch die Jugend, denn viele Entscheidungen, die heute getroffen werden, werden zumeist erst bei unserer Jugend voll wirksam.
Der revolutionäre und zugleich konservative Ruf „Freiheit, Gleichheit und Brüderlichkeit" hat auch im Zusammenhang mit der gesellschaftspolitischen Bedeutung der Koralmbahn seine Richtigkeit.

Die Koralmbahn sprengt unseren engen Kärntner Raum und verbindet italienische, slawische und deutsche Kulturräume, sie verschafft uns damit Freiheit. Sie verbessert unsere wirtschaftlichen Strukturen und schafft somit im internationalen Wettbewerb eine Gleichheit bei den wirtschaftlichen Bedingungen. Und schließlich kann die Koralmbahn, durch ihre Linienführung entlang der Kulturgrenzen, zum besseren Verständnis unserer Nachbarländer und somit zu mehr Brüderlichkeit beitragen.

All dies haben die abwesenden Politiker nicht bedacht, der Wahltag – 3. Oktober – sollte Zahltag sein.

Ulrich Habsburg-Lothringen

... war es am Ende doch das schlechte Gewissen mancher Menschen, am Rande der Bildung der ersten Schwarz-Blauen-Regierung in Österreich, dass man plötzlich eine bislang ungewohnte Sensibilität an den Tag legte, und die Aufstellung einer Gedenktafel für vertriebene und ermordete Juden in Wolfsberg möglich wurde ...

17. April 2001

Betrifft: Grüne Kärnten

Denkmal für 1938 vertriebene und ermordete Juden in Wolfsberg

Es war zum 60. Jahrestag der letzten Vertreibung der Juden aus Wolfsberg und zum 660. Jahrestag der erstmaligen Vertreibung, als der Wolfsberger Gemeinderat, auf Initiative des Grünpolitikers Ulrich Habsburg, die Errichtung einer Gedenktafel für die im Jahre 1938 vertriebenen sechs jüdischen Wolfsberger Mitbürger beschloss. Frau Mag. Lauritsch stellte umfangreiche Nachforschungen an – sie sind auch in einer Broschüre niedergeschrieben – und konnte noch eine lebende jüdische Mitbürgerin in Israel ausfindig machen.
Auf Einladung der Gemeinde Wolfsberg konnte nun Frau Anny Junek, ihre Eltern Gross betrieben ein Geschäft in Wolfsberg, welches arisiert wurde, mit ihren beiden Kindern und Enkelkindern in Wolfsberg am 9. April der feierlichen Vorstellung der Gedenktafel für die vertriebenen und ermordeten jüdischen Mitbewohner Wolfsbergs beiwohnen. Als Vertreter der Israelitischen Kultusgemeinde in Graz sprach Kultusrat Richard Ames ein Gebet. Es war gerade der zweite Tag des jüdischen Pessachfestes, dem Gedenktag an den Auszug der Israeliten aus Ägypten, als man sich der schändlichen Taten vor 63 Jahren erinnerte, der Vertreibung der Juden aus Wolfsberg. Berührend war, als Frau Junek erklärte „sie habe allen verziehen, die mir Böses getan haben" und gleichzeitig feststellte, dass nun ihre, in Auschwitz ermordeten Eltern, in Form der Gedenktafel endlich eine Art Grabstein gesetzt bekommen hätten, und damit dem Vergessen entrissen worden wären.
Bürgermeister Seifried meinte, dass man sich auch der dunklen Seiten unserer Vergangenheit stellen müsse und Gemeinderat Habsburg gar, dass fast keine Familie in den letzten Generationen vor Antisemitismus verschont geblieben wäre; auch seine Familie war davon nicht ausgenommen, sogar Kaiserin Maria Theresia ließ die Prager Juden vertreiben. Die Anwesenheit eines Vertreters der Diözese, des Stadtpfarrers und des Bezirkshauptmanns von Wolfsberg unterstrichen die Bedeutung der Veranstaltung als Zeichen des Bemühens sich der Geschichte bewusst zu stellen.

Ulrich Habsburg-Lothringen

... auch der Entscheid des Verfassungsgerichtshofes konnte anscheinend festgefahrene Gedanken und Ängste nicht aus dem Weg räumen, um den Slowenen ihre im Staatsvertrag festgeschriebenen Rechte zukommen zu lassen ...

Kleine Zeitung und Der Standard
Leserbriefe

Wolfsberg, 18. Dezember 2001

Leserbrief zu Ortstafelkonflikt

Haider, Mangel an österreichischer Gesinnung

Der Konflikt um die Aufstellung zweisprachiger Ortstafeln, eine Erfüllung des Staatsvertrages, in Kärnten zeigt wieder einmal Haiders antiösterreichische Gesinnung. Seit Jahrhunderten hat sich Österreich als Staat, bestehend aus verschiedenen Völkern und Volksgruppen, definiert. Die österreichische Kultur lebt von den slawischen, ungarischen und jüdischen Einflüssen, das unterscheidet uns auch von der deutschen Kultur und dies scheint unser Landeshauptmann nicht verstanden zu haben, oder will er es nicht verstehen. Der Blick nach Berlin statt nach Wien, ab der Mitte des 19. Jahrhunderts, scheint ihm schon in die Wiege mitgegeben worden zu sein. Für die österreichische Identität ist jedoch das Bekenntnis zu den Volksgruppen der entscheidende Unterschied gegenüber einem deutschen Nationalstaat oder wollen wir etwa als zweiter deutscher Staat, als Anhängsel der Bundesrepublik Deutschland, betrachtet werden?
Die in letzter Zeit verstärkte Ausgrenzung slawischer Völker, wie der Tschechen wegen Temelin und der Slowenen wegen der Ortstafeln, durch unseren Landeshauptmann und seine Partei, wird die Position der österreichischen Volksgruppe in Slowenien und Tschechien sicher nicht verbessern und eine Bereinigung der Benesch-Dekrete und Avnoj-Beschlüsse in weite Ferne rücken.
Ein Kompromissvorschlag im Sinne Haiders wäre sicher die gänzliche Abschaffung aller Ortstafeln in Kärnten, denn ein anständiger Kärntner wird sich doch wohl überall auskennen.

Ulrich Habsburg-Lothringen

Landeshauptmann Dr. Haider
Arnulfplatz 1
9020 Klagenfurt/Celovec

7. Jänner 2002

Werter Herr Landeshauptmann!

Ihre Angriffe auf die Rechtsstaatlichkeit Österreichs stellen einen Verrat an Österreich, seiner Geschichte und Kultur dar, und Ihre Vorgangsweise wird langfristig eine Bereinigung der Avnoj-Beschlüsse und Benesch-Dekrete, zum Schaden für unsere Landsleute, verhindern.
Treten Sie daher zum Wohle Österreichs zurück, wodurch Sie unser Heimatland Österreich vor einer weiteren Schädigung seines Ansehens in der Welt bewahren können.

In tiefer Sorge um Österreich

Ulrich Habsburg-Lothringen
Friederike Habsburg-Lothringen

Kleine Zeitung

Wolfsberg, 29. Jänner 2002

Betrifft: Kleine Zeitung
VOLKSGRUPPE – FP: Schüler überprüfen

Den Vorstellungen von FPÖ-Obmann Martin Strutz ist unbedingt beizupflichten und die Überprüfung der Sprachkenntnisse sollte bei allen Bürgern erfolgen. Eine Verwilderung der deutschen Sprache hat besonders bei Politikern der Freiheitlichen Partei um sich gegriffen. Unser Landeshauptmann artikuliert sich sehr oft in einer rotzbubenhaften, rohen Sprache und noch dazu in einem furchtbaren Dialekt, der das schöne Kärntnerisch wahrlich verunstaltet.
Seine freiheitlichen Mitläufer haben zudem Probleme bei der Artikulation, man denke nur an die Probleme mit Hump - Dump, Stunk – Strunk sowie die nicht lumpige aber doch ehrenrührige Geschichte vom Dackel Lumpi. Einem anständigen Österreicher erwachsen dadurch Verständigungsprobleme, bei ausländischen Politikern kann dies bis zu Sanktionen für Österreich führen.

Ulrich Habsburg-Lothringen

Poststempel 18. Februar 2002

Sehr geehrter Herr Diplomingenieur!

Im Profil Nr. 15/28. 1. 02 schreiben Sie über die kleinkarierten Menschen in Kärnten und (dass sie) vom Land schon lange keinen Auftrag erhalten (hätten), außerdem, dass die Jugend den Abwehrkämpferverbänden zulaufen (würde). Ich weiß es nicht, wie lange Sie schon in Kärnten leben, aber scheinbar dürfte es Ihnen entgangen sein, dass 1920 über 14.000 Slowenen für Jugoslawien ihre Stimme abgaben und die Nachkommen noch immer unter uns in Südkärnten leben. Unser Bundespräsident ereiferte sich am 10. 10. 2000 am Hauptplatz in Klagenfurt zu behaupten, dass die Slowenen auch für Österreich gestimmt hätten. Kein Slowene hatte für Österreich gestimmt, sondern unsere Eltern, welche auch windisch sprachen, sind in dieser Zeit arg drangsaliert worden. Außerdem durften viele Kärntner, die aus der Heimat vertrieben wurden und bei Freunden wohnten, nicht ihre Stimme abgeben!

Das Reichsherzogtum Kärnten war 1000 Jahre Heimat zweier Völker, bis um 1850 Agitationen stattfanden. Die Windischen gingen zurück. Während des 1. Weltkrieges anlässlich des Nationalitätenkampfes sicherte Taafe, um sich an der Macht zu halten, den Slowenen eigene Rechte zu. Die Priester schufen aus dem Krainerdialekt eine künstliche Schriftsprache, denn das Windische galt als Dienstbotensprache, und so gingen sie in den „Kärntnern" auf. Haben Sie das Morden der Partisanen 1920 miterlebt und wundern sich jetzt, dass die Kärntner lieber bei Kärntner Vereinen mitmachen?

Um zwei Sprachen richtig beherrschen zu können, bedarf es einer besonderen Begabung, Intelligenz und eines Arbeitswillens, sonst beherrscht man weder Deutsch noch Slowenisch. Außerdem wird auch ein zwiespältiger Charakter geformt, und die Menschen sind im gemischtsprachigen Gebiet zweischneidig!? So ist es verständlich, dass Obmann Sadovnig von Haider viele Zugeständnisse abverlangte und keine zusätzlichen Ortstafeln forderte, und Haider sich auf seine Zusagen verließ, aber Vouk „hinterlistig" ihm in den Rücken fiel. So agitierten die Slowenenvertreter auch mit 75.000 – 100.000 Anghörigen. Sie haben „Generäle" ohne Soldaten.

Wir, die wir im 2.Weltkrieg den Kopf hingehalten hatten und die Heimat nach der bewussten Zerstörung (durch) englisch-amerikanische Bomber aus dem Nichts wieder aufgebaut hatten, verlangen von unserer Jugend, dass sie unsere Ehre weiterhin hochhält. Exoriare aliquis nostris et viribus ultor! Wie es uns zeitweise ergangen ist, schildert uns das Gedicht „Sibirische Nacht" von Wilhelm Rudnigger besser als 1000 Worte!

2. Strophe:

Der Wind hockt tief im dürren Strauch
Der sich im Schlafe rühret –
Weil von des Gastes Atemhauch
Ihm noch im Träume frieret.

Ewiggestrige werfen uns vor, wieso wir denn nicht abgehauen sind, haben diese Menschen eine Ahnung, was ein solches autoritäres System alles bewirkt – wohin hätten wir denn flüchten können?
Unsere Väter hatten im Abwehrkampf ihr Leben für Kärnten eingesetzt, und so sind wir verpflichtet, die Heimat hochzuhalten und die Tradition (zu) bewahren. So kann ich es nicht verstehen, dass Sie der Jugend vorwerfen, heimatbewusst zu sein.

Sie stammen aus einem so hohen Geschlecht und bewahren sicher auch die Tradition, und nehmen sicher auch nicht einen fremden Namen an.
Es wird soviel über Jörg Haider polemisiert, aber was hat er eigentlich verbrochen? Er hatte aus ärmlichen Verhältnissen stammend sein Uni-Studium absolviert und einen Assistenten-Posten an der Uni angenommen. Später hatte ihn Ferrari-Brunnenfeld nach Kärnten geholt. Im Bärental einen Besitz übernommen, geheiratet, ist er Vater von zwei netten Mädchen. Nur macht er dumme Sprüche und versucht sich am Ruder zu halten. Wenn er einmal einen Arbeiter engagiert, wird das im Fernsehen berichtet, machen wir es, Sie und ich, nicht auch einmal „schwarz“?

Wer macht ihn eigentlich so interressant? Sind es nicht die Zeitungen und Institutionen, die selbst daran verdienen und in denen Sie auch Leserbriefe schreiben, die nicht allen gefallen? Hat er eigentlich auch das Todesurteil unterschrieben, wie Ihre geschätzten Verwandten, und massenhaft Kriege geführt, oder den Sklavenhandel eingeführt wie anno dazumal der agile Karl V. mit seinem plus ultra? Jaques Chirac hat sein heißes Mundwerk über ihn gewetzt, dabei angeblich als Bürgermeister von Paris arge „Unregelmäßigkeiten“ angestellt? Mit Recht bezweifelt er das Erkenntnis des Höchstgerichtes, welches sich anmaßte, vor Torschluss noch schnell in Kärnten Unfrieden zu stiften. Normalerweise hatten die Habsburger kein jüdisches Blut einfließen lassen – wie die Schwarzenbergs – aber wenn ein solcher Hass gegen Haider zu verzeichnen ist, nehme ich immer an, dass „gewelltes Haar“ im Spiele ist. Meines Erachtens hatte Haider in Österreich sehr viel bewegt und die verbrieften Rechte der Schickeria angeknabbert, und ihnen etwas weggenommen, das werden sie ihm nie verzeihen. Als Landarzt mit kranken, armen und unzufriedenen Menschen zu tun gehabt, jetzt am Ende meines Lebens stehend, sehe ich es wirklich nicht ein, dass sich gewisse Leute zuviel vom vorhandenen Kuchen nehmen und über „anständige“ Menschen herziehen!?

Ich will nicht über Ihre Verwandten losziehen, aber Kaiser Franz Josef kann ich es nicht verzeihen, dass er wie ein Bauer, dauernd sich Ländereien angeeignet hatte, und zuletzt noch nach dem man ihm die Verwaltung über Bosnien-Herzegowina anvertraut hatte, auch dieses sich noch einverleibt hatte – das war das Ende für sein Reich und in der Folge Hitlers Aufstieg! Anstelle, nach der Ermordung Erzherzog Ferdinands mit den Königshäusern „entrüstet" die Schuldigen sofort bestraft zu haben, hatte er Kriege erklärt. Polen hatte man 50 Jahre an Stalin ausgeliefert, und wenn jetzt Haider gewisse Bedenken äußert, ist er gleich Gewalttäter.
Versöhnlich möchte ich schließen mit einer der schönsten Lyrik von Josef von Eichendorff:

Oh weiter stiller Friede
So tief im Abendrot!
Wie sind wir wandermüde –
Ist dies schon der Tod?

[redacted]

Med. Rat Dr. Karl Laßnigg
Slovenjach 12
9412 Globasnitz

Sehr geehrter Herr Doktor!

Ich bedanke mich für Ihren Brief vom 18. 2. 2002, der Ihr Unbehagen zu meinen öffentlichen Äußerungen über die sogenannte Kärntner Seele zum Ausdruck bringt. Es ist sicher nicht leicht, dieses Gefühl, für beide Seiten verständlich, schriftlich niederzulegen, weder für Sie noch für mich. Wenn ich auch mit Ihren Feststellungen größtenteils nicht einverstanden bin, so schätze ich das Kreuzen akademischer Klingen, was sicher besser ist als Ortstafeln auszureißen oder gar Bomben zu legen, wie einstmals in Südtirol.
Als Habsburger habe ich es natürlich leichter mit dem Problem von Minderheiten umzugehen, bestand doch die gesamte österreichisch-ungarische Monarchie nur aus Minderheiten, auch die Heiratspolitik führte dazu, dass unter meinen Urgroßeltern, Großeltern und Eltern Vertreter der verschiedensten Völker vorhanden sind (Italiener, Dänen, Deutsche, Kärntner usw.). Und nun zu den Problemen:

Slowenen in Kärnten
Aktenkundig ist, dass vor der Besiedlung durch Franken und Bayern die Slowenen Kärnten und den Alpenraum, inklusive dem Lungau, sogar bis Bischofshofen hin besiedelt hatten. Auf einer Karte des Herzogtums Kärnten aus den 90er Jahren des 19. Jahrhunderts fand ich sogar die Bezeichnung von Windisch-Matrei, für das heutige Matrei in Osttirol und dagegen Deutsch-Landsberg für Deutschlandsberg in der Weststeiermark. Auf den alten österreichischen Militärkarten, ebenfalls aus den 90er Jahren, sind noch sehr viele Orte im Mittelkärntner und Unterkärntner Raum mit ihrer slowenischen Bezeichnung in Klammer ausgewiesen – St. Marein südlich von Wolfsberg zum Beispiel mit Smarno.
Ebenfalls dokumentiert aus den Volkszählungen von 1880, 1890, 1900 und 1910 ist, dass damals der Anteil der Slowenen in Kärnten sich zwischen 30 Prozent, 28 Prozent, 25 Prozent und 21 Prozent bewegte. Die heutigen Werte liegen mit zirka fünf Prozent jedoch weit darunter. Was ist nun in der Zwischenzeit passiert? Es gab zwei Weltkriege und eine Volksabstimmung.
Für den äußerst starken Rückgang des Anteils der slowenischen Bevölkerung in Kärnten bieten sich nun mehrere Erklärungen an:

- Nach der Volksabstimmung, bei welcher sich auch viele Slowenen für Österreich entschieden haben, ist der Druck auf die Slowenen so stark geworden, dass ein beachtlicher Teil derselben der Germanisierung nachgegeben hat, um wirtschaftlich überleben zu können.

● Die Fertilität der Slowenen ist plötzlich so stark gesunken, dass ihr Anteil an der Bevölkerung zurückgehen musste. Dies wäre auch damit zu erklären, dass die Slowenen eher der unteren Einkommensschicht und den Kleinbauern angehörten und auch ihre Arbeitsbedingungen schlechter waren als jene der Deutschen, was zusätzlich zu einer geringeren Lebenserwartung als bei den Deutsch-Kärntnern führen musste. Allgemein gesehen sind diese Argumente jedoch zu spekulativ.
● Während der Nazizeit wurden Kärntens Slowenen ebenfalls einem starken wirtschaftlichen und physischen Druck ausgesetzt, der zur Auswanderung, Aussiedlung und Ausmerzung (Vernichtung in KZ und Arbeitslagern) führte.

Auch die angeblich so minderheitenfreundliche Politik Österreichs in Kärnten, konnte den Rückgang der slowenischen Volksgruppe nicht aufhalten, es trat sogar auch noch nach 1945 eine weitere Verminderung des Anteils der Slowenen ein. Aus diesen Zahlen ist ersichtlich, dass die Deutsch-Kärntner am Slowenen-Problem und deren starken Rückgang an der Bevölkerung, mitschuldig sind. Sie wurden starkem geistigen Druck zur Assimilierung ausgesetzt, wirtschaftlich ausgegrenzt, und wenn es gar nicht mehr half, sogar ausgesiedelt und umgebracht.
Die Angst der Deutsch-Kärntner vor einer Volksgruppe, welche sich seit 100 Jahren im stetigen und starken Rückzug befindet, ist mir daher nicht erklärlich. Im Jahre 1880 hat es noch 102.000 Slowenen in Kärnten gegeben, heute spricht man von bis zu 25.000.

Zweisprachigkeit und zwiespältiger Charakter
Ich verwehre mich dagegen, dass sie den Kärntnern eine besondere Begabung absprechen und sie daher nicht geeignet wären zwei Sprachen – Deutsch und Slowenisch – gleichzeitig zu erlernen. Spricht nicht allein schon die besondere Singbegabung der Kärntner und Krainer gegen ihre Argumente? Den zwiespältigen und zweischneidigen Sinn, den Zweisprachigkeit verursachen sollte, konnte ich bis jetzt nur bei etlichen FPÖ-Politikern und Vertretern des Kärntner Heimatdienstes feststellen.

Verteidigung der Heimat und den Kopf hinhalten
Die Heimat im 2. Weltkrieg in Stalingrad, Omsk, St. Petersburg, Belgrad, Paris und Rom zu verteidigen ist Zeichen eines hypertrophen Kärntner Patriotismus. Im größten Teil dieser Gegenden waren ja Slawen zu Hause, so weit hätte also die Deutsch-Kärntner Liebe für ihre slowenischen Mitbrüder nicht gehen müssen, dass dort selbst deren slawische Heimat von den Deutsch-Kärntnern verteidigt werden sollte.

Und nun zu den Habsburgern selbst
Das Ultimatum an Serbien zu stellen, nur wegen des Mordes am Thronfolgerpaar, war meiner Meinung nach eine gewaltige Überreaktion. Ich fühle mich auch noch, nach bald 90 Jahren seit diesem Mord, als Mitglied der Familie

auch mit hineingebunden in die Verantwortung für den dadurch entfachten 1. Weltkrieg mit seinen vielen Toten und dem unzähligen Leid.
Ich würde mir allerdings auch eine ähnliche Betroffenheit bei all jenen Österreichern erwarten, deren Großeltern und Eltern für das Großdeutsche Reich gekämpft haben, und die in ihrer völkischen Verblendung den Massenmord an Debilen, Juden, Sinti und Teilen der slawischen Bevölkerung mitgetragen haben.

Gewelltes Haar
Dieser subtile Ausdruck tief sitzenden Antisemitismuses lässt tiefgründige Einblicke in ihre Seele zu – besser wäre wahrscheinlich der Ausdruck rassistische Gesinnung. Es stimmt, das Gerücht, dass die Familie Habsburg über die Familie Braganca verjudet wäre, verstummt nicht. Kaiser Franz Josef hatte auch unter den vielen Titeln einen solchen des Königs von Jerusalem und übrigens – meine Frau ist eine Jüdin.

Auch unser Landeshauptmann hat keine reine Weste, seine Wortwahl sowie die Herkunft des Bärentales lasten auf seinem Erscheinungsbild, und das kann auch nicht durch den Einsatz von Tonnen von Ariel weißgewaschen werden.

Mit freundlichen Grüßen

Ulrich Habsburg-Lothringen

Über die Kirche

Kirche Intern
Pfarrer R. Schermann
2440 Reisenberg

6. April 1990

Sehr geehrter Herr Schermann,

Etwas verspätet darf ich Ihnen mitteilen, warum ich gerne „Kirche Intern“ lese: Kirche Intern ist nicht auf die jeweilige Diözese und die Meinung des dortigen Landesbischofs bezogen, sondern beschäftigt sich mit den Vorgängen in der gesamten Kirche und hat auch Platz für kritische Stimmen. Meine Gewissensbildung bedarf nämlich auch der Kenntnis positiver und negativer Stellungnahmen zu Vorgängen im Bereich der katholischen Kirche.
Ich könnte mir vorstellen, dass Jesus seine Kritik an der Menschheit und seine Botschaft in einer ähnlichen kritischen Zeitung veröffentlicht hätte, wären vor 2000 Jahren schon Zeitungen gedruckt worden.

Mit freundlichen Segenswünschen für das Osterfest
Ihr Ulrich Habsburg-Lothringen

Betrifft: Polnische Kirchenführer und Auschwitz

Zutiefst beschämt sind wir als Christen der Katholischen Kirche, dass vom obersten Hirten in Rom zu den ungeheuerlichen Worten, die von Polens Kirchenführern in Zusammenhang mit dem Karmeliterkloster in Auschwitz gefallen sind, bis jetzt keine Äußerung der absoluten Ablehnung gekommen ist. Diese Art der Vatikan-Taktik und damit des Papstes gab es ja vor 50 Jahren in Bezug auf die Judendiskriminierungen und Deportationen auch schon und nun wiederholt sich das alles wieder? Wir haben scheinbar gar nichts gelernt! Und haben noch immer nicht die geringste Sensibilisierung dafür, wann und wo Antisemitismus anfängt und schon gar keine in Bezug auf Glauben und Gefühle der Juden im Zusammenhang mit der Shoa. Man hätte sich erwartet, dass ein Papst, der sonst sehr wohl seine Aussagen zu vielen Fragen der Menschlichkeit und auch zu vielen anderen Themen macht, auch dazu etwas zu sagen hätte. Es ist überflüssig, das päpstliche Schweigen mit den politischen Umwälzungen, die erfreulicherweise zur Zeit in Polen stattfinden, zu begründen; denn was gegen die Menschlichkeit verstößt, kann und darf nicht unwidersprochen bleiben! Oder muss man zur Schlussfolgerung kommen, dass zwar die Polen, nicht aber die Juden eine Frage der Menschlichkeit sind? Als Christen und Katholiken „ohne“ Sprachrohr wollen wir daher wenigstens auf diesem Wege energisch gegen alles, was von katholischer Seite rund um das unheilvolle Auschwitz-Kloster gegen die Juden gesagt und getan wurde, protestieren, da es mit Christentum, wie wir es verstehen, unvereinbar ist und vor allem wollen wir uns dafür entschuldigen.

Ulrich Habsburg-Lothringen

Redaktion
Kärntner Kirchenzeitung

27. Oktober 1992

Betrifft:
Bericht vom Vortrag des Missionsbischofs Pater Werner Siebenbrock SVD in Wolfsberg

500 Jahre Lateinamerika, so lautete der Titel des Vortrages des Bischofs aus Brasilien. Es war dies die dritte Veranstaltung, welche mit diesem Thema in direktem Zusammenhang stand. Eine philippinische Tanzgruppe machte den Anfang mit einer Darstellung der Probleme, die vor rund 500 Jahren für die Philippinos entstanden. Kobna Anan, ein Kulturbotschafter aus Ghana, zeigte beim nächsten Vortrag den gleichen Zeitraum in Afrika auf, von wo vier Millionen Schwarze als Folge der Entdeckung Amerikas dorthin als Sklaven verfrachtet wurden, wobei 1,4 Millionen bei der Überfahrt gestorben sein sollen. Dies ist auch der Grund, warum heute Brasilien nach Nigerien das Land mit dem zweitgrößten Bevölkerungsanteil an Schwarzen ist.

Bischof Pater Siebenbrock, ein gebürtiger Westfale, ist seit 1976 in der Mission tätig und betreut jetzt die Diözese Belo-Horizonte, die drittgrößte Brasiliens. Alle sozialen Schichten sind hier vertreten, es gibt Industrieregionen, Schlafregionen, Landregionen und die Favelas, die Slums der Großstädte. In den Großstädten wohnen 70 Prozent der Brasilianer, welche zum größten Teil Christen sind.

Die Entdeckung Amerikas, die Folge eines Irrtums von Columbus, brachte nicht nur den christlichen Glauben nach Lateinamerika, sondern führt in weiterer Folge auch zur Zerstörung der Kulturen der Mayas, Azteken und Inkas. Daran waren leider christliche Heerführer, Abenteurer, Geschäftsleute und deren Helfer beteiligt. Auch von Bischöfen, welche am Sklavenhandel verdienten, muss leider berichtet werden. Dies alles obwohl sich die Päpste gegen die Ausplünderung und den Sklavenhandel wandten, das Recht der Eingeborenen auf Besitz und Freiheit unterstrichen und Missionare vor Ort die Sklaverei und Zwangsarbeit verurteilten. Aus dieser Zeit stammen auch etliche Märtyrer. Von einem damaligen Pater Las Casas wurden die Spanier sogar als Banditen bezeichnet. Doch alle diese mahnenden Stimmen nutzten wenig, verpflanzte Menschen, zerstörte Kulturen sind das Erbe einer Epoche, in welcher es mehr um die Erbeutung von Gold ging, als um die Vermittlung gelebten Christentums. Die Folgen dieser Kolonisierung sind Koruption und große Unterschiede zwischen Arm und Reich, welche heute, gemeinsam mit einer gewaltigen Auslandsverschuldung, eine soziale Wirtschaftsstruktur nur schwer entstehen lassen.

Die Kirche Brasiliens versucht schon seit langer Zeit die Armut durch Verbesserung der Bildung mittels Kollegien, die Errichtung von Armenkrankenhäusern und sozialer Hilfswerke zu bekämpfen. Die Seelsorge kümmert sich besonders

um die armen Schichten, die Pastoralarbeit nimmt zu, viele Laien stehen im Dienst der Verkündigung, halten Bibelrunden, Wortgottesdienste, spenden Taufen, leiten Begräbnisse und Hochzeiten. Kirchliche Großveranstaltungen in Fußballstadien, vor Bahnhöfen, Weihnachtsfeiern für die Armen, aber auch die persönliche Ansprache der Betroffenen, Ausgebeuteten und Unterdrückten tragen zur lebendigen Kirche Brasiliens bei. Hier ist die Befreiungstheologie nichts Neues, denn Theologie muss wenn sie glaubwürdig sein will, von der realen Situation ausgehen und trachten, ungerechte Systeme zu ändern. Gerade die Basisgemeinden gehen von dieser Realität aus und versuchen Erleuchtung aus dem Wort Gottes für die jeweilige Situation zu erhalten, sie fühlen sich als Kirche, als jene Kirche die Christus gegründet hat. Auch er hat sich oft mit den Unterdrückten, Leidenden und Armen solidarisiert, die Reichen jedoch nie ausgeschlossen.
Alles in allem ein faszinierender Vortrag, der einen Hauch eines neuen Christentums spüren ließ, von dem unser christliches Europa ebenfalls durchweht werden sollte.

Ulrich Habsburg-Lothringen

Viele Geschichten ranken sich um den „Judenstein"

)er Judenstein in der Lavant in Wolfsberg ist Zeugnis der Judenvertrei-
)ung im Jahre 1338. Ist die Überlieferung frei erfunden?

3ei Stadtführungen wird die Geschichte von der Vertreibung der idischen Bevölkerung Wolfsberg 338 nach wie vor erzählt. Laut Saenbuch hätten sich damals einige uden Hostien besorgt, um herauszufinden, ob Christus in diesen nwesend sei. Die Hostien entchwanden allerdings und chwebten über der Lavant. Erst er herbeigerufene Abt von St. aul konnte zwei der Hostien einfangen", die dritte stieg gegen immel. Eine erneute Judenvertreibung gab es 1938, damals allerings aus anderen Gründen.

toleranz. *„Die Geschichte ist* urz gesagt, schlecht erfunden, m Antisemitismus, Intoleranz nd weitere unmoralische Beweggründe zu rechtfertigen", meint riederike Habsburg aus Wolfserg. Diese Variante der Gechichte sei nur eine von vielen. ie Juden wurden als Hostienchänder, Brunnenvergifter und itualmörder bezeichnet. Man arf ihnen vor, Kinder zu töten, m deren Blut zu genießen. Den ahren Grund für solche Gechichten, die sich hartnäckig halten, glaubt Friederike Habsburg zu kennen.

„Den Christen war der Zinshandel verboten, so zwang man die jüdische Bevölkerung, indem man ihnen jede andere Tätigkeit untersagte, dieses Geschäft zu übernehmen. Diese fügten sich, hatten ja keine andere Wahl. Die Mächtigen, die sich Geld von den Juden besorgten, dieses aber nicht zurückzahlen wollten, vertrieben die Juden daher kurzerhand."

Aspekte der Geschichte, die allzuoft ignoriert werden. Die Sagengeschichte, als „wahr" verkauft, legt oft in der Volksschule schon den Keim der Intoleranz. „Ist das der Geist, in dem wir die nächste Generation erziehen wollen", fragt sich Frau Habsburg. „Wir können nicht ständig darüber klagen, wie herzlos und intolerant ein großer Teil der Gesellschaft ist, und weiterhin die Saat dafür ausstreuen. Ich weiß nicht, ob uns die Ernte dann gefallen wird."

Und einen weiteren Aspekt will Frau Habsburg aussprechen, auch wenn sie sich damit nicht nur Freunde machen dürfte. „Religiöse Gründe dürften der Grund für die Vertreibungen der Juden sein. Das Christentum baut auf der jüdischen Tradition auf, Christen fühlen sich oft unterlegen.

In der Lavant, nördlich des Rathauses, wird ein Stein mit einem Metallkreuz vom Lavantwasser umspült. Enten schwimmen an ihm vorbei. Stadtführungen machen bei ihm Station. Aber der Stein ist stumm und macht nachdenklich.

Wilhelm Kuehs

OBDACHER STRASSE

Verkehrssperre

Reichenfels. – Das Straßenbauamt Wolfsberg teilt mit, daß die Obdacher Bundesstraße wegen Asphaltierungsarbeiten am kommenden Dienstag und Mittwoch im Bereich der Landesgrenze für den gesamten Verkehr (von 6 bis 22 Uhr) gesperrt werden muß.

Umleitungsmöglichkeiten sind nur großräumig über den Neumarkter Sattel oder über die Pack gegeben.

Der Judenstein ist auch Station bei Stadtführungen. Einst soll hier ein heidnischer Flußgott verehrt worden sein FOTO: POLS-

Missionsbischof Erwin Kräutler.

„Ich muß hinter Festvortrag ste

Interview mit EB Dr. Georg Eder zur Kontroverse um den Festvortrag bei d

RB: Herr Erzbischof, Sie haben verlangt, daß anstelle von Bischof Erwin Kräutler Kurienkardinal Joseph Ratzinger Festreferent bei den diesjährigen „Salzburger Hochschulwochen" ...in soll. Dazu hat es Kritik und ...lreiche Stellungnahmen gegeben. Wie ist Ihre Darstellung dazu?

EB DR. EDER: Um den 13. Jänner habe ich von dritter Seite her erfahren, daß Bischof Erwin Kräutler als Festreferent zur Eröffnung der diesjährigen „Salzburger Hochschulwochen" am 2. August vorgesehen ist. Dazu muß man folgendes sagen: Kardinal Ratzinger war bereits 1990 als Festredner vorgesehen, konnte dann aber leider nicht kommen. Er hat aber zugesagt, daß er die nächste Möglichkeit dazu ergreifen werde. Ich bin dann mit ihm im Gespräch geblieben. Als ich dann gehört habe, daß Bischof Kräutler als Referent angefragt wurde, war ich in einer schwierigen Situation und habe ersucht, Kardinal Ratzinger einzuladen. Schwierig ist ja die ganze Vorgangsweise, wenn der Erzbischof von ...burg als Vorsitzender des Präsidiums und Protektor der Hochschulwochen bei der Auswahl der Festredner überhaupt nicht kontaktiert wird, er aber die Hochschulwochen eröffnen und nachher ein Schlußwort halten soll. Nun handelt es sich hier nicht um irgendeinen Vortrag, sondern es war immer eine fraglose Forderung, daß ein hochqualifizierter Wissenschafter diesen Festvortrag hält.

RB: Es wurde Kritik geübt, daß gerade im Zusammenhang mit dem Jubiläum „500 Jahre Entdeckung Amerikas" ein dort wirkender Bischof besser für eine Situationsanalyse geeignet wäre als ein Kurienkardinal.

EB DR. EDER: Kardinal Ratzinger hat als Präfekt der Glaubenskongregation eine umfassendere Übersicht über die Kirche als ein einzelner Bischof. Er war selber vor einigen Jahren in Brasilien, er hat dort vor den Bischöfen Vorträge gehalten und hat dazu auch geschrieben. Er hat einen größeren Weitblick über die Kirche, also verspricht er eine objektivere Darstellung.

RB: Wenn die Ratzinger-Zusage zu einem Referat in Salzburg vorgelegen ist, haben Sie dies dem Direktorium mitgeteilt?

EB DR. EDER: Nein, ich habe nicht einmal gewußt, wann das Direktorium eine Sitzung abhält. Ich weiß ja nicht einmal, wann und wo das Direktorium zusammenkommt.

Zu wenig Vertrauen in Bischof Kräutler

RB: Laut P. Paulus Gordan war es bisher nie nötig, die Referenten mit dem Salzburger Erzbischof abzusprechen, und er hätte auch heuer keinen Anlaß dazu gesehen.

EB DR. EDER: Von den anderen Referenten habe ich nichts gesagt, obwohl eine Absprache auch hier gut wäre. Ich habe nur vom Festreferenten gesprochen, der doch die Spitze ist – und da muß der Präsident doch auch einverstanden sein.

RB: Eine Kritik in der Angelegenheit geht dahin, daß Sie Bischof Kräutler zu wenig Vertrauen schenkten, objektiv über die Situation in Lateinamerika sprechen zu können. Stimmt dies?

EB DR. EDER: Ich möchte nicht den Eindruck erwecken, daß es zwischen Kräutler und mir einen Krieg gäbe, sondern daß es eben Auffassungsunterschiede gibt, was die Befreiungstheologie und die Feier dieser „Entdeckung oder Eroberung Amerikas" anlangt. Daß die Kirche dort die Kultur zerstört habe und mit den Conquistadores gewissermaßen eine Allianz gebildet hat, wie Kräutler immer behauptet, das stimmt für mich nicht. Es gibt hier einige grundsätzliche Bedenken, ob Bischof Kräutler dieses Jubiläum mit allen Zusammenhängen mit der Mission und Kirchengeschichte objektiv darstellt. Dazu gibt es eine ganze Reihe von Aussagen bei Vorträgen in Europa, denen ich nicht zustimmen kann, wenn da z. B. in einem Vortrag in Graz gesagt wurde: Es ging damals um Gold, Macht und Zerschlagung der Kultur. Von der katholischen Kirche kann man das bestimmt nicht sagen. Die Kirche hat diese Kultur dort sehr gefördert. Daß bei der Eroberung 90 Prozent der Bevölkerung umgekommen sind, müßte wohl noch genauer recherchiert werden, daß die Kirche da die Hauptschuld hätte, kann man sicher nicht sagen. Kräutler fordert immer die Kirche auf, sie sollte die Fehler zugeben. Anstatt die Rückkehr zur Disziplin zu fordern, solle Rom einer Kirche Platz machen, die allen religiösen Kolonialismus ablehnt. Da schaut es her, als ob die Kirche heute genauso religiöse Kolonisation betreiben wolle wie damals – und das ist eine unbewiesene Behauptung.

RB: Bischof Kräutler hat in einer ersten Reaktion auf die Ausladung darauf hingewiesen, sein Vortrag hätte Einblick in das kirchliche Leben Lateinamerikas gegeben und Ihre Zweifel an der Befreiungstheologie genommen. Wie sehen Sie das?

EB DR. EDER: Ja, Bischof Kräutler stellt das so hin, als ob ich von ihm Nachhilfeunterricht in Befreiungstheologie bräuchte. Kräutler hält sich jedes Jahr mehrere Male in Europa auf und hat soviel Gelegenheit zu sprechen, landauf, landab, daß von einem Redeverbot überhaupt nicht gesprochen werden kann. Er hält Vorträge und kann dies auch als Dozent bei den diesjährigen „Katholischen Hochschulwochen" tun. Er sollte es aber in einer Weise tun, die der wirklichen Situation Rechnung trägt. Wenn ich da den Grazer Völkerkundler Missionar Msgr. Anton Lukesch anschaue, sind da größte Diskrepanzen. Lukesch war 20 Jahre in Südamerika und schreibt ganz anders darüber. Von einem Genozid zu sprechen, das müßte man erst beweisen, schreibt er, denn bei den Indianern haben auch interne Kriege viele Opfer gefordert und auch Seuchen, die von da und dort eingeschleppt worden sind. Ich vermisse bei Bischof Kräutler, daß er diese andere Seite auch erwähnt.

Die Kirche soll Schuld bekennen

RB: In der Forderung der Einbekennung von Schuld befindet sich Kräutler mit Leonardo Boff und Bischof Ivo Lorscheiter und anderen Theologen Lateinamerikas in guter Gesellschaft. Und selbst der Papst hat darauf hingewiesen, daß die Kirche das Bedenken „in Demut und Wahrheit" begehen solle.

EB DR. EDER: Der Heilige Vater hat ausdrücklich gesagt, daß es Grund zum Feiern gibt: Es ist ein ganzer Erdteil evangelisiert worden, man hat die Frohe Botschaft empfangen. Der Heilige Vater ist auf die Sklaveninsel in Afrika gefahren und hat die Schuld der Kirche bedauert und betont, daß Schuld nicht verschleiert werden darf. Das brauchen wir auch nicht zu tun. Aber wir müssen auch die andere Seite darstellen. Das vermisse ich bei Bischof Kräutler völlig. Sehen wir doch einmal auf P. Fritz Tschol, der seit Jahrzehnten in Xingu drüben arbeitet, Millionen Schilling von kleinen Spendern auch aus unserer Diözese hinübergebracht hat und bei den armen Leuten ist und wirkt. Ich vermisse, daß Bischof Kräutler auch einmal davon sprechen würde. Durch dieses Verschweigen eines Teiles der Wahrheit schaut es heute noch so aus, als ob die Kirche nichts täte für die Indianer, weil wir gegen die Befreiungstheologie sind. Ich vermisse den Hinweis von Bischof Kräutler, daß viele, viele sogenannte konservative Christen wirklich Millionen und Millionen auch für die Länder Lateinamerikas spenden. Davon hat er noch kein Wort gesagt. Das tut mir sehr leid.

Korrektur wäre möglich gewesen

RB: Hätte ein Festvortrag von Bischof Kräutler nicht die Chance gegeben, eine Gegenposition einzubringen und/oder eine Korrektur in Ihrem Sinne herzustellen?

EB DR. EDER: Das hätte Bischof Kräutler bei seinen vielen Vorträgen in Österreich schon tun können. Es ist ja erstaunlich, daß er dieses nicht tut, und somit mußte eine Einseitigkeit befürchtet werden. Leider hat es Bischof Kräutler auch immer verabsäumt, mit uns Bischöfen Verbindung aufzunehmen. Er hat zwar an uns neuen Bischöfen massive Kritik geübt, er hat aber auf meine Einladung zu einem Gespräch nicht reagiert. Er meidet jeden Kontakt mit Bischöfen, die ihm nicht so gelegen sind. Das ist doch auch eine Belastung unsererseits. Denn wenn von Gespräch die Rede ist, von Dialog, dann muß man diesen auch suchen und annehmen.

RB: Wenn Bischof Kräutler als Ko-Referent bei den diesjährigen „Salzburger Hochschulwochen" fungiert, wird es dann einen Kontakt mit Ihnen geben, werden Sie sein Referat hören?

EB DR. EDER: Ich möchte meinen und jetzt endlich erwarten, daß Bischof Kräutler den Weg zum Kapitelplatz 2 findet. Wenn weiterhin Angriffe auf meine Person kommen, werde ich mir dies natürlich nicht noch direkt anhören.

Aussagen sind sehr einseitig

RB: Nach dem bisher Gesagten würde klar sein, daß Sie – wenn Sie zur Mitentscheidung eingeladen worden wären – sich gegen einen Festredner Bischof Kräutler ausgesprochen hätten.

EB DR. EDER: So wie die Dinge jetzt sind und was ich jetzt aus Aussagen von Bischof Kräutler weiß, sind sie einseitig, um nicht zu sagen linkslastig. Ich kann für eine so hochqualifizierte akademische Veranstaltung nicht einen Referenten nehmen, der ganz offensichtlich die

n können“

alzburger Hochschulwochen“

ganze Situation sehr, sehr einseitig sieht.

RB: Leonardo Boff hat Sie in einem Interview für die französische Nachrichtenagentur „Agence France Press“ (AFP) kritisiert. Er sah in der Ausladung Kräutlers eine „Verletzung“ im Umgang zwischen den Bischöfen. „Ein Hirte hindert nicht einen anderen Hirten daran, die Wahrheit zu sagen“, erklärte Boff. Was sagen Sie dazu?

EB DR. EDER: Das habe ich nicht getan. Ich bestehe noch einmal auf mein selbstverständliches Recht, daß ich bei einem solchen wichtigen Vortrag auch gefragt werde und daß man da nicht einfach über mich hinweggeht. Hier geht es nicht um Wort „verbieten“. Ganz und gar nicht. Es ist völlig falsch und verzerrt und nicht der Wahrheit entsprechend, wenn man sagt, Bischof Kräutler könnte nicht reden. Erstens redet Bischof Kräutler mehr als andere Bischöfe in Österreich herum, zweitens kann er da bei den Hochschulwochen sprechen, aber als Festredner wird diesmal eben Kardinal Ratzinger sprechen.

RB: Werden Sie bei den nächsten Planungen für die „Salzburger Hochschulwochen“ in den Beratungsgremien sein?

EB DR. EDER: Ich werde auf alle Fälle fordern, daß da eine Verbindung zwischen Direktorium und Präsidium hergestellt wird. Ich will keine Galionsfigur sein, die man einfach dort hinstellt, die begrüßen kann, einen Gottesdienst halten kann und die nicht einmal informiert wird, wer den Hauptvortrag hält. Wenn das in den Statuten drinnensteht, sind sie renovierungsbedürftig. Es muß ein Kontakt zwischen Direktorium, Präsidium und dessen Vorsitzenden bestehen.

Erzbischof Dr. Georg Eder.

RB: Wäre es nicht sinnvoll gewesen, die Änderung wohl zu verlangen, aber für heuer gerade anläßlich des Bedenkjahres die Gegebenheiten zur Kenntnis zu nehmen?

EB DR. EDER: Entweder ich kann mich auch hinter diese Hochschulwochen und hinter die Vortragenden stellen – ich muß ja die Fahne tragen – oder nicht. Wenn ich als Protektor protegieren soll, muß ich das schon mit einem guten Gewissen tun können.

RB: Herr Erzbischof, danke für das Gespräch.

Interview: Bernhard Strobl

… der Versuch konservativer Kräfte in der Kirche, das Rad der Zeit zurück zu drehen, verwickelte mich in einen jahrelangen Briefwechsel mit hohen Kirchenvertretern, der mich zu einem Fürsprecher des Kirchenvolksbegehrens werden ließ …

21. März 1992

Erzbischof Eder – Bischof Kräutler

Was heißt linkslastig? Ist dies etwa gleichbedeutend mit unchristlich? Den Ausführungen des Erzbischofs könnte man entnehmen, dass der Einsatz für die Armen und Unterdrückten in Lateinamerika nicht im Sinne Gottes sei, denn er ist ja linkslastig.
Wer hat denn vor 500 Jahren die Ureinwohner Süd- und Nordamerikas mit der christlichen Religion und dem europäischen Wirtschaftssystem beglückt? Wer hat ab diesem Zeitpunkt die wirtschaftliche und geistige Lenkung der Völker und Staaten dieses Erdteils bestimmt? Soviel mir bekannt ist, sicher nicht die dortigen Ureinwohner.
Es waren also christliche und europäische Menschen, die die Entwicklung dieser Staaten entscheidend beeinflussten und lenkten, die Ausbildung eines Wirtschaftssystems und von Eigentumsstrukturen förderten, welche, so wie es sich jetzt zeigt, zu gravierenden sozialen Ungerechtigkeiten führten. Auch in Europa ist der Sozialismus aus der Schar der Getauften entstanden als Reaktion auf im Kapitalismus nicht gelebtem Christentum.
Würden die Christen Gottes-Christi-Botschaft nicht nur hören sondern auch zu Herzen nehmen und danach ihr Leben ausrichten, wäre eine derart unqualifizierte Äußerung eines „Hirten“ nicht möglich, geschweige denn nötig. Der Herr Erzbischof sei an Apostelgeschichte 2/44 und 4/32 sowie an 1 Timotheus 6/8-10, wo es um Gütergemeinschaft und Habsucht geht, erinnert.
Obwohl ich einer Familie angehöre, deren Vorfahren entscheidenden Anteil an der politischen und religiösen Prägung Lateinamerikas hatten, muss man so frei sein, die geschichtliche Entwicklung kritisch zu betrachten und ich bin daher stolz, mich im „Eder'schen Sinn“ als linkslastig bezeichnen zu können.

Ulrich Habsburg-Lothringen

Verehrter Vetter Ulrich!

„Linksextremen Habsburgern"
(Stammbaum)

Ich bin entschieden nicht deiner Meinung!! Du bist leider offen, einen Neofaschistischen, Anti-Klerikalen Mediehheite.
Aufs schon einmal dagewesen.
„..... Und bin daher <u>Stolz</u>, mich im „Ederschen Sinn als linkslastig bezeichnen zu können."

<u>Stolz?</u> Dummheit und Stolz wachsen auf einem Holz.

Über 30 000 Unterschriften,
die dem Nuntius übergeben
worden sind, aus dem Erzbistum
Salzburg, hat der Hochwürdigste
Herr Erzbischof Dr. Eder, aus
Solidarität mit seiner Amts-
führung, vor allem von den
„kleinen Leuten", bekommen.
Die schweigende Masse, wie du
siehst, denkt und handelt eben
wirklich nobel! Und anders.

Ein Cousin

Zum 1. Jahrestag seiner Bischofsweihe hat die »Internationale Vereinigung für Papst und Kirche« das folgende öffentliche Grußwort an Erzbischof Dr. Georg Eder von Salzburg gerichtet:

Exzellenz;
hochwürdigster Herr Erzbischof Eder!

»Den ersten Jahrestag Ihrer Bischofsweihe und Einführung als Erzbischof von Salzburg möchten die deutschen Mitarbeiterinnen und Mitarbeiter der Internationalen Vereinigung für Papst und Kirche zum Anlaß nehmen, Ihnen für die Verkündigung und Verteidigung des unverfälschten und unverkürzten depositum fidei der Kirche Christi, ob gelegen oder ungelegen, herzlich zu danken.

Weit über die Grenzen Ihres Erzbistums und über Österreich hinaus haben katholische Christen Ihre klaren Entscheidungen und stets eindeutigen Aussagen als Oberhirte mit Erleichterung und in der Hoffnung auf beispielhafte Wirkung bei Ihren bischöflichen Mitbrüdern in Österreich und auch in der Bundesrepublik aufgenommen.

Dies gilt für Ihre mutige Reaktion auf den Affront der Wahl von Professor Horner zum Vorsitzenden der Katholischen Aktion, für die Ernennung nichtmodernistischer Pfarrer, für Ihre Klarstellungen zu kirchlichen Feiern für wiederverheiratete Geschiedene, für Ihre klaren Aussagen zu Aids, um nur einige Beispiele zu nennen. Wir wissen um die außer- wie innerkirchlichen Unterstellungen und Anfeindungen, denen Sie dafür ausgesetzt waren.

Daß Sie von denen, deren Solidarität Sie gerade in solchen Situationen hätten erfahren müssen, aus Menschen- oder Medienfurcht alleine gelassen wurden, war nach allen bisherigen Erfahrungen leider zu erwarten.

Daher möchten wir Ihnen an diesem Tage auch in der Medienöffentlichkeit unsere uneingeschränkte Solidarität bekunden. Seien Sie weiterhin ein von Menschen- und Medienfurcht unangefochtener Oberhirte, ein Leuchtturm im Dunkel und ein Verkünder des wahren Lichtes gegen die Irrlichter dieser Zeit.

Möge der Herr der Kirche Sie allezeit stärken und Sie durch diese Zeit tragen, in der man sich Lehrer zum eigenen Ohrenkitzel hält und die gesunde Lehre verachtet.

So grüßen wir, ein jeder stellvertretend für die Mitarbeiterinnen und Mitarbeiter im jeweiligen Bistum, an diesem Jahrestag in Dankbarkeit und aufrichtiger Verbundenheit den dieses Ehrentitels würdigen Primas Germaniae mit besten Segenswünschen.«

(Unterzeichnet von 19 Repräsentanten)

DER BISCHOF
VON GURK IN KLAGENFURT

A-9021 Klagenfurt, Mariannengasse 2

3. September 1996

Sehr geehrter Herr Doktor !

Bezug nehmend auf Ihren Leserbrief betreffend meine Haltung zur geplanten Wehrmachtsausstellung in Klagenfurt, der in mehreren Zeitungen veröffentlicht worden ist, hat die Diözesanpressestelle eine Stellungnahme in Form einer Presseaussendung veröffentlicht, die dort korrekterweise wohl veröffentlicht werden wird. In Ergänzung dazu darf ich Ihnen die Texte einiger meiner Ansprachen übermitteln, aus denen Sie erkennen mögen, dass ich Verbrechen des Nationalsozialismus selbstverständlich nie tabuisiert habe, und die Ablehnung des Ehrenschutzes nicht ein Versuch zur Tabuisierung des dort präsentierten Themas sein konnte. Dies wurde ja auch aus meiner diesbezüglichen, in mehreren Zeitung wörtlich veröffentlichten Presseerklärung gesagt. Vom hl. Ignatius von Loyola stammt das Wort "Jedes unordentlich geführte Gespräch ist eine Sünde". Ich halte mich durch dieses Wort verpflichtet und darf auch Sie einladen, es so zu halten.

Mit freundlichen Grüssen

Anlagen

+ Egon Kapellari

Dr. Egon Kapellari
Diözesanbischof

Danke für Ihre (in Kärnten immerhin mutige) Stellungnahme! u. Anerkennung für Ihre so wahre Ansicht.

Her
Dip
Kla
A-

50 Jahre danach

Zur Ausstellung „Vernichtungskrieg. Verbrechen der Wehrmacht 1941–1944" in Klagenfurt vom 6. 9.–6. 10. 1996; (Zur Ausstellung in Wien siehe Furche 43/95, Seite 5)

50 Jahre nach Kriegsende – vom Dritten Reich war ein Angriffskrieg geführt worden – sollte man die Freiheit besitzen, auch über die deutsche Wehrmacht diskutieren zu können. Es ist in der Zwischenzeit klar geworden, daß gewisse Bevölkerungsteile des Deutschen Reiches, vornehmlich waren es Juden, Zigeuner und Slawen, während des Krieges einen überproportionalen Verlust an Menschen zu erleiden hatten. Massengräber (und Deponien von Menschenasche) sind eher von Juden (Zigeunern) bekannt als von Deutschen. Schließlich sind auf Fotos, wo nackte Juden in Gruben fallen, sehr oft Stehende und daher Lebende in deutschen Uniformen abgebildet.

Beschämend ist heute, daß es für hohe Politiker und Geistliche derzeit nicht die rechte Zeit ist, über Recht und Unrecht zu diskutieren. Die einen wollen ihre EU-Wahlchancen nicht durch Festlegungen schmälern, und für die anderen scheint die Abtreibung und der Kommunionempfang von wiederverheirateten Geschiedenen das größere Übel zu sein als das unfreiwillige, und vom Dritten Reich geförderte, gewaltsame Ausscheiden von Volksgruppen aus der Weltgeschichte.

DI Dr. Ulrich Habsburg-Lothringen
9400 Wolfsberg, Klagenfurterstraße 1

Kärnten?

Wie wahr!!

3

Brief von
Dr. Alto Schwaiger
85368 Moosburg a. d. Isar

16. September 1996

Verehrter Herr Dr. Habsburg-Lothringen!

In der „Furche“ habe ich Ihre Zuschrift mit großer Zustimmung gelesen.
Das Verhalten gewisser Kreise in Kärnten ist skandalös – und zeigt von typischer Feigheit. Natürlich waren nicht alle Soldaten Verbrecher – aber es gab darunter solche!
Besonders gefreut aber hat mich Ihr Hinweis auf – indirekt – Kapellari: Abtreibung – Kommunionsempfang.
Für die feinen Berufskatholiken, ob in Polen oder sonst wo – gibt es kein anderes Thema – darin erschöpft sich Religion – weil sie halt Neurothiker sind, ganz à la Krenn, Groer. Sektierer verbergen sich stets in relativen Nebensächlichkeiten.
Haben Sie nochmals volle Zustimmung und Bewunderung.

Mit herzlichen Grüßen bin ich Ihr ergebender
Alto Schwaiger (Jg. 1934)

Hochwürdigsten Bischof
Dr. Egon Kapellari
Mariannengasse 2
A-9021 Klagenfurt

4. Oktober 1996

Sehr geehrter Herr Bischof Dr. Kapellari,

Ich freue mich, dass Sie auf meinen Leserbrief so prompt reagiert haben – er sollte ja auch bei denkenden Menschen zu Reaktionen führen. Ich bitte meine verspätete Antwort zu entschuldigen, habe mich jedoch wegen Problemen mit der Wirbelsäule in Baden bei Wien im September zur Kur befunden und mir absichtlich keine Post nachsenden lassen. Nun in Wolfsberg angekommen, fand ich Ihre Stellungnahme, neben vielen anderen, zumeist positiven, vor.
Ihren zitierten Ausspruch des Hl. Ignatius von Loyola, nachdem „Jedes unordentlich geführte Gespräch eine Sünde sei" aufgreifend, möchte ich Ihnen nun antworten und als „Guten Hirten" auch Fragen stellen.

Einleitend muss ich festhalten, dass ich nirgends behauptet habe, dass Sie früher keine eindeutige Stellungnahme zu den Verbrechen des Dritten Reiches abgegeben hätten oder dass Sie in Zukunft keine solche abgeben werden; es wurde lediglich von mir festgehalten, dass heute anscheinend nicht die richtige Zeit dazu wäre.

Die richtige Reaktion hätte ich mir als „guter Hirte", wie in Ezechiel 34,14-20 beschrieben, vorgestellt, der aber auch nach der Erfüllung des Gebotes der Liebe (1 Joh 4,7-21) fragt. Der gute Hirte kümmert sich um die zerstreuten Schafe und führt sie auf gute Weide, missbilligt aber wenn gutes Weideland unter den Füßen der Herde zertreten oder Wasser verunreinigt wird.

Muss nicht bei allen Handlungen die Frage nach der Liebe gestellt werden? Was hat Geiselerschießung außerhalb des Vaterlandes mit Liebe zu tun?
Kann man sagen, dass Wehrmachtsangehörige immer und bei allen ihren Handlungen die Frage nach der Liebe gestellt haben?
Wenn nicht ausgeschlossen werden kann, dass einzelne Personen oder Personengruppen der Wehrmacht sich gegen dieses Gebot verhalten haben, wäre es nicht Aufgabe eines „guten Hirten" diesen Personen (-gruppen) ihren Irrweg aufzuzeigen und sie zurück zur Herde zu führen ?

Bei Schafen ist dies sicher leichter, bei Menschen muss zuerst die Erkenntnis einsetzen sich am falschen Weg zu befinden. Und eben dies aufzeigen, dass in der Wehrmacht nicht wenige Menschen gegen das Gebot der Liebe verstoßen haben, indem bestimmten Bevölkerungsgruppen im Machtbereich der Hitlerdiktatur nach Leib und Leben getrachtet wurde, will diese Ausstellung.

Wenn es jetzt noch immer eine nicht geringe Zahl von Menschen gibt (siehe Leserbriefschreiber in den Zeitungen zum obigen Thema), die der Meinung sind, die Wehrmacht beziehungsweise deren Angehörige hätten sich nichts zu Schulden kommen lassen (in christlichem Sinn?), dann bin ich der Überzeugung, dass es auch bei dieser Ausstellung der Wegweisung der christlichen (evangelisch/katholisch) Hirten bedurft hätte, allein ein Leuchtturm kann schon den Weg weisen. Auch Jesus hat die im ersten Testament enthaltenen Gebote seinem Volk zu ungelegenen Zeiten in Erinnerung gerufen, ebenso vor ihm die Propheten Jesaia, Ezechiel und Hosea.

Ich bitte, diese, meine Sicht eines „guten Hirten" als Grundgedanken meines Leserbriefes zu betrachten. Sollte sich diese nicht mit der römisch-katholischen Sicht eines „guten Hirten" decken, muss ich Sie, als gläubiges römisch-katholisches Schaf, um Richtigstellung ersuchen.

Mit besten Grüßen

Ulrich Habsburg-Lothringen

Dr. Alto Schwaiger
Vitztumstraße 10
D-85368 Moosburg a. d. Isar

26. Oktober 1996

Sehr geehrter Herr Doktor,

Vielen herzlichen Dank für Ihre positiven Äußerungen auf meinen Leserbrief in der „Furche", sowie den vielen Zeitungsausschnitten. Meine Äußerung hat natürlich bei unserem Landesbischof sofort eine Stellungnahme durch seine Pressestelle hervorgerufen. Seitdem liegen wir im kühler werdenden Briefwechsel. Nun, da ich mich auf kirchlicher Seite auch für das Kirchenvolksbegehren in Kärnten stark gemacht habe, scheint dies dem Bischof doch etwas zuviel an Aufbegehren zu sein. Mein Bestreben ist natürlich meine Kirche von innen, durch Aktivierung Gleichgesinnter, zu den Wurzeln zurückzuführen. Der Bilderbogen der Marien- und Heiligenverehrung, welcher den Ausblick auf Gott vestellt, sowie die Nebensächlichkeiten hinsichtlich Sexualität müssen wichtigeren Themen, wie dem gelebten Glauben, Menschlichkeit, gerechter Verteilung der Güter usw., weichen.

Nochmals herzlichen Dank

Ulrich Habsburg-Lothringen

Weihbischof
Dr. Andreas Laun
Kapitelplatz 2
A-5020 Salzburg

1. Mai 1996

Lieber Freund,

Ich habe letztlich Deine Analyse betreffend das Kirchenvolksbegehren (KVB) erhalten und mit Interesse verfolgt. Ich finde es beachtlich, dass sich endlich ein Mitglied unserer Kirche, und zwar sogar aus der obersten Spitze der Hierarchie, mit dessen Thematik intensiv auseinandersetzt, was natürlich nicht unbedingt bedeuten muss, dass die daraus erflossenen Erkenntnisse der Weisheit letzter Schluss wären. Allein der zweite Absatz der Einleitung (Seite 1, Spalte 1, Absatz 2) sowie der Schluss (S 11, Sp 1) geben mir Hoffnung, dass, die von Dir in den Raum gestellte Kirchenspaltung doch nicht stattfinden wird.

Als römisch-katholischer Laie ohne theologischer Ausbildung, höchstens etwas angelernter kirchlicher Hilfsarbeiter, habe ich mir erlaubt, in meiner Einfachheit aber auch Unverfrorenheit, diese Analyse zu hinterfragen und auf meine theologisch nicht unbedingt fundierte Art und Weise schriftlich niederzulegen. Für mich möchte ich noch viel mehr Deine Einleitung (S 1, Sp 1, Absatz 2) in Anspruch nehmen, da meine Unbedarftheit im akademisch-theologischen Sinn leichter zu Verletzungen führen kann als bei versierten Theologen, die als Dozenten sich im täglichen Umgang mit Studenten sicher besser ausdrücken können als ich.
Und nun zu den einzelnen Absätzen (Seite, Spalte, Absatz), die mir besonders aufgefallen sind:

S 1, Sp 4, Abs 2, Punkte 1-4
Punkt 1
Hier möchte ich nur erläuternd bemerken, dass in der evangelischen Kirche und im Judentum (auf dessen Strukturen wir sehr stark noch aufbauen) die Gemeinde den Hirten sucht.

Punkt 2
Von einer Frauen-Quote kann im KVB sicher nicht die Rede sein, es ist eher die Gleichberechtigung und Teilnahme der Frauen nach deren Charismen an den kirchlichen Ämtern und hierarchischen Strukturen gemeint.

Punkt 4
Positive Bewertung der Sexualität ... Im Judentum, auch zur Zeit Christi – und nur diese Ausbildung konnte Christus und seinen Aposteln und Gefolgsleuten bekannt sein – waren die Priester und die Rabbinen (letztere sind nicht mit den katholischen Priestern vergleichbar) verheiratet. Heute sind Rabbinen, welche nicht verheiratet wären und nicht durch eine große Schar von Kindern von der

schöpferischen Teilnahme am gesamten Schöpfungswerk Gottes zeugen, nicht vorstellbar. Die Überbewertung eines a-sexuellen Lebens, wie teilweise in der römisch-katholischen Kirche in den letzten Jahrhunderten ausgeformt, ist sicher nicht ident mit der Einstellung der Christen (Juden-Christen) zur Zeit Christi. Hier sind christliche Kirchen der evangelischen und orthodoxen Tradition sicher autenter und es wird die Sexualität besser in den Tages- und Lebenslauf der Menschen eingebunden, wodurch Gott (Kirche) und Welt eine Einheit bilden können.

S 2, Sp 1, Abs 3 (III. Ursachen, Motive und Ziele des KVB): Groer, angeblicher Kindesmissbrauch …
Warum konnte Groer nicht so ähnlich antworten wie Jesus (Mat. 26,63-64) als er vom Hohenpriester gefragt wurde, ob er der Sohn Gottes sei und Jesus antwortete: Du hast es gesagt? Es wäre sicher auf eine diesbezügliche Anfrage Groer möglich gewesen, mit Ja beziehungsweise Nein zu antworten.

S 2, Sp 1, Abs 3: Andere Ereignisse der letzten Zeit:
Die Vorwürfe des KVB an die derzeitige Kirchenleitung sind ähnlich jener, die Christen gegenüber den Juden tätigen, wenn sie behaupten, dass es den Juden nur um die strikteste Einhaltung der Gebote und Satzungen gegangen sei und nicht um den Sinn derselben. Diese Einstellung liegt in der christlichen Tradition und man darf sich daher nicht wundern, wenn Aktivisten und Neuerer in der Kirche finden, man solle sich mehr an den Sinn der Weisungen Gottes halten, als an deren menschliche Formulierung, welcher sicher die Schwäche der Tradierung über die Zeit samt allen Ungenauigkeiten der Übersetzung anhaftet. In Markus 2, 28 werden bei ähnlicher Problematik, angebliche jüdische Auswüchse bei der Gesetzesbefolgung scharf kritisiert.

S 3, Sp 1, Abs 3: Katholisch durch geschwisterlich ersetzt:
Katholisch bedeutet doch allumfassend, eine katholische Kirche müsste daher auch geschwisterlich untereinander verkehren können. Das verstärkte Herausstreichen des hierarchischen Prinzips ist nicht geschwisterlich, denn Geschwister liegen in der selben hierarchischen Ebene.

S 3, Sp 2, Abs 3, Lehrentscheidungen …: Anhänger der neuen Kirche
Es muss das Recht jedes normal denkenden Menschen sein, Entscheidungen der Obrigkeit hinterfragen zu dürfen – die Einhaltung derselben ist etwas anderes. Entscheidungen sind notwendig für die Ausrichtung des Lebens in jeglicher, aber auch religiöser Hinsicht; mit ihnen muss sich unser Gewissen auseinandersetzen, damit unsere eigene Entscheidung getroffen werden kann. (Auch die Israeliten nahmen das Joch freiwillig auf sich, nicht Moses hat sie dazu gezwungen).
Es erscheint mir nicht als sinnvoll, in einer so heiklen innerkirchlichen Phase, schon von einer neuen Kirche zu sprechen, Plankensteiner hat diesen Ausdruck nicht verwendet, er kam leider von Dir. Vorschnelle Trennungen, gegen die Du Dich ja am Ende des Artikels wendest, sollten zumindest nicht auf einem veröffentlichten Papier zur Dokumentation führen können.

S 3, Sp 2, Abs 4: Bischofsernennungen

Mir ist nicht klar, warum die Unterschreiber des KVB ausgeschlossen sein sollten, bei Bischofsernennungen mitwirken zu können, sollten diese womöglich nicht D(ein)em Maßstab des Glaubens entsprechen? Wo kämen wir hin, wenn alle Sozialisten und Freiheitlichen von einer staatlichen Willensbildung ausgeschlossen wären, da ihre Vorstellungen mit dem traditionellen christlichen Weltbild nicht konform gehen.

Mir ist auch nicht bekannt, dass der Heilige Geist nur auf bestimmte Christen herabkommt, sein Landeplatz also eher auf den Häuptern der Traditionalisten als denen der Befürwortern des KVB wäre. Sollte etwa auch sündigen Christen die Teilnahme an den Pfarrgemeinderatswahlen verwehrt werden, oder sündigen kirchlichen Würdenträgern die Entscheidungsmöglichkeit in kirchlichen Gremien abgesprochen werden? Wenn dies alles unter dem Titel Mitbestimmung nur nach Maßstab des Glaubens gemeint ist, dann befinden wir uns am besten Weg zur nächsten Inquisition.

S 3, Sp 2, Abs 2: Frauenpriestertum

Die Teilnahme der Frauen an kirchlichen Ämtern ist in der kirchlichen Tradition schon seit den Anfangszeiten des Christentums dokumentiert (1 Timotheus 3, 8-13). Schon die frühe Kirche kannte den Diakonat der Frau. Auch wurde damals festgestellt, dass für das Amt eines Bischofs, Priesters beziehungsweise Diakons nur Personen herangezogen werden dürften, die nur einmal verheiratet und gute Familienväter sein sollten (siehe im Judentum die Rabbinen, evangelische Pfarrer und orthodoxe Priester), ähnliches gilt auch für den Frauendiakonat. Warum sollte heute einem Frauendiakonat etwas entgegenstehen, wenn es diesen schon vor rund 2000 Jahren in der christlichen Kirche gab? Warum bedenkt man nicht, dass vor 2000 Jahren nur eine patriarchalische Struktur in allen Arten von Gemeinschaften bekannt war, aber im Wege des, vom Konzil eingeforderten, Aggiornamentos wäre es Aufgabe der Kirche, auch das Frauenpriestertum, als Antwort auf die Sorgen und Erfordernisse der heutigen Zeit, in Betracht zu ziehen. Bei den evangelischen Christen und im Reformjudentum ist man schon soweit.

Mir ist auch nicht klar, warum die Heilswirksamkeit mit dem Geschlecht der Person des Sakramentespenders zusammenhängt und auch von Gott so gewollt sein sollte, sind nicht Mann und Frau zum allgemeinen Priestertum berufen?

Freie Wahl zwischen zölibatärer und nichtzölibatärer Lebensweise

Auf die jetztige Diskussion passt sehr gut die Stelle in 1. Tim 4 wo es um falsche Lehren geht, denn hier heißt es: „Sie verbieten die Heirat“. Es wird im Timotheusbrief ausdrücklich festgehalten, dass Gemeindeleiter und männliche und weibliche Diakone verheiratet sein können und gute Familienväter (Mütter) sein sollten, warum sollte dies nicht mehr gelten?

Wenn in den weiteren Ausführungen festgehalten wird, dass das Problem Zölibat nicht die Hauptursache für den Priestermangel sei, sondern auch die Einstellung der Menschen, so muss man sich fragen, da nur 7 Prozent der Katholiken das

KVB unterschrieben haben, also die restlichen 93 Prozent gegen das KVB wären, warum nicht das innige Gebet jener 93 Prozent Katholiken zu vermehrten Berufungen geführt habe, sind diese etwa laue Christen, vergleichbar den Baalspriestern in 1 Könige 20-40?

S 4, Sp 4, Abs 3: Finanzielle Probleme bei Freigabe des Zölibats sowie bei Scheidung
Diese Schwierigkeiten gab es schon vor 2000 Jahren. Bei den Juden, Orthodoxen und Evangelischen sind jedenfalls diese Probleme auch heute noch bewältigbar. Allerdings kann es sein, dass unsere katholische und damit rigoristische, und den Sinninhalt der Botschaft verkennende, Denkungsweise uns daran hindert, die finanziellen Probleme, die mit dem Zölibat zusammenhängen können, zu lösen; ähnliches mag auch für geschiedene Priester gelten. Mir ist auch nicht klar, warum bei immer weniger Priestern nicht genügend Geld vorhanden sein sollte, da die Summe ihrer Gehaltskosten ja gefallen sein müsste.
Deine Aussage, bei schwindender Priesterzahl könne auch die innere Kommunion ein Ersatz für die sonntägliche Eucharistie sein, steht allerdings im Widerspruch zur konservativen Ansicht hinsichtlich Wortgottesdienst und Sonntagsgebot.

S 5, Sp 1, Abs 4a: Gewissensentscheidung
Das Gewissen kann hinsichtlich seiner Wertigkeit in Themenkomplexe unterschieden werden:
Hier möchte ich dagegen einwenden, dass vorerst das Gewissen gebildet werden muss, das heißt man hat vorerst beide Seiten zu hören und nach gründlicher Auseinandersetzung dann die Entscheidung zu treffen. Um dies zu erreichen, sollte in der Pastoral vielmehr auf die Gewissensbildung, nicht Indoktrinierung, Wert gelegt werden.
Eine Unterscheidung der Wertigkeit des Gewissens nach Themenkomplexen führt meiner Meinung nach nur zur Aufweichung unserer christlichen Lebensvorstellungen. Sollte das persönliche Gewissen bei Abweichungen im sexuellen Bereich des Lebens weniger ultimativen Charakter haben als beim Komplex Arbeit, Wirtschaft und Leben? Unterblieb nicht der große Aufschrei des Lehramtes im Sozialbereich allzu oft? Bis jetzt scheint es so, denn die sozialen Probleme schreien noch immer zum Himmel, sollte etwa ein Befreiungstheologe dies aufzeigen wollen, wird von Rom beschwichtigend, bisweilen sogar abblockend reagiert. Es ist ja geradezu pervers, dass in diesen Ländern, wo eine große Kinderzahl und eine geringe Geburtenregelung die Tatsache sind, die sozialen Verhältnisse sehr oft dem christlichen Bild der Gerechtigkeit und Nächstenliebe nicht entsprechen.

S 5, Sp 3, Abs 4c: Mehr Menschlichkeit
Hier möchte ich auf 1 Tim 1, 8-11 verweisen, wo geschrieben steht: „Das Gesetz ist gut, wenn man es im Sinne des Gesetzes verwendet".

S 5, Sp 4, Abs 4d: Lähmende Fixierung des Lehramtes auf die Sexualmoral
Gegen die Festlegung optimaler Handhabung der Geschlechtlichkeit ist nichts einzuwenden. Bei den vielen Äußerungen des Lehramtes zu diesem Thema blieb jedoch für die Aufarbeitung des Themas soziale Gerechtigkeit fast keine Zeit übrig, obwohl es auch sehr viel mit Liebe, Nächstenliebe und Bewahrung der Schöpfung zu tun hat. Es scheint dem Lehramt entgangen zu sein, dass Sexualität in einem sozialen Umfeld, geprägt durch Wirtschaft, Arbeit und Zwischenmenschlichkeit, stattfindet.

S 6, Sp 3, 5b: Wiederverheiratete zu den Sakramenten
Bei den Evangelischen und Orthodoxen ist dieses Problem gelöst, bei den Juden dürfen auch geschiedene Männer im Gottesdienst die Thora tragen beziehungsweise daraus vorlesen, und bei den Katholiken hat derselbe einzige unvorstellbare Gott die Ansicht: „Diese sündigen Christen bedürften nicht der Stärkung durch die Eucharistie?"
Ist Christus nicht gekommen um das Gesetz (Thora) nicht noch mehr mit Liebe zu erfüllen? (Zumindest wird oft den Juden vorgehalten, dass erst Christus die Liebe gebracht hätte, denn vorher hätte man angeblich seine Feinde hassen müssen.)

S 6, Sp 4, Abs V1: KVB diffamiert alle Nicht-Unterschreibenden, Bischöfe, Priester, Religionslehrer
Ich erkenne keine Diffamierung in den Aussagen des KVB wenn man den zweiten Absatz Deiner Einleitung beherzigt, oder sollte dieser Absatz nur für Dich gelten?
Eine Diffamierung der Pfarrer tritt sehr wohl ein, wenn man zulässt, dass Verfehlungen im Sexualbereich bei Pfarrern durch die Öffentlichkeit stärker verworfen werden als so mancher Fehltritt in der Ehe (eine Vorstellung besonders in bürgerlichen Kreisen).
Deine Aussage, „nur eine Kirche, die die gottgewollte Einheit des Glaubens lebt, hat Bestand" ist zu unterstreichen, wenn darin auch die Einheit zwischen Glauben und meinem Handeln im täglichen Leben gemeint ist.

S 7, Sp 1, Abs 4: Diffamierung der Moraltheologen
Man kann dazu nur sagen: „Der ist schlecht, der schlecht denkt."

Abschließend möchte ich die qualifizierten Vertreter der katholischen Kirche nur fragen, sehen sie denn nicht, dass im täglichen und im wirtschaftlichen Leben die zehn Gebote Gottes weitgehend nicht beachtet werden, denn diese werden, ausgenommen das sechste Gebot, gegensätzlich ausgelegt:

1. Du sollst an einen Gott glauben – Unser Gott ist der Mammon.
2. Du sollst den Namen Gottes nicht verunehren – Gott wird vermarktet, in Theatern, Filmen, Musicals.
3. Du sollst den Tag des Herren heiligen – Wirtschaft geht vor Sonntagsruhe.

4. Du sollst Vater und Mutter ehren – Alte Personen werden in Pflegeheime abgeschoben und statt geehrt dort verwahrt.
5. Du sollst nicht töten – Unwürdige Arbeitsbedingungen, gedankenloser Umgang mit der Schöpfung, extremes Verhalten beim Sport und im Verkehr.
6. Du sollst nicht die Ehe brechen – verantwortete Sexualität ist unser oberstes Gebot der Kirche.
7. Du sollst nicht stehlen – Unberechtigte Inanspruchnahme sozialer Leistungen werden teilweise als wohlerworbene Rechte verteidigt; Eigennutz geht vor Solidarität, letztere bleibt im Wörterbuch verwahrt; wo bleibt die Solidarität am Arbeitsplatz, in der Wirtschaft, unter Staaten unter den Völkern?
8. Du sollst kein falsches Zeugnis geben – Diffamierungen sind an der Tagesordung, gelten als gutes Recht den Mitbewerber auszuschalten; (auch Dein Artikel ist davor nicht gefeit).
9. Du sollst nicht begehren deines nächsten Frau – verantwortungsvoller Umgang mit dem anderen Geschlecht, am Arbeitsplatz, in der Freizeit in der Werbung, wo bleibt er?
10. Du sollst nicht begehren deines Nächsten Gut – Neidkomplexe gehören zur Tagesordnung, sind ein Mittel der Politik geworden.

Abschließend möchte ich festhalten, dass es zu einer Kirchenspaltung durch das KVB nur kommen kann, wenn man die Unterschreiber durch die Amtskirche ausgrenzt, daher finde ich Deine Schlussbemerkung auf Seite elf hoffnungsvoll. Ich frage mich nur, warum die 93 Prozent der Katholiken, die das KVB nicht unterschrieben haben, nicht schon vor Jahrzehnten begonnen haben, sich und damit die Kirche, umzubauen.

Mit besten Grüßen

Ulrich Habsburg-Lothringen

SCIO CUI CREDIDI

P. DR. ANDREAS LAUN
Weihbischof von Salzburg

A-5010 SALZBURG
KAPITELPLATZ 2, POSTFACH 62

Tel: 0662 / 842 591 / DW 214
Fax: 0662 / 842 591 / DW 212
Fax privat: 0662 / 870 223

30. Juli 1996

Lieber Freund,

entschuldige die späte und jetzt auch noch kurze Antwort, weil ich die vielen Zuschriften unmöglich Punkt für Punkt beantworten kann:

Danke für Deine ausführliche Stellungnahme. Ich muß sie mir für eine Weiterbearbeitung aufheben.

Es war aber schon, von Dir zu hören, und es freut mich, daß Du meine Analyse mit soviel Interesse gelesen hast. Liebe Grüße auch an Deine verehrte Frau!

Dein + Andreas

WEIHBISCHOF
P. DR. ANDREAS LAUN

A-5010 SALZBURG
KAPITELPLATZ 2, POSTFACH 62

Tel: 0662 / 842 591 / DW 214
Fax: 0662 / 842 591 / DW 212
Fax privat: 0662 / 870 223

DI. Dr. Ulrich Habsburg- Lothringen
Klagenfurterstraße 1
9400 Wolfsberg

Salzburg, am 15.12.98

Lieber Ulrich,

herzlichen Dank für Deinen Brief, den ich zwar jetzt nicht ausführlich beantworten kann, den ich aber auch nicht liegen lassen möchte. Ich müßte jetzt sehr weit ausholen, aber da ich gerade vor einer Abreise stehe, kann ich das nicht. Daher nur folgendes:

1) Muß ich gestehen, daß ich mich an unseren Briefwechsel aus dem Jahre 1996 nicht mehr erinnere? Könntest Du so lieb sein, mir eine Kopie zu schicken? Normalerweise achte ich sehr darauf, meine Post gewissenhaft zu beantworten.

2) Du hast recht, der Streit der Bischöfe ist natürlich nicht schön. Es zeigt, wie menschlich es auch auf dieser Ebene zugeht. Mit Günther Nenning möchte ich sagen: Die Kirche hat schon ganz anderes ausgehalten.....Das soll nun keine Entschuldigung sein, aber die Dinge doch auf das rechte Maß zurückstutzen. Im übrigen glaube ich, daß hinter dem Konflikt ein viel tieferer steht. Eigentlich kann man nur damit überhaupt erklären, daß aus einer solchen Mücke dieser Elefant gemacht werden konnte! Darüber müßten wir ausführlicher reden, als ich es jetzt kann. Vielleicht können wir uns einmal treffen? Kommst Du manchmal nach Salzburg?

Ich grüße Dich inzwischen sehr herzlich und erwidere Deine Weihnachtswünsche

+ Andreas Laun

Vorgesehene **Arbeitskreise:**

1. **Globale Verantwortung - katholisches Bewußtsein**
   Pfr. Roman Leitner
2. **Christ und Schöpfung**
   Claudia Zwander
3. **Soziale Verantwortung der Christen**
   Irene Slama
4. **Grundwerte der pluralistischen Gesellschaft**
   Dir. Dr. Viktor Omelko
5. **Amtskirche - kirchliche Basis**
   Marita Gruber
6. **Gibt die Jugend der Kirche eine Chance?**
   Mag. Edeltraud Pirker
7. **Frauen in der Kirche**
   Sr. Romana Kapeller
8. **Von Schwarz zu Grün? Kirche und Parteien**
   DI. Ulrich Habsburg
9. **Zusammenleben der Volksgruppen**
   Friedrich Kert
10. **Ökumene**
   Sr. Andreas Weißbacher
11. **Denkmalamt Kirche?**
   Arch. Felix Orsini-Rosenberg
12. **Kirche als Wertprinzip für Intellektuelle?**
   Mag. Dr. Ulfried Burz
13. **Ausgepresst - Die Kirche und die Medien**
   Werner Freudenberger

Einladung
zu

RE VISIONEN
VISIONEN

1945 - 1995
Kärntner Katholiken
Rückblicke - Ausblicke

Eine Initiative der
Katholischen Aktion
der Diözese Gurk-Klagenfurt

Freitag, 18. Oktober 1996
15.00 - 21.30 Uhr

Diözesanhaus Klagenfurt
Festsaal
Tarviser Straße 30

13. September 1997

Von Schwarz zu Grün? – Kirche und Parteien
Eine Betrachtung mit selbstbiographischen Zügen

VORWORT
Dieser Vortrag wurde von mir im Oktober 1996 als Impulsreferat bei der Katholischen Aktion im Diözesanhaus in Klagenfurt gehalten und etwas aktualisiert.

EINLEITUNG
Zitat Hubert Feichtelbauer (Furche 17. 10. 1996)
„Und doch wird das soziale Engagement der Grünen immer mehr Christen anziehen, wenn sich die SPÖ und ÖVP nicht sehr rasch auf ihre Sozialverpflichtungen in einer kälter gewordenen Welt besinnen.

Allein schon der mir vorgegebene Titel scheint die Nichtbeachtung breiter Bevölkerungsschichten Österreichs bzw. Kärntens in die Zukunft zu prolongieren. (Von Schwarz zu Grün? Kirche und Parteien); denn wo bleiben die Christen der anderen Parteien?
Sind Christentum und Sozialismus noch immer nicht vereinbar?

RÜCKBLICK
Das Christentum aus dem Judentum hervorgegangen – Christus ist gekommen um uns den Weg zu weisen; anscheinend wurde früher öfter von diesem abgewichen – wurde immer weniger gelebt und Ende des 18. und zu Beginn des 19. Jahrhunderts war anscheinend der Bogen überspannt. Es kam zu sozialen Missständen trotz einer (oder wegen einer) christlichen Umwelt.
Zur These des Christentums entstand als Antithese der Marxismus-Sozialismus, der in vielen Zielen dem Christentum gleicht, und sogar das Paradies auf Erden anstrebt.

Nach 1918 bilden die Christlich-Soziale Partei, die Sozialdemokratische Partei und die Großdeutsche Partei die Pfeiler der Demokratie. Die Ideen des Christentums, des Marxismus und der Volksgemeinschaft waren das Rückgrat der Parteiprogramme.
Obwohl über 85 Prozent der Österreicher getauft waren, hat das enge Bündnis der Kirche mit der Christlich Sozialen Partei dazu geführt, dass Christen bei den Sozialdemokraten kirchlicherseits kaum Beachtung beziehungsweise Unterstützung fanden, denn Gott war anscheinend nur bei den Christlich-Sozialen zu Hause. Dazu muss festgestellt werden, dass mindestens 60 Prozent der „Sozialisten“ getaufte Christen waren.

Nach 1945 hat die Kirche die enge Bindung an eine Partei aufgegeben; Christen in der SPÖ wurden von der Kirche seit Kardinal König zunehmend toleriert. Die Polarisierung, hier Christen, dort Sozialisten, fiel.

Volkspartei:
Sie entledigte sich der christlich-sozialen Komponente im Parteinamen. Wirtschaft ist vorrangig, christliche Grundsätze im Handeln werden geduldet solange sie nicht die Wirtschaft behindern.
– Gewinnmaximierung ist angesagt.

Sozialistische Partei beziehungsweise Sozialdemokratische Partei:
Die ideologische Basis ist noch immer der Marxismus-Sozialismus; seit Kreisky jedoch stark verbürgerlicht, werden die Ideale des Sozialismus zumeist im Tresor verwahrt.

Freiheitliche/Liberale:
Wirtschaftliche Interessen bei Betonung der Volkszugehörigkeit und geringer beziehungsweise keiner Bedeutung der christlichen Religion (Liberale). Gut ist, was dem Volke dient.

Grüne:
Sammelbecken jener Idealisten, welche den Sozialismus in der SPÖ, das Christentum in der ÖVP und die Erhaltung der Natur und Umwelt als verraten ansehen.

AUSBLICKE

Kirche muss:

- die moralischen Ziele aufzeigen und Zieleinweisung geben,
  Parteien sollen diese Ziele in ihrer Politik einbinden und umsetzen.
- eine moralische Dimension in die Politik bringen, Leistungen des Staates dürfen von den Bürgern nicht ungerechtfertigt beansprucht werden.
- aufzeigen wo Parteiprogramme und Entwicklungen falsch verlaufen.
- Fehler in der Vergangenheit aufzeigen beziehungsweise eingestehen,
  um ähnliche Entwicklungen in der Zukunft zu vermeiden
- Stellung nehmen zur Arbeitsproblematik und nötiger Umverteilung
  Umverteilung der Arbeit, des Einkommens, des Vermögens
  (regional-weltweit?)
  Sabbatjahr (7)-Jobeljahr (50): (Lev 25,8-31) „Das Land darf nicht endgültig verkauft werden; denn das Land gehört mir und ihr seid nur Fremde und Beisaßen bei mir“

Kirche soll sich von ihrem Besitz trennen; (Evangelium: Reicher, Besitz-Nadelöhr), wichtige kirchliche Bauten sollten dem Staat geschenkt beziehungsweise verkauft und bei Bedarf zurückgemietet werden.

Christentum muss: Gelebt werden, jedes Jahr, Monat, Tag, Stunde, Minute, Sekunde; nur gelebtes Christentum wird die Welt verändern und das messianische Zeitalter uns nahe bringen.
Christliche Manager erkennt man nicht so sehr in der Kirche als in ihren Fabriken und Betrieben.

Die freie Marktwirtschaft mit ihrer Globalisierung kann doch nicht als Synthese die Antwort auf Kapitalismus und Marxismus sein?

Vielleicht müssen wir hier den Weg, der Iteration gehen, so ähnlich wie beim Artillerieschießen mit dem „Gabeln", wo innerhalb weniger Schüsse das Ziel erreicht werden kann.

SCHLUSS:
„Keiner übervorteile den anderen, sondern fürchtet euch vor eurem Gott, den ich bin Jahwe, euer Gott. So haltet denn meine Gebote und erfüllt meine Satzungen und handelt danach, dann werdet ihr in Sicherheit im Lande wohnen. Das Land wird seinen Ertrag geben, so dass ihr euch satt essen und in Sicherheit darin wohnen könnt". (Lev 25, 17-19)

Der Generalvikar
Der Diözese Gurk in Klagenfurt

5. Mai 1998

Hochgeschätzter Graf Habsburg!

Im Verlauf der letzen Vorstandssitzung des katholischen Akademikerverbandes Kärnten war zu erfahren, dass Sie brieflich Ihr Ausscheiden aus dem Vorstand mitgeteilt haben. Unabhängig von einer schriftlichen Reaktion des Vorsitzenden des Katholischen Akademikerverbandes (KAV) Kärnten möchte ich nicht verabsäumen, Ihnen zu schreiben, da ich den Entschluss natürlich respektieren muss, ihn aber doch außerordentlich bedaure. Motivation für diesen Entschluss war dem Vernehmen nach der Umstand, dass Ihrer Auffassung nach, in der Kirche im allgemeinen keine Veränderung zum Besseren zu bemerken sei. Kurz vor der Abfassung dieser Zeilen las ich von Morddrohungen gegen einige lateinamerikanische Bischöfe wegen ihres Einsatzes für mehr soziale Gerechtigkeit. Ich erwähne das nicht, um mit Einzelpersonen Defizite christlicher Lebensverwirklichung in der Kirche an die Wand zu spielen, sondern nur um darauf hinzuweisen, wie sehr die Gesamtbeurteilung der Kirche davon abhängen kann, worauf man den Blick konzentriert. In so vielen Bereichen ist die Realisierung christlicher Existenz einzeln oder gemeinschaftlich das, was das (immer natürlich nie vollkommene) Leben der Kirche ausmacht. Das gilt für die Ebene der Bischöfe, für Organisationen und Institutionen, in welchen Weltchristen und Priester, Diakone und Ordensleute zusammen wirken. Wieviel nicht nur an sozialem Tun, sondern einfach an Gemeinschaftsbildung und Lebenshilfe unspektakulär und doch millionenfach gegeben wird, finden die meisten Zeitungen nicht erwähnenswert. Es macht aber die Fülle der Fakten aus.

Den Blick vor allem auf die Frage der Zulassung der Frauen zum Priesteramt und die möglichst rasche Aufhebung des Pflichtzölibates für die Priester in der lateinischen Kirche zu richten und von raschen Veränderungen in diese Richtung die Vervollkommung einer unvollkommenen Kirche zu erwarten, erscheint mir doch den anstehenden Grundproblemen nicht ganz gerecht zu werden, abgesehen davon, dass es gerade im katholischen Akademikerverband nicht wenige Personen gibt, die sich ähnliche Vorstelllungen zu eigen machen. Eine spirituelle Erneuerung der Kirche, die dem Enthusiasmus des Anfangs wirklich näher kommt, ist ein mühevoller Erneuerungsprozess von Einzelmenschen und Menschengruppen. Mit der Einführung des Frauenpriestertums und der Abschaffung des Pflichtzölibats werden wohl nicht die Hauptschwierigkeiten eines solchen Erneuerungsvorganges beseitigt sein. Sollte die anglikanische Kirche, die ohne zölibatäre Geistliche in den letzten Jahrhunderten und Jahrzehnten einen schmerzlichen Prozess der Verbürgerlichung erlitten hat (ich sage das nicht mit Häme, sondern mit großem Bedauern) durch die Zulassung von Frauen zum Priestertum spirituell erneuert und christozentrischer werden? Selbst wenn die männlichen und weiblichen Priester durch die Neuordnung einen neuen Impuls zu einer radikaleren Armut empfangen würden, wäre das noch nicht die spirituelle Erneuerung, die in der Geschichte noch nie strukturell dauerhaft gewährleistet werden konnte. Dies, weil die Liebe nicht strukturell gewährleistet ist (vergl. 1. Korintherbrief „... und wenn ich meine ganze Habe und wenn ich meinen Leib dem Feuer übergäbe, hätte aber die Liebe nicht, nützte es mir nichts").

Über das Verhältnis von geistiger Wandlung und strukturellen Reformen ließe sich viel sagen, wobei Strukturerneuerungen an sich oft nicht unnotwendig sind, nur muss eben ihr Verhältnis zur Substanz geklärt werden und eine entflechtung von Strukturveränderung und Heilserwartung gegeben sein.
Vielleicht ergibt sich die Gelegenheit zu einem Gedankenaustausch, ein solcher aber ohne jeden Druck in Bezug auf die von Ihnen gefällte Entscheidung.

Mit dem Ausdruck besonderer Wertschätzung und herzlichen Grüßen

Ihr ergebender Olaf Colerus

Generalvikar Dr. Colerus-Geldern

Wolfsberg, 31. Mai 1998

Lieber Generalvikar Dr. Colerus-Geldern,

Ihr Brief vom 5. Mai hat mich sehr gefreut und Ihre Anregung zum Gedankenaustausch möchte ich gerne aufgreifen, vorab aber meine Beweggründe zu meinem Ausscheiden aus dem Vorstand des KAV (Kath. Akademikerverbandes) genauer erläutern.

Zusammenfassend mag es wie eine Resignation aussehen, der eine Zeit der Frustration vorausging. Es kann aber auch als eine Art Reifungsprozess gesehen weren. Auf die 60 zugehend, befindet man sich im Herbst des Lebens, und mehrjährige Pflanzen ziehen sehr oft im Herbst ihre Blätter ein, um den kalten Winter besser überstehen zu können. Mir selbst waren, durch den damaligen Kaplan Hofer (Stadtpfarrer in Feldkirchen) in Wolfsberg, hier schöne Zeiten vergönnt, er hat mich auch persönlich eingeladen, mich aktiv in der Kirche zu betätigen. Arbeiten für das KBW (Katholisches Bildungswerk) und den KAV waren die Folge. Doch mit dem Wechsel der Pfarrer in Wolfsberg kam es zwischen den Mitarbeitern und den neuen Pfarrherren zu Verständnisproblemen und das Leben in der Pfarrgemeinschaft wurde ruhiger. Meine, statt dessen hinzukommende Tätigkeit als Kommunionhelfer und später Wortgottesdienstleiter, mag für eine Zeit meine persönliche Eitelkeit befriedigt haben, täuschte jedoch über die zunehmende Leere hinweg. Das Dekret über die Mitarbeit der Laien in der Kirche und die, in der Folge eingetretene Absetzung von Wortgottesdiensten brachte, mit der Problematik um den Fall Groer, sowie das Kirchenvolksbegehren, eine weitere Entfremdung. Dies ist umso schmerzlicher für mich, da ich miterleben muss, welch herzliches Verhältnis meine Frau mit der israelitischen Kultusgemeinde in Wien hat an dem auch ich partizipieren kann.
Dass die Kirche, vor allem in Süd- und Mittelamerika, die einzige Hoffnung der Entrechteten und Notleidenden ist, mag eine Hoffnung für eine positive Entwicklung abgeben, doch ist auch dort die Position der Kirche verwaschener und weniger exponiert geworden.

Ich muss Ihnen vollkommen Recht geben, dass die Zulassung der Frauen zum Priestertum sowie der Pflichtzölibat nicht das Wesentliche des Christentums sein können. Die Probleme liegen meiner Meinung nach im täglich gelebten Glauben, einem Glauben, der nicht nur auf den Sonntag hin ausgerichtet ist. Was hat die Botschaft Gottes überhaupt für einen Sinn, wenn man nicht versucht, sie auf Erden umzusetzen, jeder persönlich, ob Arbeiter, Generaldirektor oder Geistlicher. Und wenn Frauenpriestertum und Pflichtzölibat auch Ihrer Meinung nach, nicht das Wesentliche unseres Glaubens sind, dann ist es auch nicht verständlich, warum gerade bei so unwesentlichen Details unseres Glaubens von Seiten Roms so wenig konziliant vorgegangen wird.

Die von Ihnen angesprochene Verbürgerlichung möchte ich sogar in dem Sinne fordern, dass der Glaube im täglichen Bewusstsein der Bürger Einzug hält, bei gleichzeitigem Aufbau einer neuen Spiritualität, welche den Gottesdienst wieder in die Häuser und Wohnungen der Menschen zurückbringt.

Abschließend möchte ich noch darauf hinweisen, dass es mir lieber ist, wenn ich mit meinen bürgerlichen Titeln angeschrieben werde, was in Österreich übrigens auch rechtskonform wäre; unser Landesbischof (Dr. Egon Kappelari) macht hier doch einen zu großen Kottau vor den Konservativen.

Mit herzlichen Grüßen

Ulrich Habsburg-Lothringen

Leserbrief an
Kärntner Kirchenzeitung und Furche

26. November 1998

Heimatlos

Das Klima in meiner katholischen Kirche wird leider immer unerträglicher. Die jetzige Debatte, nach dem Dialog von Salzburg, den darauf von einzelnen Bischöfen geäußerten Meinungen zum Thema Demokratie in der Kirche, der Bedeutung des Geschlechts für das Priester- und Diakonatsamt sowie die letzten Wortmeldungen eines sehr „gewichtigen" Bischofs, anlässlich des Besuches in Rom, lassen mich meine weitere Mitarbeit in der katholischen Kirche (Pfarrgemeinderat, Wortgottesdienstleiter, Kommunionsspender, Lektor) zur Diskussion stellen.
Dass es über Grundwahrheiten der Religion, als Ausfluss göttlicher Weisheit, keine demokratische Abstimmung geben kann, ist auch meine Überzeugung. Über alles andere als Glaubensgrundsätze wird wohl diskutiert werden dürfen. Es scheint mir so, dass die letzten Turbulenzen in der Kirche Österreichs, als Folge des Rom-Besuches der Bischöfe, das Dach meiner Kirche abgetragen und zerstört haben. Ich fühle mich jetzt heimatlos und in Kälte dastehend.

Ulrich Habsburg-Lothringen
Stellvertretend für viele engagierte Katholiken

DER BISCHOF
VON GURK IN KLAGENFURT

EINGEG... AM
2. DEZ. 1998

A-9020 Klagenfurt 30. November 1998
Mariannengasse 2

Geehrter Graf Habsburg-Lothringen !

Für Ihren Brief vom 25. November 1998 und die darin zum Ausdruck kommende Sorge um unsere Kirche danke ich Ihnen. Im knappen Text sind viele Wertungen und Fragen enthalten, auf die ich angesichts andrängender Aufgaben derzeit nicht im Detail Bezug nehmen kann. Es wäre mir willkommen, wenn es ein Gespräch mit Ihnen geben könnte - etwa in der zweiten Jännerhälfte. Mein Sekretär wird die Sache in Evidenz halten, falls Ihnen mein Vorschlag willkommen ist.

Mit Segenswünschen und besten Grüßen.

Anlagen

+ Egon Kapellari

+ Dr. Egon Kapellari
Diözesanbischof

Herrn
Dipl.-Ing. Dr. Ulrich HABSBURG-LOTHRINGEN
Klagenfurter Straße 1
A-9400 Wolfsberg

Ich ziehe mich zurück.

Zu den Berichten über den Ad-limina-Besuch, Furche 48, Seite 1–3

Das Klima in meiner katholischen Kirche wird leider immer unerträglicher, dies führte schon vor einiger Zeit dazu, daß ich meine Tätigkeit im Vorstand des Katholischen Akademikerverbandes zurücklegte. Die jetzige Debatte, nach dem Dialog von Salzburg, den darauf von einzelnen Bischöfen geäußerten Meinungen zum Thema Demokratie in der Kirche, der Bedeutung des Geschlechtes für das Priester- und Diakonatsamt sowie die letzten Wortmeldungen eines sehr gewichtigen Bischof, anläßlich des Besuches in Rom, lassen mich meine weitere Mitarbeit in der katholischen Kirche zur Diskussion stellen.

Nachdem ich jedoch sehe, daß Demokratie in der Kirche bei den Bischöfen keine einheitliche Zustimmung findet und die Männlichkeit als Hauptvoraussetzung für priesterliches und teilweise auch nur kirchliches Amt ist, werde ich ab sofort folgende Tätigkeiten in der Kirche einstellen und mich nur meiner persönlichen Beziehung zu Gott widmen:

- Die Mitarbeit als Pfarrgemeinderat, denn dieser sollte ja auf Basis der Demokratie arbeiten und Demokratie ist in der Kirche nicht erwünscht.
- Die Mitarbeit als Wortgottesdienstleiter ist schon von Seiten der Amtskirche vor einiger Zeit eingestellt worden.
- In diesem Sinne werde ich auch die Tätigkeit als Kommunionsspender und Lektor zurücklegen, denn das Wort Gottes sollte doch besser aus dem Mund eines Priesters verkündet werden.

Es scheint mir so, daß die letzten Turbulenzen in der Kirche Österreichs, als Folge des Rom-Besuches der Bischöfe, das Dach meiner Kirche abgetragen und zerstört haben. Ich fühle mich jetzt heimatlos und in Kälte dastehend.

DI Dr. Ulrich Habsburg-Lothringen
9400 Wolfsberg, Klagenfurterstraße 1

Kreuzträger

5. 12. 1998
Salzburg

LESERBRIEFE

Heimatlos

Das Klima in meiner katholischen Kirche wird leider immer unerträglicher, dies führte schon vor einiger Zeit dazu, daß ich meine Tätigkeit im Vorstand des Katholischen Akademikerverbandes (KAV) zurücklegte. Die jetzige Debatte, nach dem Dialog von Salzburg, die darauf von einzelnen Bischöfen geäußerten Meinungen zum Thema „Demokratie in der Kirche", zur Bedeutung des Geschlechts für das Priester- und Diakonatsamt sowie die letzten Wortmeldungen eines sehr „gewichtigen" Bischofs anläßlich des Besuchs in Rom lassen mich meine weitere Mitarbeit in der katholischen Kirche (Pfarrgemeinderat, Wortgottesdienstleiter, Kommunionspender, Lektor) zur Diskussion stellen. Ich muß dem Papst und den Bischöfen zustimmen, wenn sie meinen, es müßte mehr von Gott geredet werden. Das Wichtigste scheint mir auch die Beziehung Mensch – Gott zu sein. Alle diese jetzt aktuellen Themen verletzen jedoch teilweise die Würde des Menschen.

Daß es über Grundwahrheiten der Religion, als Ausfluß göttlicher Weisheit, keine demokratische Abstimmung geben kann, ist auch meine Überzeugung. Über alles andere als Glaubensgrundsätze wird aber wohl diskutiert werden dürfen.

Es scheint mir so, daß die letzten Turbulenzen in der Kirche Österreichs, als Folge des Rom-Besuchs der Bischöfe, das Dach meiner Kirche abgetragen und zerstört haben.

Ich fühle mich jetzt heimatlos und in der Kälte dastehend.

DI Dr. Ulrich Habsburg-Lothringen, Wolfsberg
stellvertretend für viele engagierte Christen

Christ sein

Und wenn ihr beten wollt und habt einem anderen etwas vorzuwerfen, dann vergebt ihm, damit euer Vater im Himmel auch euch eure Fehler vergibt.

Paul Wieser
9020 Klagenfurt

6. Dezember 1998

Lieber Herr Dr. Habsburg!

Ihre in der Kirchenzeitung und in der Furche veröffentlichten Leserbriefe haben mich sehr berührt. Da wir uns im Vorstand des Akademikerverbandes öfters begegnet sind, nehme ich mir nun die Freiheit Ihnen dazu meine Gedanken zu senden.
Nach dem Lesen Ihrer Briefe empfinde ich es im nachhinein als Versäumnis, dass ich sie nicht bereits nach Ihren für mich völlig überraschendem Ausscheiden aus dem KAV-Vorstand angesprochen habe. Vielleicht haben sie ein Gespräch sogar erwartet. Jedenfalls tut mir beides – Ihr Ausscheiden und mein Verhalten – heute sehr leid und ich würde mich sehr freuen, Sie im Vorstand wieder zu sehen! Dass Sie Funktionen in der Kirche zurücklegen möchten oder bereits zurückgelegt haben, verstehe ich als Ausdruck des Protestes und der Resignation gegenüber innerkirchlichen Entscheidungen und Entwicklungen, die auch mich und viele weitere Mitchristen irritieren und Verbittern. Persönlich identifiziere ich mich mit dem Inhalt des Briefes von Bischof Stecher zur Lage der Kirche.

Trotzdem möchte ich Sie herzlich einladen, nicht schrittweise aus der Kirche zu emigrieren, da sie als Gemeinschaft von Gläubigen mehr als ihre Hierarchie ist. Gläubige und Nichtgläubige orientieren sich meiner Überzeugung nach mehr an konkreten, überzeugenden Beispielen gelebter christlicher Gemeinde als am Beispiel von Papst und Bischöfen. So wie diese von ihren Mitchristen an ihre Verantwortung zu erinnern sind, so hat jeder von uns auch seine Verantwortung gegenüber der kirchlichen Gemeinde wahrzunehmen. Im Gegensatz vielleicht zu Ihrer Auffassung glaube ich nicht, dass man diese persönliche Verantwortung vom Verhalten einzelner Amtsträger abhängig machen kann. Ich selbst übe seit 1973 im Rahmen der katholischen Aktion unterschiedliche Funktionen aus, und kann daher aufgrund auch schmerzlicher Erfahrungen mit der Hierarchie Ihre Enttäuschung gut verstehen. Befriedigend und beglückend habe ich jedoch immer wieder das gemeinsame Bemühen um ein christliches Zeugnis in der Gesellschaft der Gegenwart erfahren. In dieser Gemeinschaft und im gemeinsamen Tun ist Kirche für mich erlebbar und sichtbar geworden!
Ich hoffe und wünsche sehr, dass Ihnen diese Erfahrung auch künftig zu Teil werden möge – insbesondere auch im Rahmen unseres kleinen aber hoffentlich nicht abwesenden Akademikerverbandes!

Herzlichst
Ihr Paul Wieser

Franz Wolf
8841 Frojach 8

7. Dezember 1998

Sehr geehrter Herr Dr. Ulrich Habsburg-Lothringen!

Ich habe Ihren Leserbrief in der Furche vom 3. 12. 1998 gelesen, erlauben Sie mir einige Zeilen.
Ich habe mich seit etwa zwei Jahren auch zurückgezogen, nicht in die Innerlichkeit, eher in eine innere Emigration. Was der Papst sagt oder irgend ein Kardinal oder Bischof, ist für mein Wirken und Tun als Pfarrer belanglos, vatikanische Papiere lese ich nicht mehr, ich höre nur mehr auf das Evangelium und versuche auf meine Leute einzugehen.
Die meine Haltung ist gefährlich, wenn sie es den Hierarchen nur erleichtert zu tun, was sie wollen. Wo und wie ich kann, werde ich allerdings Widerstand leisten gegen eine klerikale Kirchenführung.
Wenn Kirche das wäre, was sie dem Geist Jesu entsprechend sein sollte, könnte sie einer demokratischen Gesellschaft sogar viele Impulse geben.
Ich bin also im Schmollwinkel und leiste passive Resistenz nachdem ich viele Jahre vergeblich versucht habe auf Mitbrüder, auf die Verantwortlichen der Diözese einzuwirken. Am ehesten ist es mir im Kirchenvolk meiner Pfarre gelungen, ein jesuanisches Bewusstsein zu wecken. Durch meine innere Emigration habe ich einen gewissen Gleichmut gefunden, aber Ihr Leserbrief regt mich wieder auf. Er macht mir deutlich, was da passiert an Demontage, nicht nur an Ihnen.
Ohne meine Gemeinde und meine aufgeschlossenen Mitarbeiter würde ich mich auch total heimatlos und in der Kälte stehend fühlen, in einer Kirche ohne Dach.
Das wenige, das ich tun kann für eine geschwisterliche, offene jesuanische Kirche, will ich weiter tun.
Sie aber sollen wissen, ich schließe Sie, traurig, dass es so ist, wie Sie es schildern, in mein Mitfühlen und mein Gebet ein.

Mit freundlichem Gruß

Franz Wolf

Elisabeth & Wolfgang
Rettenbacher
1120 Wien

6. Dezember 1998

Sehr geehrte gnädige Frau,
geschätzter Herr Habsburg-Lothringen.

Wir möchten Ihnen für Ihre Wortmeldungen im Profil (wir tragen einen gelben Stern) und Furche (Amtsniederlegung) danken. Als Mitglied des Koordinierungsausschusses für christlich-jüdische Zusammenarbeit danke ich für die prägnante Stellungnahme. Als Mitarbeiter in einer Groß- und Vorstadtpfarre (Am Schöpfwerk, Franziskuskirche) wollen wir Ihnen unser volles Verständnis für Ihre Schritte bekunden.

Es ist schon schwer, in der heutigen Zeit Mitglied der österreichischen Katholischen Kirche zu sein, noch schwerer ist es aber, die Schere zwischen Zentrale in Rom und dem praktischen Gemeindeleben zu verkraften, besonders, da sie – seit längerer Zeit – immer weiter zu klaffen beginnt.

Als Stellvertretender Vorsitzender, Wortgottesdienstleiter, LektorIn und Kommunionhelfer ist es mir/uns deshalb möglich weiter zu machen, weil unser Pfarrer Dr. Roland Schwarz einer offenen und vor allen Dingen auch selbstverantwortlich und eigenständig denkenden Priesterschaft angehört. Als „Neutestamentler" ist auch seine wissenschaftliche Sicht der Dinge, etwa im Amtsverständnis, Ordination, Sakramentenverständnis usw. unserer eigenen religiösen Position (wir sind knapp über 50) sehr nahe. In unserer Pfarre sind daher auch weder Frauen diskriminiert, noch geschieden Wiederverheiratete, weder Homosexuelle, noch Randgruppen. Dies geht vielleicht aber auch nur deshalb, weil es uns als Gemeinde erst seit 1981 gibt, und wir daher keine (oder nur wenige) „alten Verkrustungen" aufbrechen mussten.

Es tut uns deshalb leid, dass Sie diese Schritte setzen mussten, denn der Wegfall kritischer, selbstdenkender und veantwortlicher Menschen gibt meist nur jenen Raum, die diesen tunlichst nicht haben sollten. Solche Seilschaften gibt es leider ja bereits genug. So hoffen wir, dass es vielleicht für sie doch noch Hoffnung gibt, dort in der Kirche wirken zu können, wo für Ihre Berufung der rechte Platz ist. Wir meinen, dass der Heilige Geist oft ganz krumme Wege geht, um Gottes geraden Weg zu bereiten. Wir beide wollen Sie und Ihre Gattin mit unserem Gebet begleiten.

Mit vorzüglicher Hochachtung,
verbleiben wir Ihre
Elisabeth & Wolfgang Rettenbacher

25 Ti 14

Blaser Sylvia
Ob. Waldrandslg. 11
8680 Mürzzuschlag

Sehr geehrter Herr Bischof! Mürzz., 7.12.1998

Schon seit einigen Wochen habe ich vor, Ihnen zu schreiben. Letzter Anstoß ist leider etwas Negatives: Ich habe mich über Weihbischof Laun und Erzbischof Eder furchtbar geärgert.

Zuerst etwas Positives: Ich möchte Ihnen herzlich für Ihr Engagement für den "Dialog für Österreich" danken:
Ich denke, Sie bemühen sich sehr, die einzelnen Richtungen - "progressiv" bis "liberal" zu vereinen bzw. zur Zusammenarbeit zu bringen. Das ist sehr schwer. Ich wünsche Ihnen viel Nervenstärke.

Ein Stein des Anstoßes für mich ist die Bemerkung von Erzbischof Schönborn, der sich zweifelnd fragt, ob das Frauendiakonat wirklich der Wille Gottes ist.

Ein Stein des Anstoßes für mich ist die Aussage Launs, daß Gott nur Männer zum Priesteramt berufen hätte (Argumente, die für eine Weihe von Frauen sprechen, schiebt er offenbar einfach weg - womöglich, ohne sich damit auseinanderzusetzen, die Argumente gegen eine Weihe von Frauen stammen alle aus einer sexistischen Tradition).

Ein Stein des Anstoßes für mich ist die Stellungnahme von Erzbischof Eder beim Dialog über die Rolle als "Briefträger" nach Rom: Das "nur über Barmherzigkeit, nicht oder zu wenig über Wahrheit" gesprochen wird. (Verzeihen Sie die ungenaue Zitation, ich denke, Sie wissen, was ich meine).

Entspricht es der "Wahrheit", geschiedenen Frauen, die sich von einem schlagenden und vergewaltigenden Ehegatten getrennt haben, u. in einer späteren, glücklicheren Ehe als in einer "sündigen Ehe" leben, die Sakramente zu verweigern?

Entspricht es der "Wahrheit", homosexuellen Menschen das Gefühl zu geben, daß ihre Wünsche, ihre Lebensweise "sündig" wäre, auch wenn sie in einer sehr glücklichen Beziehung leben und ihre PartnerInnen nie so verletzen würden, wie es in machen heterosexuellen Beziehungen gang und gäbe ist?

Entspricht es der "Wahrheit", Homosexuellen Schuldgefühle aufzunötigen, weil sie ihre Anlagen leben wollen und sie nicht verdrängen oder oder "wegtherapieren"?

Entspricht es der "Wahrheit", ein Geschlecht aufgrund von falschen Traditionen zu diskriminieren? Wenn Gott nicht will, daß die Geschlechter gleichberechtigt sind, warum hat er mir dann den Wunsch nach Gleichberechtigung gegeben? Warum bin ich dann nicht mit einer Männergesellschaft zufrieden?
"Wahrheit" und Gleichberechtigung auch in der Kirche gegeneinander auszuspielen bedeutet eher ein veraltetes Weltbild,den Wahrheit.

Entspricht es der "Wahrheit", lieber starre Traditionen, die schon in der Kirchengeschichte umstritten waren, aufrecht zu halten wie das verpflichtende Zölibat?
Wissen Sie, wie es ist, einer Berufung nicht folgen zu können, wel irgendwelche Voraussetzungen nicht passen und einem andere Personen das "Berufensein" einfach absprechen (wollen)? (Ich weiß, wie es ist).

Was ist wichtiger: Starre Traditionen weiterzupflegen, in die man aufgrund ihres Alters eine sogenannte ehrwürdige Tradition hineininterpretieren kann, oder auf die realen Erfordernisse der Gegenwart zu schaun?

In Frühjahr bekamen Sie von mir einen relativ kritischen Brief, den Sie leider nicht beantwortet haben. Das Datum kann ich Ihnen leider nicht sagen, ich habe den Brief verborgt.
Kopien dieses Briefes werde ich an Weihbischof Krätzl, Erzbischof Schönborn, Weihbischof Laun, Erbzischof Eder, Plattform "Wir sind Kirche" und ev. noch andere Adressen schicken.

Ihnen, Herr Bischof Weber möchte ich nocheinmal sagen: So schwer die Zeiten auch sind (Konflikt um Krenn) Gott läßt die Kirche nicht hängen!
Christoph Gasperie klagt in seiner Zeitschrift "VISION 2000", weil beim Delegiertentag im Oktober den Konservativen immer wieder die 1000 Eingaben vorgehalten wurden, die ja für eine Erneuerung sprechen. Depremiert stellt er fest, daß die Konservativen diese Gelegenheit versäumt haben.
Ob das ein Zufall ist?
Der Heilige Geist weht, wo er will!

Mit freundlichen Grüßen

Blaser Sylvia

Sehr geehrter Herr Habsburg! 8.12.98 Weihn.

Bitte ziehen Sie sich nicht zurück! Die Kirche braucht Menschen wie Sie, die kritisch sind und sich einsetzen! Letztendlich steht der Hl. Geist auf der Seite der „Verlebendigmachung" der Kirche.

Beiliegend schicke ich Ihnen einen Brief mit, den ich Bischof Weber schrieb daß Sie sehen daß Sie nicht allein sind!

Viele Grüße

Sylvia Blaser

Grafik: Beate Heinen · KUNSTVERLAG D-56653 MARIA LAACH 2204

DIE MEISTEN AUFGABEN
LÖSEN SICH VON SELBST,
MAN DARF SIE NUR
NICHT DABEI STÖREN.

KARDINAL DR. CHRISTOPH SCHÖNBORN
Erzbischof von Wien

Lieber Freund!

Dein Brief vom 7.12. ist noch unbeantwortet – u. inzwischen ist noch viel mehr geschehen, was Du als Zerstörung nicht nur des Kirchendaches empfinden mußt. Ich bitte Dich inständig, aus der Kraft Deiner persönlichen Beziehung zu Christus auch diese Kirche neu zu lieben, für die ER sein Leben gegeben hat – sie mit Seinen Augen zu sehen versuchen!

Ich bin Dir mit meinem Gebet sehr nahe und bitte Dich auch das Dein!

Dein im Herrn

+ Christoph K.-Sch.

Seine Exzellenz
Bischof Dr. Egon Kapellari
Mariannengasse 2
A-9010 Klagenfurt

Wolfsberg, 7. Mai 2003

Sehr geehrter Bischof!

Das Klima in meiner katholischen Kirche wird leider immer unerträglicher, dies führte schon vor einiger Zeit dazu, dass ich meine Tätigkeit im Vorstand des Katholischen Akademikerverbandes (KAV) zurücklegte. Die jetzige Debatte, nach dem Dialog von Salzburg, den darauf von einzelnen Bischöfen geäußerten Meinungen zum Thema Demokratie in der Kirche, der Bedeutung des Geschlechtes für das Priester- und Diakonatsamt, sowie die letzten Wortmeldungen eines sehr gewichtigen Bischofs, anlässlich des Besuches in Rom, lassen mich meine weitere Mitarbeit in der katholischen Kirche zur Diskussion stellen.
Ich muss dem Papst und den Bischöfen zustimmen, wenn sie meinen, es müsste mehr von Gott geredet werden. Das wichtigste scheint mir auch die Beziehung Mensch – Gott zu sein. Alle, diese jetzt aktuellen Themen, verletzen jedoch teilweise die Würde des Menschen in seiner gottgewollten Erscheinungsform als Mann und Frau, sowie im gesellschaftlichen Fortschritt der Interkommunikation, als welche man die Demokratie ansehen sollte. Dass es über Grundwahrheiten der Religion, als Ausfluss göttlicher Weisheit, keine demokratische Abstimmung geben kann, ist auch meine Überzeugung. Über alles andere als Glaubensgrundsätze wird wohl diskutiert werden dürfen.

Nachdem ich jedoch sehe, dass Demokratie in der Kirche bei den Bischöfen keine einheitliche Zustimmung findet, und die Männlichkeit eine Hauptvoraussetzung für ein priesterliches und teilweise auch nur kirchliches Amt ist, werde ich ab sofort folgende Tätigkeiten in der Kirche einstellen, und mich nur meiner persönlichen Beziehung zu Gott widmen:
Die Mitarbeit als Pfarrgemeinderat, denn dieser sollte ja auf Basis der Demokratie arbeiten und Demokratie ist in der Kirche nicht erwünscht, die Mitarbeit als Wortgottesdienstleiter ist schon von Seiten der Amtskirche vor einiger Zeit eingestellt worden, in diesem Sinne werde ich auch die Tätigkeit als Kommunionspender und Lektor zurücklegen, denn das Wort Gottes sollte doch besser aus dem Mund eines Priesters verkündet werden.
Es scheint mir so, dass die letzten Turbulenzen in der Kirche Österreichs, als Folge des Rom-Besuches der Bischöfe, das Dach meiner Kirche abgetragen und zerstört hat. Ich fühle mich jetzt heimatlos und in Kälte dastehend.

Mit besten Grüßen und Dank dafür, dass ich meinen Schmerz Ihnen mitteilen kann.

Ulrich Habsburg-Lothringen

Elisabeth Tuma
9701 Rothenthurn

31. Dezemer 1998

Sehr geehrter Herr Dr. Habsburg!

Darf ich zu Ihrem Leserbrief in der Kärntner Kirchenzeitung vom 6. 12. noch verspätet Stellung nehmen:
Beim Lesen kam mir das alte Wort „Adel verpflichtet“ in den Sinn. Die saloppe Formulierung vom „gewichtigen“ Bischof passt nicht zu meinem Adelsverständnis. Auch bedaure ich es sehr, wenn sich ein Träger eines so alten und berühmten Namens wegen eines unseriösen Medienwirbels seine Liebe, zur von Christus gestifteten Kirche, stören lässt.
Diese Kirche kann uns immer Heimat sein.

Mit besten Segenswünschen
grüßt hochachtungsvoll
Elisabeth Tuma

Mit den besten Grüßen und Wünschen überreicht vom Verfasser + Dank u. Hochachtung für Ihren Leserbrief in "Kirche intern"!

Wichtige Neuerscheinung Herbst 1990:

Udo Köhler:"Jesus der Befreier",ISBN 3-89228-500-4,183 S.,DM 22.--,Haag+Herchen Verlag, Frankfurt/Main 1990.

Noch immer sind die Erkenntnisse der im Horizont der Aufklärung entstandenen kritisch-historischen Jesus-Forschung fast ausschließlich den Fachgelehrten bekannt.Da sie mit den vorwiegend auf Mythen gründenden Dogmen der römisch-byzantinischen Kirchen unvereinbar sind,liegt ihre Popularisierung natürlich nicht in deren Interesse.Gerade dieser wichtigen Aufgabe aber hat sich der als besonders kritisch bekannte Wissenschaftler unterzogen.Dabei wird evident,daß der wahre Jesus der geschichtlichen Wirklichkeit mit dem später von der Priesterkirche konstruierten Christus kaum etwas zu tun hat.Im Gegensatz zu diesem ist die authentische Verkündigung des historisch wahren Jesus von Nazareth für alle Menschen aller Zeiten akzeptabel.Sein monotheistischer Humanismus bez.zutiefst humaner Monotheismus vereint im universalen Liebesgebot die noch immer durch Religionen und Ideologien getrennte Menschheit und weist ihr den Weg in eine lebenswerte, gemeinsame Zukunft in Frieden,Freiheit und Demokratie.Für Naturwissenschaftler und Ärzte besonders interessant ist das den Wundern und Heilungen gewidmete Kapitel,in dem die Magie als ein interkulturelles Phänomen dieser so fernen und doch noch vielfach wirksamen Epoche der menschlichen Evolution erscheint.In diesem Zusammenhang wird auch die pathologische Persönlichkeitsstruktur des Paulus analysiert,dessen hellenistisch-synkretistische Verdrehung der Botschaft des ihm unbekannten Jesus von Nazareth zur Entstehung des Christentums mit der jesusfernen Priesterkirche und ihrer blutigen Geschichte geführt hat.Dieses ebenso erregende und spannende wie informative und lehrreiche Buch sollte jeder zu kritischem Denken fähige Zeitgenosse kennen!

Haag + Herchen Verlag GmbH , Fichardstrasse 30 , D-6000 Frankfurt am Main 1
Telefon (069) 550911-13 , Telefax (069) 552601 - Telex 414838 huh d

Leserstimmen zu dem Buch von Prof.Dr.Udo Köhler:Jesus der Befreier.

Prof.Dr.phil.Hans Albert , Heidelberg:

Das außerordentlich informative und lehrreiche Buch über den historischen Jesus und seine Botschaft ist fesselnd geschrieben und(auch für Atheisten!)in vielen Punkten völlig überzeugend.

(26.6.1991)

Prof.Dr.theol.h.c.Schalom Ben-Chorin , Jerusalem :

Eine sehr dankenswerte Zusammenfassung der modernen Leben-Jesu-Forschung und sozusagen ein Nachtragskapitel zu Albert Schweitzers "Geschichte der Leben-Jesu-Forschung von Reimarus bis Wrede".

(5.5.1991)

Prof.Dr.theol.,lic.phil.,lic.sc.bibl.Herbert Haag,Luzern:

Möge dieses großartige Jesus-Buch viele dankbare und befreite Leser finden!

(6.2.1991)

Ein katholischer Priester bei den Indios Lateinamerikas:

Beim Lesen des Buches spürte ich eine echte Befreiung von einem erdrückenden Ballast,der sich durch die Jahrhunderte angehäuft und die Nachfolge Jesu immer schwieriger gemacht hat.

An
PROFIL, Kleine Zeitung,
Kärntner Kirchenzeitung, Der Standard

25. Feber 1999

Betrifft: Absetzung von Generalvikar Schüller

Die Kirche am „rechten" Weg in die Bedeutungslosigkeit

Kardinal Schönborn vermisste angeblich die spirituellen Akzente. Dem muss ich jedoch entgegensetzen, das jesuanische Akzente in der heutigen Kirche, inklusive deren Hierarchie, nicht mehr gelebt werden. Wenn schon der Ursprung der Kirche als Reaktion auf das „angeblich" verkrustete Judentum katholischerseits gedeutet wird, so sollte dies doch auch 2000 Jahre später für die eigene Kirche bedacht werden.
Strukturkonservatismus brachte schon einmal als Reaktion auf gesellschaftspolitisch nicht gelebtes Christentum, den Marxismus hervor. Die vom Papst akzeptierten Verhaltensweisen einiger österreichischer Bischöfe (Krenn, Groer ...) führte zum, anscheinend von der katholischen Kirche gewünschten, Ausscheiden kritischer und intellektueller Kreise aus derselben. Das verbliebene Kirchenvolk kann man nun mit ihren Wünschen und Bedürfnissen ruhig wieder auf das Jenseits vertrösten.
In den Pfarrgemeinden werden zwar demokratische Strukturen von der Kirchenleitung vorgegeben, jedoch gleichzeitig von Bischöfen die Meinung vertreten, dass Demokratie nichts in der Kirche zu suchen habe – wo bleibt die Glaubwürdigkeit?
Übrigens, vor 2000 Jahren hat es einen Menschen gegeben, der uns den Weg gewiesen hat – es war ein Jude namens Jesus. Ihm sollten wir folgen und nicht der verkrusteten Hierarchie.

Ulrich Habsburg-Lothringen

Dr. Peter Mészáros
Jungnickelstr. 5/1/19
A-9500 Villach

Villach, am 27.II.1999

Kirchenkrise?

Der Grund und die Mitte meines Lebens ist Jesus Christus, - deswegen bezeichne ich mich als Christ.
Das Zeichen des Christentums ist für mich überall, wo Liebe sichtbar, spürbar und greifbar wird.
Christentum ist aber nicht nur persönliche Entscheidung und Einstellung, - es ist auch Zuwendung an eine Gemeinschaft.
Diese Gemeinschaft war für mich bis zum heutigen Tag die Gemeinschaft der römisch-katholischen Kirche.
Nicht nur seit heute kenne ich die gewaltigen Abirrungen dieser Kirche von dem Evangelium Jesu Christi, und mir ist wohl auch bewußt, daß diese Kirche auch menschliche Institution ist. Aber ich war immer voller Hoffnung, - voller Hoffnung, daß Johannes XXIII., das 2. Vatikanische Konzil und das Leben und die Taten von zahllosen ehrlichen, für die Sache Jesu begeisterten Menschen an der Basis, nicht umsonst waren.
Heute sehe ich das anders...
Ich glaube, daß der Karren dieser (römisch-katholischen) Kirche rettungslos im Sumpf steckt. Ich glaube, daß die aufgezählten Hoffnungszeichen bloß Ausrutscher einer unevangelischen Struktur oder die Taten von Menschen sind, die ihren Optimismus trotz allem bewahrt haben und/oder in ihrer materiellen Existenz von dieser Kirche abhängig sind.
Die Mächtigen in der Kirche versuchen (mit gutem Gewissen) die Institution vor dem säkularen Geist zu bewahren und verfolgen dabei eine Strategie, mit der ich mich nicht mehr identifizieren kann: Unfehlbarkeitsdogma und Jurisdiktionsprimat, Kirchliches Gesetzbuch und Weltkatechismus, Heilig- und Seligsprechungen, Verweigerung jeder Demokratisierung (von der pfarrlichen Ebene bis zu den Bischofsbestellungen), Vortäuschen eines Dialogprozesses, diverse Personalentscheidungen, Verweigerung der Weihe für Frauen, und für Männer, die nicht zölibatär leben wollen, unbarmherzige Haltung gegenüber Ehepaaren, die eigenverantwortlich ihre Nachkommenschaft planen oder deren Ehe gescheitert ist, Lähmung in der ökumenischen Annäherung, - um nur einige der gravierendsten Symptome aufzuzählen.
Eine Krise der Kirche? - Nein, es handelt sich offenbar um meine persönliche Krise.
Was kann ich tun?
Da die Gemeinschaft für mich als Christen unerläßlich ist, sehe ich nur eine Möglichkeit: Eine Gemeinschaft zu suchen, die meinem Ideal besser entspricht. - Jahrzehntelange Beheimatung kann man nicht von heute auf morgen vergessen, aber ein weiteres Mittun in dieser römisch-katholischen Kirche sehe ich für mich als Verrat, Heuchelei und vor allem als Festigung des herrschenden Systems an.
Solange sich nichts Besseres anbietet, werde ich in Zukunft alle Aktivitäten unterlassen, die als eine Solidarisierung mit der römischen und ihr ergebenen Kirchenführung gedeutet werden könnten und mich meinen Freunden an der Basis zuwenden, d.h. **ich ziehe mich in die innere Emigration zurück.**

Dr. Peter Meszaros
9500 Villach

4. März 1999

Sehr geehrter Herr Dr. Habsburg!

Vielleicht erinnern Sie sich noch an mich von dem kleinen Treffen zu dritt in Klagenfurt mit Herrn Architekt Orsini-Rosenberg in Sachen „Kirchenvolksbegehren".

Wie aus Ihrem Leserbrief in der Furche vom 3. Dezember 1998 hervorgeht, fühlen Sie schon seit längerer Zeit ähnlich wie ich. Jetzt reicht es mir auch …
Meine Gedanken zu diesem Thema finden Sie auf der Rückseite dieses Blattes.

Mit herzlichen Grüßen
Peter Meszaros

Carl J. Schilling
5400 Hallein

6. März 1999

Sehr geehrter Herr Dr. Habsburg-Lothringen!

Habe mit Interesse Ihren Leserbrief(e) in der Furche gelesen. Seltsamerweise veröffentlicht die „unabhängige christliche Furche" nahezu nur „contra"- Artikel und Leserbriefe.
Ich selbst (als Laie) bin natürlich auch kein „Anhänger" einer „konservativen" oder wie Sie treffend schreiben „unjesuanischen" Linie der Kirche. Man sage mir doch bitte einmal wann und zu welcher Zeit denn die Kirche(n) als jesuanisch bezeichnet werden konnte? Soviel ich (als Laie) weiß verfiel doch die selbige (also die ursprüngliche Ecclesia) bereits mit Kaiser Konstantin (Heide!), welcher – zum Zwecke der Kriegsführung – das quasi – „Konkordat" einführte und welches im Sinne des „Gotteskaisertums Römischer Prägung" und später deutscher Nation bis Ende des 1. Weltkrieges blieb und von Hitler und Pacelli „erneuert" wurde – wiederum zum Zwecke der „Kriegsführung" und der Machtaufteilung.
Dass auch ein Herr Schüller nicht gänzlich frei von letztgenannter ist, zeigt die frühere „fristlose" Entlassung der Kirchenzeitung – Redakteurin Hemmberger!
Welches naturgemäß keine so hohen „Wellen der Empörung" auslöste.
Auch der Protest der oder gegen den „Künstler" Satanisten (in meinen Augen) Hermann Nitsch war so gut wie nicht vorhanden („Wir sind Kirche") und das finde ich als „Laien-Christ" viel schlimmer als alles andere.

Mit christlichem Gruß
Carl J. Schilling

Zusatz:
Wer die österreichische Satanistenkunst (Nitsch, Mühl, Babyficker usw.) unterstützt, nimmt Teil an dem Satans-Werk, des Fürsten dieser Welt. Beziehungsweise wer dazu in heuchlerischer Weise schweigt! Mit Verlaub!

Kleine Zeitung
Leserbriefe
9020 Klagenfurt

30. Dezember 2000

Thema: Wo bleibt das Fest „Die Beschneidung des Herren“?
War Jesus womöglich kein Jude?

Es ist mir negativ aufgefallen, dass die Beschneidung Christi nicht mehr in unserer römisch-katholischen Kirche gefeiert wird. Stattdessen hat sich das Hochfest der Gottesmutter Maria ausgebreitet. Haben womöglich neuere wissenschaftliche Erkenntnisse dazu geführt? War Jesus etwa gar nicht jüdischer Herkunft, war seine Mutter keine Jüdin? Wenn dies alles zutrifft, ist mir verständlich, dass die Erinnerung an die Beschneidung des Herren – dies musste nach den jüdischen Gesetzen acht Tage nach der Geburt stattfinden – stillschweigend abgeschafft und durch ein weiteres Marienfest ersetzt wurde. Die Versuche der Nazis, Jesus eine arische Abstammung nachzuweisen, waren also doch nicht falsch?

Ulrich Habsburg-Lothringen

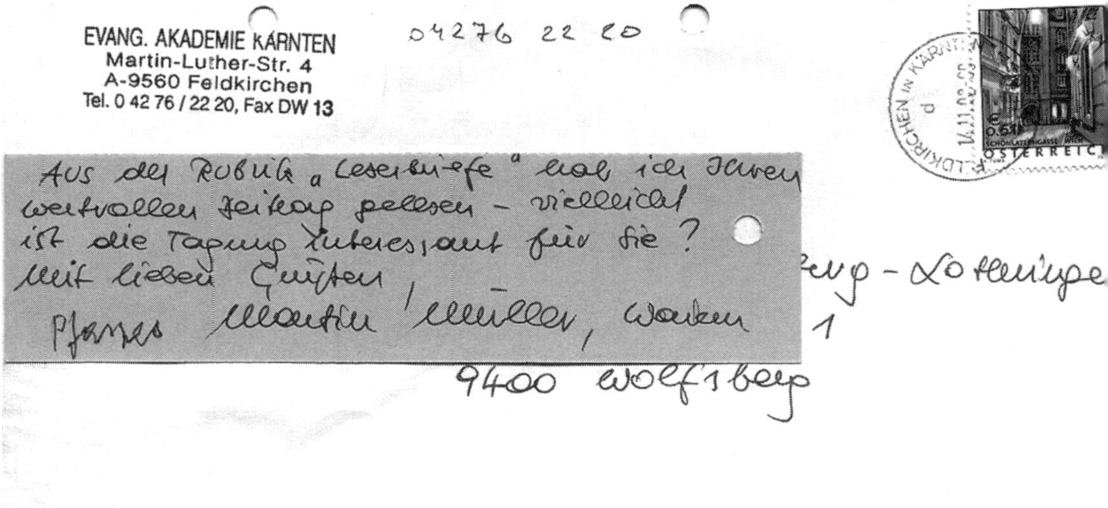
EVANG. AKADEMIE KÄRNTEN
Martin-Luther-Str. 4
A-9560 Feldkirchen
Tel. 0 42 76 / 22 20, Fax DW 13

04276 22 20

Aus der Rubrik „Leserbriefe“ hab ich Ihren wertvollen Beitrag gelesen – vielleicht ist die Tagung interessant für Sie?
Mit lieben Grüßen,
Pfarrer Martin Müller, Warken

...erg-Lothringe
1
9400 Wolfsberg

Wolfsberg, 7. Mai 2003

Kritische Katholiken und ÖVP

Kritische Katholiken haben in den letzten Jahren scharenweise die ÖVP verlassen und sind zu den Grünen und Liberalen abgewandert. Eine Feststellung, die sowohl der Kirche als auch der ÖVP bekannt ist. Die Gründe dafür sind vielfältig, einige davon möchte ich aufzeigen:

- ÖVP und den Sozialisten ist gemeinsam, dass sie sich vom Urheber ihres Wertekataloges (Christus beziehungsweise Marx) distanziert haben.
- Die ÖVP hat das Christliche aus ihrem Parteinamen gestrichen, bei den Sozialisten wurde der soziale Anspruch demokratisiert, was gleichbedeutend mit verwässern ist.
- Das Evangelium und die Lehren Marx‘ werden von beiden Parteien wohl verwahrt in Tressoren aufbehalten, wozu die Schlüssel verloren gegangen sind.
- Gewinnmaximierung wird als Sinn des menschlichen Lebens dargestellt und die Worte Gottes soweit verbogen und interpretiert, bis diese diesem Ziel nicht mehr im Wege stehen.
- Die menschliche Komponente in der Politik kommt zu kurz, wir haben zwar gute Sozialgesetze aber bedürftige Menschen, welche sich oft auch schlecht artikulieren können, fallen trotzdem durch den Rost – hier fehlt der Einsatz der ÖVP.
- Strukturkonservative Elemente sind derzeit in der Beziehung Kirche/ÖVP tonangebend.
- Wollte man weiterhin so auf die tradierten Werte bestehen, müssten der Samstag, die Speisegesetze usw. im Sinne des Judentums auch für uns Christen gelten, da Christus selbst gesagt hat, er sei nicht gekommen um die Gesetze aufzuheben sondern um sie zu vollenden.
- So gesehen sind Grüne und Kommunisten noch am ehesten Fundamentalisten im besten Sinn des Wortes, hier wird noch am ehesten auf den Menschen und die Bewahrung der Schöpfung Rücksicht genommen.

Informat. zum Islam-DIALOG Wurfsendung

Der Verfassungsschutz warnt:

Der Islamismus könnte das Sicherheitsproblem Nummer 1 in Deutschland werden.

Unter dem Schutzmantel Islam kann viel versteckt werden.

Ich setze darum auf die Aufklärung über den Islamismus...

Ich appelliere an die deutsche Gesellschaft, sich auf die demokratischen Werte unserer Gemeinschaft zu besinnen und sie zu verteidigen...

Der Islamismus strebt eine Gesellschaftsordnung an, die unsere Grundordnung nicht kennt. Einen "Gottesstaat" nämlich, in dem alle demokratischen Prinzipien abgeschafft werden...

Ich werde weiter vor der islamistischen Gefahr in Deutschland warnen, die mit dem Voranschreiten des islamischen Fundamentalismus in der Welt täglich wächst.

Käme es eines Tages mit einem islamistischen Staat zum Konflikt, dann hätten wir ein Potential im Lande, das wirklich gefährlich wäre...

Das Problem entsteht nicht durch die Staatsbürgerschaft, sondern durch die Ausbreitung des Islamismus in Deutschland, dessen erklärtes Ziel die Weltherrschaft ist...

Wachsamkeit ist geboten!

Dr. Peter Frisch, Präsident des Bundesamtes für Verfassungsschutz (bis 2000) gegenüber der Presse

Wie wird es weitergehen?

- **1960 gab es in Deutschland 1.200 Muslime, heute sind es rund 3 Millionen.**
- **1970 gab es in Deutschland 3 Moscheen, heute sind es rund 2.500.**
- **In 30 Jahren – so errechnen Experten – werden 12 Millionen Muslime in Deutschland sein; in spätestens 100 Jahren werden es mehr Muslime als Christen sein.**

Die CHRISTLICHE MITTE sagt NEIN: Deutschland soll christlich bleiben!

Wer mehr über das wahre Wesen des Islam und über die islamische Politik auf deutschem Boden wissen möchte, fordere gratis Hintergrund-Informationen an.

○ **Ich bitte um aktuelle Hintergrund-Informationen zum Islam in Deutschland** (1,50 DM Porto in Briefmarken)

○ **Ich bestelle das Buch „Moscheen in Deutschland – Stützpunkte islamischer Eroberung"** (224 S., 10 DM)

○ **Ich bestelle die Dokumentation „Muslime erobern Deutschland"** (185 Seiten, 7,50 DM, auch in Briefmarken)

○ **Ich bestelle beide Bücher zum Vorzugspreis von nur 16 DM** (auch in Briefmarken)

Meine / unsere Anschrift (in Druckschrift)

____

____

Bitte einsenden an:

CHRISTLICHE MITTE, Postfach 2168, 59531 Lippstadt
Fax 0 25 23 / 61 38

Dieses Flugblatt kann kostenlos auch in größeren Mengen bestellt werden.

Moscheen in Deutschland – Stützpunkte islamischer Eroberung

Wollen Sie wissen, wer und was sich hinter den örtlichen Moscheevereinen verbirgt? Welche wahren Ziele dialogfreudige Muslime verfolgen? Welche Fallen Politikern und Kirchenvertretern gestellt werden? Wie die deutsche Öffentlichkeit getäuscht wird?

Dann müssen Sie das Buch **„Moscheen in Deutschland – Stützpunkte islamischer Eroberung“** (224 Seiten, Großformat, zum Selbstkostenpreis von nur 10 DM frei Haus) lesen.

Aus dem Inhalt:
Moscheen sind keine Gotteshäuser, sondern „Orte der Niederwerfung“ vor dem falschen Gott, dem Götzen Allah. – Wie viele Moscheen gibt es in Deutschland? – Baurechtliche Vorraussetzungen; Verstellung, Lüge und Täuschung bei Bauanträgen für Moscheen und Minarette – DITIB-Moscheen: anti-deutsch und anti-christlich; Orte des türkischen Geheimdienstes – Tarngespinst des Moschee-Trägers IGMG.

Erfolgreicher Widerstand gegen Muezzinrufe – Geheimorden unter Moschee-Vereinen – Was verstehen Muslime unter interreligiösem Dialog? – Oberbürgermeister in Wolfsfallen – Moscheen unter Beobachtung des Verfassungsschutzes – Anschläge von Muslimen auf Moscheen.

Gemeinsames Ziel aller Muslime in Deutschland – Das deutsche Kalifat – Keine Religionsfreiheit im Islam – Was verstehen Muslime unter Toleranz und Integration? – Islamische Strategie der Eroberung Deutschlands – und viele andere Themen.

☐ Ja, ich möchte das Buch **„Moscheen in Deutschland“** (224 S./Großformat) bestellen (10 DM anliegend)

☐ Ich bestelle 10 Exemplare für 80 DM

☐ Mich interessiert die ergänzende Dokumentation **„Muslime erobern Deutschland“,** Zitate aus deutschsprachigen islamischen Publikationen, die Beweise sind für die wahren Ziele und Strategien von Muslimen (186 S./7,50 DM, 10 Expl. für 60 DM).

☐ Ich bestelle beide Bücher **„Moscheen in Deutschland“** und **„Muslime erobern Deutschland“,** zum Vorzugspreis für zusammen nur 16 DM (auch in Briefmarken).

Meine Anschrift (in Druckschrift)

____

____

____

____

Bitte einsenden an:

CHRISTLICHE MITTE
für ein Deutschland nach GOTTES Geboten

Postfach 2168, 59531 Lippstadt
Tel. 02523/8388; Fax 6138
Konto-Nr. 749700500
bei der Volksbank Lippstadt, BLZ 41660124

Die entscheidende Frage unserer Zeit:

Verbunden im Glauben an den einen GOTT?

Sind wir Christen mit den Muslimen im Glauben an den einen GOTT verbunden? Beten die Muslime mit uns den einen GOTT an?

Im Glaubensbekenntnis beten wir Christen:

Ich glaube an den einen GOTT, den allmächtigen Vater, Schöpfer des Himmels und der Erde, aller sichtbaren und unsichtbaren Dinge.
Und an den einen HERRN JESUS CHRISTUS, GOTTES eingeborenen Sohn. ER ist aus dem Vater geboren vor aller Zeit. GOTT von GOTT, Licht vom Lichte, wahrer GOTT vom wahren GOTT, gezeugt, nicht geschaffen, eines Wesens mit dem Vater.

Die Muslime dagegen bekennen:

Es gibt keinen Gott außer Allah! „Mit Jesus ist es vor Allah wie mit Adam. Er schuf ihn aus Erde, dann sagte er zu ihm: Sei! und er war!" (Koran-Sure 3,59).

„Ungläubig sind diejenigen, die sagen: Christus ist Gott, wo doch Christus gesagt hat: „O, ihr Kinder Israels: dienet Allah, meinem Herrn und eurem Herrn . Wer Allah einen Sohn beigesellt, dem verwehrt Allah das Paradies. Seine Heimstätte ist das Feuer" (5,72).

Und ausdrücklich betont der Koran, Jesus habe sich bei Allah entschuldigt. Er habe nie gesagt, daß er göttlich sei. Dazu habe er kein Recht (5,116).
„Die Christen sagen: 'Christus ist der Sohn Gottes.' So etwas wagen sie offen auszusprechen. Diese gottverfluchten Leute. Allah schlage sie tot. Wie können sie nur so verschroben sein!" (9,30).

Nach dem Koran ist JESUS also ein Geschöpf Allahs. ER ist nicht GOTTES eingeborener Sohn, ER wurde nicht aus dem Vater geboren vor aller Zeit, ER ist nicht wahrer GOTT vom wahren GOTT. ER ist nicht eines Wesens mit dem Vater! Christen und Muslime verbunden im Glauben an den einen GOTT?

Monotheistische Religionen?

Im Glaubensbekenntnis beten wir Christen:

Für uns Menschen und um unseres Heiles willen ist ER vom Himmel herabgestiegen. ER hat Fleisch angenommen durch den HEILIGEN GEIST aus Maria, der Jungfrau, und ist Mensch geworden.

Die Muslime dagegen bekennen:

„Und gedenke im Buch der Maria. Wir sandten unseren Geist zu ihr. Er erschien ihr im Bildnis eines wohlgestalteten Menschen. Er sagte: 'Ich bin der Bote des Herrn, um dir einen lauteren Knaben zu schenken' ... so empfing sie ihn" (19,16-22).
Nach islamischer Lehre hat Jesus nicht Fleisch angenommen durch den HEILIGEN GEIST, sondern wurde gezeugt von einem Boten Allahs. Jesus war nur Sohn der Maria, die als Schwester Aarons vorgestellt wird (19,28).

Nach dem Koran versteht sich Jesus als Diener Allahs, der unter dem islamischen Gesetz steht und dieses bestätigt: „Ich bin der Diener Allahs. Und Allah trug mir auf, das Gebet und die Abgabe zu erfüllen, solange ich lebe" (19,30-31).

Beten die Muslime mit uns den einen GOTT an?

Wir Christen bekennen:

Gekreuzigt wurde ER sogar für uns; unter Pontius Pilatus hat ER den Tod erlitten und ist begraben worden. ER ist auferstanden am dritten Tag, gemäß der Schrift. ER ist aufgefahren in den Himmel und sitzet zur Rechten des Vaters. ER wird wieder kommen in Herrlichkeit, Gericht zu halten über Lebende und Tote; und Seines Reiches, wird kein Ende sein.

Die Muslime dagegen behaupten:

„Verflucht wurden sie (die Juden), weil sie sagten: Wir haben Christus Jesus, den Sohn Marias, den Gesandten Allahs getötet! Sie haben ihn aber nicht gekreuzigt, sondern es erschien ihnen eine ihm ähnliche Gestalt. Und sie haben ihn mit Gewißheit nicht getötet, sondern Allah hat ihn zu sich erhoben" (4,157/58).
JESUS ist nach islamischer Auffassung nicht am Kreuz gestorben und deshalb auch nicht von den Toten auferstanden. Seine Himmelfahrt war die größte List Allahs, um die Menschen zu täuschen. Die Koran-Sure 3,54 nennt Allah mit Genugtuung den besten aller Betrüger.

Erst nach seiner Wiederkunft werde Jesus sterben, nachdem er – so die islamische Überlieferung – 40 Jahre gelebt, geheiratet, alle Kreuze zerschlagen, alle Schweine vernichtet und alle Christen zum Islam bekehrt hat. Jesus werde neben Mohammed in Medina begraben werden.

Verbunden im Ein-GOTT-Glauben?

Im Glaubensbekenntnis beten wir Christen:
ER wird wiederkommen in Herrlichkeit, Gericht zu halten über Lebende und Tote.

Nach islamischer Lehre dagegen bestimmt Allah über das ewige Leben des Menschen – unabhängig von dessen sittlichem Leben: „Allah führt in die Irre, wen er will, und leitet recht, wen er will"(14,4). Sind Muslime und Christen im Ein-Gott-Glauben verbunden?

Wir Christen bekennen:
Ich glaube an den HEILIGEN GEIST, den Herrn und Lebensspender, der vom Vater und vom Sohne ausgeht. ER wird mit dem Vater und dem Sohn zugleich angebetet und verherrlicht.

Die Muslime dagegen mahnen:
„Ihr Leute der Schrift. Treibt es in eurer Religion nicht zu weit. Christus Jesus, der Sohn der Maria, ist nur der Gesandte Allahs und sein Wort. Darum sagt nicht drei. Hört auf damit, so etwas zu sagen. Das ist besser für euch" (4,171).
„Ungläubig sind diejenigen, die sagen: 'Gott ist der Dritte von dreien', wo es doch keinen Gott gibt außer einen einzigen. Wenn sie mit dem, was sie sagen, nicht aufhören, so wird diejenigen von ihnen, die ungläubig sind, eine schmerzhafte Pein treffen" (5,73).

Nach islamischer Lehre ist Mohammed der „Heilige Geist". Anmaßend bezieht er die Ankündigung durch CHRISTUS auf sich: „O Kinder Israels, ich (Jesus) bin der Gesandte Allahs an euch, um zu bestätigen, was von der Thora vor mir vorhanden war und einen Gesandten zu verkünden, der nach mir kommt; sein Name ist Ahmad (Mohammad), der Hochgelobte" (61,6).

Der Islam leugnet die Dreifaltigkeit GOTTES, die Göttlichkeit CHRISTI, die Erlösung des Menschen am Kreuz, die Auferstehung CHRISTI und die Sendung des HEILIGEN GEISTES! Beten die Muslime mit uns den einen GOTT an?

Weiterführende Informationen

Aktuelle Hintergrund-Information zum Islam bringt regelmäßig die Monatszeitung für Religion und Politik, der KURIER der CHRISTLICHEN MITTE.

Der Jahresbezugspreis für ein Abonnement beträgt 30,00 DM (Probenummern gratis).

Broschüren sind erschienen zu den Themen:

- **Christenverfolgung in den islamischen Ländern** (16 Seiten, 1 DM)
- **Kurz-Lexikon „Islam von A bis Z", 1. u. 2. Teil** (je 16 Seiten je 1 DM)
- **Ich war mit einem Muslim verheiratet, Schicksalsberichte** (1 DM)
- **Muslime, die zu CHRISTUS fanden** (2,50 DM)

Faltblätter (gratis):

- **Wir laden dich ein, Muslim! (Missionsflugblatt)**
- **Bürgerbefragung: Wollen Sie ein islamisches Deutschland?**
- **Was haben Licht und Finsternis gemeinsam? (Konzilsdokumente unter der Lupe)**
- **Missionsgebet zur Bekehrung der Muslime**
- **Der Verfassungsschutz warnt**

Kassetten:

- **Hörkassette: Heiliger Widerstand – Die Wahrheit über die Kreuzzüge – (90 Minuten-Vortrag von A. Mertensacker für 10 DM).**
- **Ich fand zu CHRISTUS – Zeugnis eines Muslims**
- **Video: Hintergrundinformationen zum Islam (3 Stunden, 30 DM)**

Bücher von A. Mertensacker

- **60-Seiten-Büchlein: Geführt von Dämonen – Über das wahre Wesen des Islam** - (3 DM, auch in Briefmarken, 10 Expl. 25 DM)
- **Der Prophet Allahs** (115 Seiten für 6 DM, 10 Expl. 50 DM)
- **Muslime erobern Deutschland** (186 Seiten für 7,50 DM, 10 Expl. für 60 DM)
- **Der Islam im Zeugnis von Heiligen und Bekennern** (150 S. 6,50 DM, 10 Expl. für 50 DM).
- **Moscheen in Deutschland – Stützpunkte islamischer Eroberung** (224 S. für 10 DM).

Dieses Flugblatt „Verbunden im Glauben an den einen Gott?" kann kostenlos auch in größerer Menge zur Verbreitung angefordert werden von:

CHRISTLICHE MITTE, Adelgunde Mertensacker (ViSdP), Postfach 2168, 59531 Lippstadt

Wolfsberg, 7. Mai 2003

Punktation
Gespräch Bischof Mag. Schwarz

Eigener religiöser Weg

Über Pfarrer Hofer 1977 zur Mitarbeit in der Pfarre Wolfsberg gewonnen; Leitung des örtlichen Katholischen Bildungswerkes, aktiv im Vorstand des Katholischen Akademikerverbandes Kärnten und in Wolfsberg. Tätigkeiten in der Pfarre als Lektor, Kommunionhelfer und Wortgottesdienstleiter; Mitglied des Pfarrgemeinderates und früher auch des Kirchenchores (wegen Antijudaismen in Kirchenliedern ausgetreten). Veranstaltungen zur Minderheitenproblematik (Slowenen, Juden).

Offene Probleme

– Tag des Judentums; wird in Kärnten anscheinend nicht begangen – in Kirchenzeitungen ist mir diesbezüglich nichts aufgefallen. Zumindest in Orten mit jüdischer Bevölkerung bis 1938 sollte ein diesbezüglicher Tag gefeiert werden. Auf eine schriftliche Anfrage im Seelsorgeamt habe ich keine Antwort erhalten.

– Mangelnde Kenntnis der Christen von unseren jüdischen Wurzeln; nur aus dem Judentum ist die christliche Liturgie des Gottesdienstes verstehbar, besonders jene des Wortgottesdienstes. Ewiges Licht, Tabernakel/Thoraschrein, Segensspruch über Brot und Wein, das Brotbrechen, Händewaschen, zwei Kerzen am Altar, Stola/Gebetsschal, das Heilig-Gebet usw.

– Jesus als Jude; wird konsequent aus unserer religiösen Tradition gestrichen. Das Fest der Beschneidung des Herren – acht Tage nach Christi Geburt – wird durch ein Hochfest Mariens ersetzt. Dafür wird aber die Taufe des Herren besonders hervorgehoben. Soll damit eine arische Abstammung Christi konstruiert werden? Dies hat es schon vor 60 Jahren gegeben.

– Texte der Lesungen und Evangelien; Die Lesungen werden sehr oft gekürzt, wobei Textteile ausgelassen werden, was oft die ursprünglichen Aussagen verändert. Die Evangelien enthalten sehr oft antijüdische Passagen, welche zwar aus der damaligen Zeit heraus verstehbar sind, nur unterbleibt sehr gerne die entsprechende Erklärung bei der Predigt. Dies fördert natürlich einen Antijudaismus und Antisemitismus.

– Jesus verstellt uns den Blick auf Gott; die Kirche ist zu christozentrisch geworden, die menschliche Dimension Gottes in Jesus steht im Vordergrund der

Verkündigung. Der eine Gott – wie soll das geglaubt werden, wenn in der Kirche nur von Jesus gesprochen wird.

– Es muss mehr von und über Gott gesprochen werden, er hat die Welt erschaffen, er hat uns die Gebote am Sinai gegeben, er hat uns in das gelobte Land geführt und nicht Jesus.

– Maria und Jesus, sie (z)ersetzen derzeit bei römisch-katholischen Christen das biblische Gottesbild.
Zur Zeit der Apostel entsprach es noch dem einen, unfassbaren Gott. Jetzt verstellen viele Nebengötter, wie Maria und die Heiligen uns den Blick und die Beziehung zu Gott hin.

– Die Abkehr von dem einen, unfassbaren Gott führt zu Glaubensproblemen da die Vielfältigkeit der Gottesbegriffe zu einer Dogmatisierung führt, welche die Universalität und Singularität Gottes in Frage stellen muss.

– Gott muss mystisch bleiben; einem pausbackigem Jesuskind fehlt jegliche mystische Dimension. Die Psalmen geben diesbezüglich ein besonders gutes Zeugnis von der Menschennähe Gottes und zugleich von seiner mystischen Dimension.

– Das große Glaubensbekenntnis sollte zumindest monatlich einmal im Gottesdienst gebetet werden. Es sagt viel mehr über unseren Glaubensinhalt aus und die Kraft der Aussagen erscheint im Wort viel deutlicher als im normalen Glaubensbekenntnis.

– Wortgottesdienstleiter sollten bei Priestermangel öfters eingesetzt werden. Die Heilswirksamkeit eines Wortgottesdienstes sollte ja nicht schlechter als jene eines eucharistischen Gottesdienstes sein. Nur die Worte Gottes zu vernehmen sollte bei normalen Menschen nicht weniger zu einer Festigung des gottgefälligen Lebensweges beitragen als der Kommunionempfang.

– Wortgottesdienstleiter sollen mit fixen Dienstplan in das Pfarrgeschehen eingebaut werden und nicht als plötzliche Feuerwehr.

– Monatliche Kirchenzeitung für alle. Ähnlich wie bei ÖAMTC, ARBÖ, AVÖ usw. sollte eine monatliche Ausgabe der Kirchenzeitungen, welche die wichtigsten Grundlagen für eine breite religiöse Weiterbildung darstellen könnten, als eine Art Club-Zeitung an alle katholischen Kirchenbeitragszahler gratis geliefert werden.

ET VERBUM CARO FACTUM EST

Klagenfurt, am 10. Mai 2002

Sehr geehrter Herr Dr. Habsburg-Lothringen!

Ich möchte es nicht verabsäumen, mich bei Ihnen auch noch auf diesem Wege für das Gespräch vom 26. April zu bedanken. Auch wenn wir nicht in allen angesprochenen Fragen einer Meinung sind, nehme ich Anregungen aus diesem Gespräch gerne in mein Wirken mit.

Mit besten Grüßen

+ Alois Schwarz

Dr. Alois Schwarz
Diözesanbischof

Herrn
Dipl.-Ing. Dr. Ulrich HABSBURG-LOTHRINGEN
Klagenfurter Straße 1
A-9400 Wolfsberg

… in einem Interview zum Thema „Kirche und Antisemitismus“ machte es sich Erzbischof Kardinal Christoph Schönborn doch etwas leicht – der Versuch, die Katholiken zu entlasten, belastet die Protestanten …

Kirche und Holocaust: „Wir fordern G

Kardinal Christoph Schönborn plädiert im „Presse"-Interview im Blick auf die Goldhagen-Diskussion für einen umfassenderen Blick auf die Geschichte.

VON MICHAEL FLEISCHHACKER

DIE PRESSE: Herr Kardinal, Daniel Jonah Goldhagen erhebt in seinem neuen Buch „Die katholische Kirche und der Holocaust" schwere Vorwürfe. Zumindest mit einem dürfte er recht haben: Die 1998 in einem kirchlichen Dokument aufgestellte Behauptung, wonach die Wurzeln des nationalsozialistischen Antisemitismus definitiv „außerhalb des Christentums" lägen, ist nicht haltbar.

Kardinal Schönborn: Ich möchte an ein unleugbares Faktum erinnern: An die Karte der Konfessionsverteilung und der Wahlverteilung für den Nationalsozialismus aus dem Jahr 1933. Es ist doch frappierend, daß die Nationalsozialisten in den stark katholischen Gebieten am wenigsten Stimmen hatten. Ich glaube, das muß man einfach mitbedenken, wenn man, pauschal und ohne das Umfeld zu betrachten, die katholische Kirche isoliert heraushebt.

Kann man einfach mit ein paar Gegenbeispielen darüber hinwegzusetzen sucht? Es braucht kritische Rückfragen: Haben wir unsere Ursprünge richtig verstanden? Haben wir sie verlassen? Haben wir unseren Ursprüngen entsprechend gehandelt?

Sie nehmen die deutsche Wahlkarte der 30er Jahre als Beweis dafür, daß die Protestanten anfälliger für den Nationalsozialismus waren als die Katholiken. Wieso ist es für Sie so schwer zu sagen: Ja, wir müssen heute sehen, daß sich der nationalsozialistische Antisemitismus auch deshalb gegen so geringe Widerstände durchsetzen konnte, weil das, was wir als Kirche über Jahrhunderte gesagt und getan haben, die Leute abgestumpft hat.

Schönborn: Das sagt in gewisser Weise ja auch das vatikanische Dokument.

Es sagt, die Wurzeln des Antisemitismus seien definitiv „außerhalb des Christentums" zu suchen.

Schönborn: Es gibt auch eine Aussage, die von einer Schwächung des Widerstandsbewußtseins spricht. Ich glaube, Geschichte läßt sich nicht in der Weise aufrechnen, wie es heute getan wird. Es geht in der Geschichtsbetrachtung nicht primär um Schuldzuweisungen.

„Geschichtlichkeit"

Wie weit ist es denn mit dem Wahrhaftigkeitsanspruch her, wenn die

Mitschuld der Kirche bekennen: Kardinal Schönborn. Photo: Fa

telalter ableiten. Das ist eine Idee, die, seien Sie mir nicht böse, erst in der Aufklärung entstanden ist, mit den evolutiven Ideen des Darwinismus sehr eng verbunden, mit dem Materialismus, mit dem Nationalismus. Das eins zu eins als Konsequenz des konfliktreichen Zusammenlebens von Juden und Christen für ungeschichtlich.

Faktum ist aber doch, daß der d[…] winistisch-materialistisch-nation[…] listisch beeinflußte Rassengedan[…] und der christliche Antijudaism[…] sich mit dem Ende des 19. Ja[…] hunderts vermischen – und da[…] gemeinsam eine Grundlage für d[…] bilden, was geschehen ist.

Schönborn: Eines stimm[…] und das stimmt mich sehr nac[…] das Christentum auf dem Wu[…]

[…] dafür legte, daß so viele Deutsche und Österreicher meinten, daß eine „Bestrafung" der Juden in irgendeiner Weise gerechtfertigt wäre?

Schönborn: Ich glaube, hier rührt man an eine der schwierigsten Fragen aller Religionen: Ist der Absolutheits- oder Wahrheitsanspruch einer Religion notwendigerweise mit Intoleranz verbunden? Die Geschichte des erwählten Volkes ist von dieser Frage zutiefst geprägt, davon zeugt das ganze von uns so genannte Alte Testament.

Das Christentum hat in seiner 2000jährigen Geschichte immer wieder Akte gesetzt, die wir heute als intolerant, als inkompatibel mit der Achtung der Menschenwürde betrachten. Und daß diese Frage sich – seit dem 11. September 2001 in zugespitzter Weise – massiv für den Islam stellt, ist ebenfalls eine Evidenz.

An alle monotheistischen Religionen wird heute die Frage gestellt: Seid ihr kompatibel mit einer modernen Demokratie, mit einer Auffassung von Menschenrechten, wie wir sie im 20. Jahrhundert entwickelt haben?

„Wahrhaftigkeit"

Was würden Sie antworten?

Schönborn: Ich denke, daß hier sehr viel Wahrhaftigkeit notwendig ist. Wie geht das jüdische Volk damit heute um, daß sein Gott – unser Gott, der Gott der Offenbarung – geboten hat, die Völker zu vertreiben, ja auch zu vernichten, die in dem Land gelebt haben, das dem Volk Gottes zugesprochen wurde? Wie gehen die Christen damit um, daß sie den Missionsauftrag Jesu sehr oft nicht mit der Kraft der Überzeugung, sondern mit der Kraft politischer, wirtschaftlicher und militärischer Macht zu verwirklichen versucht haben? Wie geht der Islam damit

[…] chen, die gegen uns sind, also werden wir das ausblenden und uns auf ein paar Punkte konzentrieren, die für uns sprechen?

Schönborn: Wir fordern Geschichtlichkeit. Eine geschichtliche Betrachtungsweise. Es sind Ereignisse der Geschichte nur aus der Geschichte heraus zu verstehen. Das heißt nicht, daß man sie damit rechtfertigt. Eines der beliebtesten Standardbeispiele der Angriffe gegen die Kirche ist die Inquisition. Wenn man die Inquisitionspraxis isoliert herausnimmt und vom heutigen Standpunkt der Rechtsprechung und Gerichtsbarkeit aus betrachtet, kommt man natürlich zu einem Urteil voll Entsetzen.

Aber wenn Sie die Inquisition in die damalige Gerichtsbarkeit hineinversetzen, dann muß man sagen, daß die Inquisition ein Fortschritt war. Weil es im Unterschied zur damals weltlichen Gerichtsbarkeit eben eine formelle Inquisitio, eine Untersuchung gegeben hat. Und nicht einfach eine Willkür-Rechtsprechung oder Unrechtsprechung. Das verstehe ich unter Geschichtsbewußtsein, daß man Phänomene in ihre Zeit hinein versetzt.

Daß die Bestrafung des Nichtglaubens mit dem Tode nicht im Sinne des Stifters war, konnte man aber auch im 15. Jahrhundert wissen.

Schönborn: Verstehen Sie es aus der damaligen politischen gesellschaftlichen Situation heraus. Und da möchte ich, auf heute übertragen, doch sagen: Bitte verwechseln wir nicht den Nationalismus, den Darwinismus, den Malthusianismus und seine Konsequenz, die Rassenlehre des 19. Jahrhunderts, mit dem Zusammenleben, dem konfliktreichen, aber doch Zusammenleben von Juden und Christen im Mittelalter. Die Rassen-

chichtlichkeit"

elstamm des erwählten Volkes ufgepfropft ist, ist im Laufe der Geschichte zum Teil verloren egangen. Aber noch einmal, m es wieder zu differenzieren: Kurt Schubert erinnert daran, aß die christliche Geschichte ie so antijüdisch gewesen ist, enn man hat das Alte Testament behalten. Lesen Sie Shakespeares Königsdramen und lesen Sie daneben die Königsbücher des Alten Testaments und ie werden sehen, daß ein hakespeare mit seiner ganzen icht der Dramatik der Herrschaft nicht zu verstehen ist, hne das Gespür für das Königum im Alten Testament. Die anze christliche Liturgie – chauen Sie sich die Osternacht n – basiert darauf, daß das Alte nd das Neue Testament zuammengehören.

s ist wohl doch ein Unterschied, ob ich von einem poetisch-theologischen Standpunkt aus die Königsdramatik des Alten Testamentes ber Shakespeare bis heute herauf erfolge, oder ob ich sehe, was sich m Ende des 19. und am Beginn es 20. Jahrhunderts abspielte.

Schönborn: Mir fehlt in der anzen Debatte eine Aufarbeiung der gemeinsamen Verantortung. Ich warte darauf, daß ıch die Atheisten einmal benennen, was ihre Mitschuld am ntstehen der Ideologien des 9. Jahrhunderts ist, die uns den Nationalsozialismus und den Kommunismus beschert haben. Wer steht dafür gerade, daß an französischen Universitäten ein Pol Pot seine Ausbildung bekommen hat und dann zum Massenmörder in seinem Land geworden ist? So einfach ist die Geschichte nicht. Da gibt es sehr wohl Rückfragen an das, was sehr gezielt, bewußt und kämpferisch von gewissen ideologischen Kreisen im 19. Jahrhundert unter die Menschen gebracht wurde. Das wäre eine wirkliche Aufarbeitung der Geschichte – und darin auch der Anteil der Christen, ihre Mitschuld, ja.

„Mitschuld"

Deshalb habe ich auf der 1998 enthüllten Gedenktafel am Wiener Judenplatz im Gedenken an die mittelalterliche Judenverfolgung geschrieben: „Die Auflösung der Wiener Judenstadt 1421 war schon ein drohendes Vorzeichen für das, was europaweit in unserem Jahrhundert während der nationalsozialistischen Zwangsherrschaft geschah. Mittelalterliche Päpste wandten sich erfolglos gegen den judenfeindlichen Aberglauben, und einzelne Gläubige kämpften erfolglos gegen den Rassenhaß der Nationalsozialisten. Aber es waren derer viel zu wenige. Heute bereut die Christenheit ihre Mitschuld an den Judenverfolgungen und erkennt ihr Versagen."

Kardinal
Erzbischof Dr. Christoph Schönborn
Wollzeile 2
1010 Wien

Wolfsberg, 8. Mai 2003

Betrifft: Interview in „Die Presse" vom 9. November 2002

Verehrter Erzbischof, lieber Freund!

Ich habe mit dem Inhalt Deines Interviews gewisse Probleme. Allein der Versuch, die räumliche Verteilung der Protestanten und der Katholiken mit der Stärke der Anhängerschaft der Nationalsozialisten in Verbindung zu setzen, erscheint mir etwas gewagt, wenn man das Thema Kirche und Holocaust behandeln will. Antisemitische Äußerungen in der Kirche waren schon vor der Trennung der beiden Kirchen im 15. Jahrhundert vorhanden und wurden sodann von den Protestanten wie auch den Katholiken weiterbetrieben.
Mein Wohnort Wolfsberg ist dafür ein gutes Beispiel, war er doch bis 1759 im Besitz des Bistums Bamberg und gerade hier gab es im Jahre 1338, also lange vor Luther, die erste Judenvertreibung, die mit dem Tod von 70 Juden endete. Aber bald darauf, 1348/49, erfolgte die nächste Vertreibung. 1938 rühmte sich man in dieser Stadt sogar im Gemeinderat der, vor 600 Jahre durchgeführten, Vertreibung, in einer Stadt, in der sich 95 Prozent katholisch nannten und vertrieben wiederum alle sechs Juden wovon zwei in Ausschwitz endeten.
Das Problem der Ursachen des Holocaust liegt nämlich schon vor der Trennung beider Kirchen. Allein in der Schule vermittelt zu bekommen, dass die Juden Christus getötet hätten, dass Pilatus sich die Hände zum Zeichen der Unschuld wusch und der Priester dies noch heute am Altar täte, dass die Texte der Evangelien hinsichtlich der nicht unbedingt judenfreundlichen Äußerungen nicht fachgerecht interpretiert werden, gibt schon Grund genug dafür im menschlichen Unterbewusstsein eine Abneigung gegen das Judentum in seiner menschlichen und religiösen Ausformung einzupflanzen.
Der Holocaust war ein Ereignis, welches im christlichen Umfeld, jenem der Protestanten und Katholiken, auftrat. Es waren sowohl Deutsche wie Österreicher daran beteiligt, wobei nachweisbar ist, dass die, zu 90 Prozent katholischen Österreicher, stärker als im Verhältnis zur Bevölkerungszahl in der nationalsozialistischen Führungsschicht und bei den Tätern vertreten waren.

Mit der geforderten geschichtlichen Betrachtungsweise sind natürlich etliche Probleme verbunden, da, wie man nachträglich sehen kann, menschliche Grundrechte relativiert werden und zu falschem Rechtsempfinden führen können. Die Ausgrenzung und spätere Eliminierung der Juden, Roma und teilweise der Slawen stand größtenteils im Einklang mit den nationalsozialistischen Gesetzen und war damals für viele Menschen, die keine starke Gewissensbildung durch ihren christlichen Glauben hatten, nicht unbedingt als Unrecht erkennbar; eine

entsprechende Aufklärung durch die Pfarrer unterblieb leider sehr oft. Auch heute ist bei uns die Abtreibung verboten, jedoch bis zu einem gewissen Zeitpunkt straffrei gestellt und fast alle Menschen glauben die Abtreibung sei erlaubt.
Die Inquisition als Fortschritt der damaligen Gerichtsbarkeit anzusehen ist auch nur möglich, wenn man die, sehr oft zweifelhaften Vorgangsweisen bei der Untersuchung, ausblendet. Wäre das Dritte Reich allerdings gemäß der Inquisition vorgegangen, wäre es für die Ausgegrenzten ein Vorteil gewesen, denn damals (zur Zeit der Inquisition) wurde nicht, so sehr die Rasse als der Glaube als Grund für die, heute verabscheuungswürdige Vorgangsweise, herangezogen, und die Trennung vom Glauben reichte damals noch aus, um sein Leben zu retten – man blieb aber diskriminiert.

Der Umgang mit dem Ersten Testament (Altes Testament) erscheint mir insofern antijüdisch zu sein, indem Christus gesagt hat, er sei nicht gekommen dieses aufzuheben, sondern dieses zu vollenden, und gleichzeitig dazu auch bemerkt hat, dass kein Buchstabe hinzugefügt oder weggenommen werden dürfe. Wir halten uns jedoch nur im sogenannten Neuen Testament an diese Aussagen, bei der Schriftenlesung im Gottesdienst werden sehr oft gekürzte Texte vom Ersten (Alten) Testament dem Volk verkündet.
Bezüglich der Atheisten sei festgestellt, dass diese sich zumeist aus Marxisten rekrutieren und der Marxismus unzweifelhaft eine Reaktion auf nicht gelebtes Christentum ist. Er ist in der christlich-jüdischen Gedankenwelt entstanden, und hat die Transzendenz samt Gott gestrichen, so dass nur mehr das Volk als geistiger und letzter Souverän übrig blieb. Marx war Jude und hat in einem christlichen Reich gelebt in dem es recht feudal zuging. Auch in den anderen Staaten waren damals die sozialen Zustände nicht so, dass sie den christlichen Grundsätzen entsprochen hätten.
Leider ist es derzeit hinsichtlich Antisemitismus und Antijudaismus so, dass in den obersten Kreisen der christlichen Hierarchie dieses Problem erkannt ist und auch nicht mehr tradiert wird, sehr oft jedoch von den jeweiligen Pfarrern am Ort diesbezüglich keine Aufklärung betrieben wird und antijüdisch interpretierbare Texte des Evangeliums nicht genügend erläutert werden.

Ich musste leider diese Anmerkungen zum Interview anbringen, um meinen Frust mit meiner katholischen Kirche nicht in den Himmel wachsen zu lassen, da am Land nicht einmal der Tag des Judentums in der Kirche begangen wird und das Hochfest der Beschneidung des Herrn marianisch übertüncht wurde.

Mit herzlichen Grüßen

Ulrich Habsburg-Lothringen

VOS AUTEM DIXI AMICOS

KARDINAL DR. CHRISTOPH SCHÖNBORN
Erzbischof von Wien

4. Dezember 2002
6114/2002-Do

Lieber Freund!

Herzlichen Dank für Deinen Brief vom 23. November. Ich darf Dir in Ablichtung die Karte der politischen und religiösen Landschaften Deutschlands in der Nazizeit zusenden, über die Eric Kühnelt-Leddihn einige sehr intelligente und eindringliche Seiten geschrieben hat.

Es ist keine Frage, dass es eine echte Mitschuld der Christen am Antisemitismus gibt. Du bist aber nicht auf mein Kernargument eingegangen, das mir viel zu wenig zur Sprache zu kommen scheint. Der ideologische und militante Atheismus des 19. Jahrhunderts, der sich via Darwinismus in der Rassenlehre und in der Klassenlehre ausgeprägt hat, hat erst die Katastrophen des 20. Jahrhunderts wirklich möglich gemacht. Ich habe noch nie von einem Atheisten gehört, dass er sich dafür entschuldigt hätte, was der atheistische Materialismus des Marxismus oder der atheistische Nationalismus der deutschen Rassenlehre an Übel angerichtet hat. Der Nationalsozialismus hat die jüdische wie die christliche Religion frontal angegriffen, versucht Jesus das Judesein abzusprechen. Aber zur Zeit scheint überhaupt ein Trend zu herrschen, der für alles und jegliches und oft auch für Gegensätzliches die Katholische Kirche als den Schuldigen ausmachen will. Hier ist, wie ich immer wieder feststelle, mit rationalen Argumenten und auch mit geschichtlichen Differenzierungen eigentlich nichts zu machen. Als der Papst in Israel war und dort in die Ritze der Klagemauer seine Vergebungsbitte gesteckt hat, haben nicht wenige israelische Zeitungen nicht nur ihre Ergriffenheit über diese Geste des Gebets an der Mauer zum Ausdruck gebracht, sondern ganz ausdrücklich die Frage gestellt, wie es denn bei anderen mit der Bereitschaft um die Vergebungsbitte steht, z.B. Israels gegenüber den Palästinensern, wie Uri Avneri schrieb. Was ich mir also wünsche und auch weiterhin wünschen werde ist eine differenzierte Geschichtsbetrachtung einerseits und anderseits eine großherzigere Bereitschaft Mitschuld zu nennen und zu bekennen.

Ich darf Dir und Deiner Familie eine gesegnete Adventzeit wünschen!

Dein

+Christoph K. Sch.

Herrn
DI. Dr. Ulrich Habsburg-Lothringen
Klagenfurterstraße 1
9400 Wolfsberg

Beilagen erwähnt

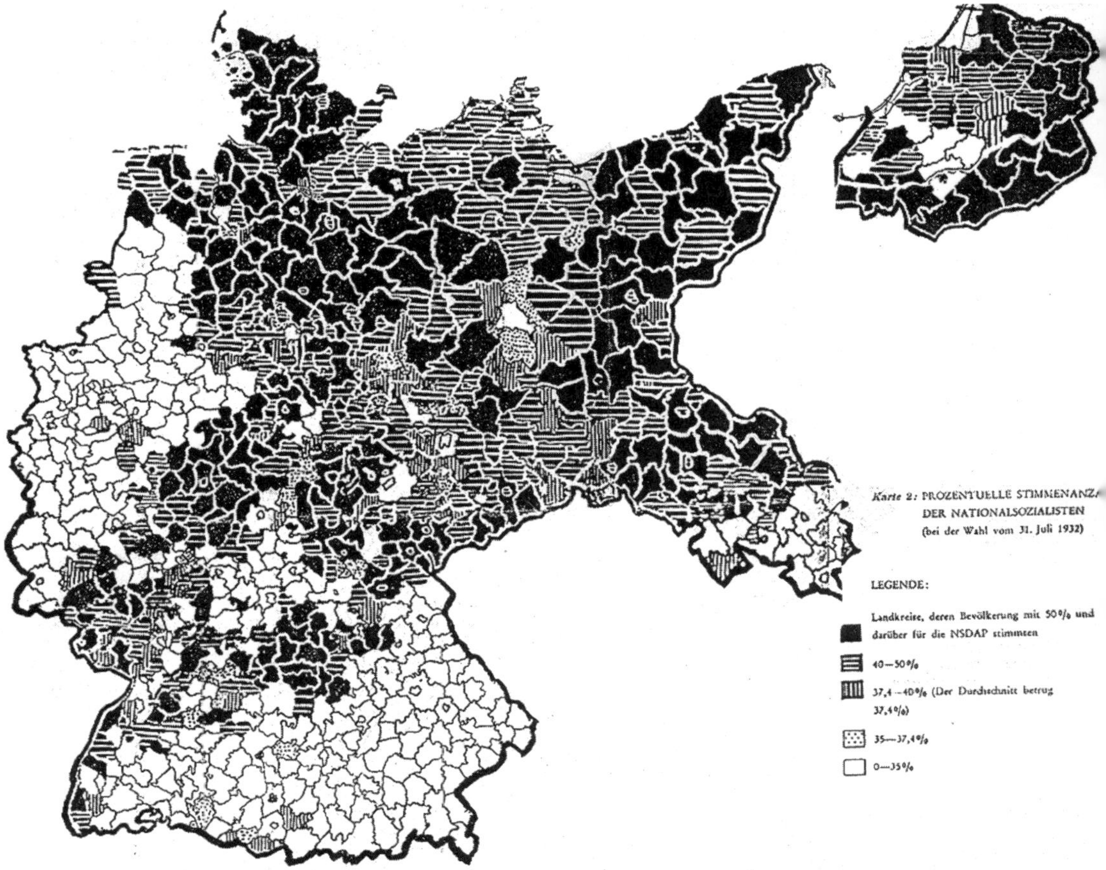

Karte 2: PROZENTUELLE STIMMENANZA
DER NATIONALSOZIALISTEN
(bei der Wahl vom 31. Juli 1932)

LEGENDE:

Landkreise, deren Bevölkerung mit 50% und darüber für die NSDAP stimmten

40—50%

37,4—40% (Der Durchschnitt betrug 37,4%)

35—37,4%

0—35%

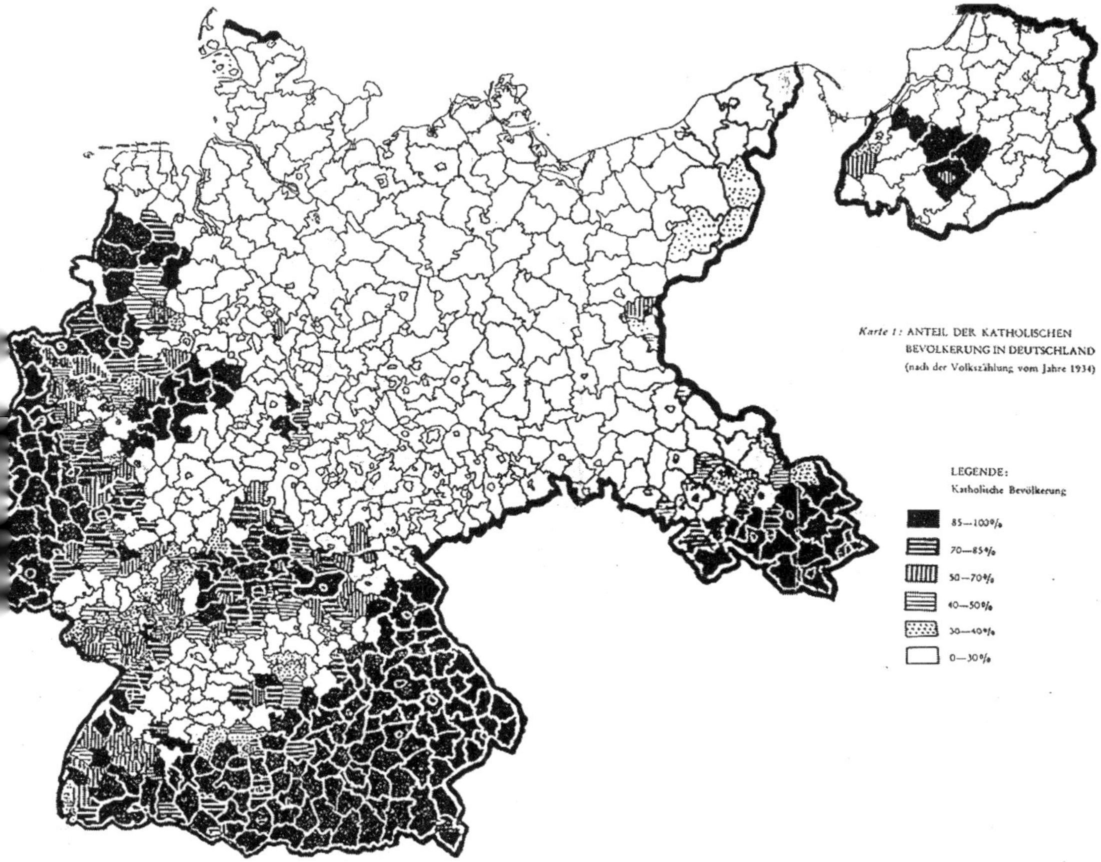

Karte 1: ANTEIL DER KATHOLISCHEN BEVÖLKERUNG IN DEUTSCHLAND
(nach der Volkszählung vom Jahre 1934)

17. Jänner 2003

Tag des Judentums

Seit dem Jahr 2000 feiern alle christlichen Kirchen in Österreich den Tag des Judentums. Er ist somit bewusst der Gebetswoche für die Einheit der Christen, welche vom 18. bis 25. Jänner stattfindet, vorgeschaltet, da ja alle Kirchen ihre Wurzeln im Judentum haben.
Der Alttestamentler Prof. Erich Zenger sagte im Herbst in St. Georgen/Längsee: „Man kann beinahe auf jeder Seite des Neuen Testamentes erkennen, dass die ersten Jüngerinnen und Jünger Jesu ihr Christusbekenntnis mit Zitaten und Bildern aus den Heiligen Schriften Israels, dem später sogenannten Alten Testament, formulierten und begründeten. Diese Schriften waren zunächst die einzige Bibel des jungen Christentums. Und die ersten neutestamentlichen Schriften sind nicht entstanden, um diese Bibel zu ersetzen.“ Soweit Zenger.

Das Alte Testament (Erstes Testament) – Thora – ist Juden und Christen gemeinsam. Es besteht aus den fünf Büchern Moses, den Geschichtsbüchern und den Weisheitsbüchern. Nimmt man die gesamte christliche Bibel, also Altes und Neues Testament zusammen, so fallen etwa drei Viertel davon auf Schriften des Alten Testamentes.

Jesus war Jude, wurde von Maria, einer jüdischen Mutter, geboren und im jüdischen Glauben aufgezogen. Gerade die erst gefeierten Feste der Heiligen Familie – am 29. Dezember, wo Jesus, gemäß dem Gesetz, dem Herrn im Tempel geweiht wurde, und jenes der Beschneidung des Herrn, am 1. Jänner, jetzt durch ein Marienfest überdeckt, sowie das am 2. Feber gefeierte Fest der Darstellung des Herrn, wo gemäß dem Gesetz jede männliche Erstgeburt dem Herrn geweiht werden sollte (als Opfer waren ein paar Turteltauben oder zwei junge Tauben vorgesehen) – zeigen uns die tiefen Verzahnungen zwischen dem jüdischen Leben Christi und seiner Wiedergabe im christlichen Glauben.
Jesus hat die in der Thora enthaltenen Gesetze (613 Verbote und Gebote) so genau gelebt, dass Johannes über Jesus sagen konnte „das Wort ist Fleisch geworden und hat unter uns gewohnt".
Diese Aussage ist so richtig, nur aus dem jüdischen Verständnis der Thora, verständlich, da die Thora dort, als Wort Gottes, ähnlich verehrt wird, wie bei den katholischen Christen die Eucharistie.

Jesus selbst hat die Gültigkeit der Thora bestätigt, als er sagte: er sei nicht gekommen das Gesetz aufzuheben, sondern es zu erfüllen; es dürfe auch nichts weggenommen oder dazugefügt werden.
Nicht nur die Thora haben Juden und Christen gemeinsam, auch die Wurzeln vieler christlichen Feste wie Ostern, Pfingsten, Erntedank sowie die Heiligung des siebenten Tages der Woche liegen im Judentum.

Synagogen und Gebetshäuser sind genauso nach Osten ausgerichtet wie die Kirchen; das ewige Licht brennt vor dem Thoraschrein, wie bei Christen vor dem Tabernakel. Die Frauen sitzen getrennt von den Männern, dies hat sich erst im letzten Jahrhundert bei den Christen geändert. Männer tragen eine Kopfbedeckung, Kipa oder Hut, die Frauen teilweise Kopftuch oder Hut.
Der jüdische Gottesdienst ist ähnlich wie unser Wortgottesdienst aufgebaut. Zu den Lesungen aus den Mosesbüchern, welche in einem Jahr durchgelesen werden, kommen ergänzende Texte aus den Prophetenbüchern hinzu, sowie viele Psalmen. Ein Kantor und ein Synagogenchor sind miteingebunden und der Rabbiner, welcher nicht die Funktion unseres Pfarrers hat, hält eine Predigt. Zum Vorlesen aus der Thora werden aus dem Volke, wie bei uns Lektoren, bestellt oder sogar während des Gottesdienstes aufgerufen. Die Thora – von der es viele gibt – wird beim Gottesdienst durch die Synagoge in feierlicher Prozession getragen. Bei besonders feierlichen Teilen des Gottesdienstes legen die Männer einen Gebetsschal um, der auch den Kopf bedeckt, und mit seine Fransen an unsere Stola erinnert. Anschließend an den Vormittags-Gottesdienst findet meist ein Kiddusch statt, ähnlich unserer Agape, welcher zumeist von Mitgliedern der Gemeinde, zu einem besonderen Anlass, gestiftet wird.

Der Sabbat, der siebente Tag der Woche, unser Samstag, welcher allerdings schon am Vorabend beginnt, wird in der jüdischen Familie feierlich begangen. (Daher auch unser Vorabendgottesdienst.) Nach dem Abendgottesdienst geht man zum feierlich gedeckten Tisch, zwei Kerzen, Gläser oder Becher für Wein, ein besonderer Becher oder Kelch für den Hausherren, sowie ein Brotkorb mit den beiden Sabbatbroten, welche mit einer schön gestickten Decke zugedeckt sind, sind in fast jedem halbwegs religiösen Haushalt anzutreffen. Der Hausherr lobt zuerst in einem Gebetstext die Hausfrau und spricht dann den Segensspruch über den Wein, reicht seinen Becher allen Anwesenden zum Trinken, hernach wäscht man sich die Hände im Bad (Küche oder Brunnen) aus einem Wasserkrug, es erfolgt der Segensspruch über das Brot und das Brotbrechen sowie Weiterreichen an die Mitfeiernden und jetzt erst beginnt das Abendessen aus koscheren Speisen.
Diese Segenssprüche über Brot und Wein und das Brotbrechen durch den Hausherren sind eine Art liturgische Handlung, die eine gewisse Mystik entstehen lassen, und es ist nicht verwunderlich, wenn die Jünger am Weg nach Emmaus, erst am Brotbrechen Jesus erkannten.
Erst durch diese Kenntnis, wie eine jüdische Familie den Sabbat feiert, habe ich eine tiefere Beziehung und Verständnis zu unserer Liturgie des Gottesdienstes bekommen.

Pessach und das christliche Ostern haben vieles gemeinsam, der Zeitpunkt liegt nicht weit auseinander beziehungsweise fällt oft zusammen. Heuer zum Beispiel fällt Pessach in die Osterwoche auf Donnerstag und Freitag. Wird bei den Juden des Auszugs aus Ägypten gedacht und dies in einer speziellen Liturgie persönlich nachvollzogen, so gedenken die Christen ebenfalls des Auszugs aus Ägypten aber gleichzeitig auch des Todes und der Auferstehung Christi, wobei Christus für den

Christen die persönliche Erlösung aus der weltlichen Knechtschaft darstellt, während für die Juden die Befreiung des Volkes aus der Knechtschaft gefeiert wird. Letztere ist für den Juden als Teil des Volkes Israel natürlich auch eine persönliche Befreiung.

Die falsche Interpretation neutestamentlicher Aussagen, infolge mangelnder Kenntnis über die damaligen Zusammenhänge (1. und 2. Jahrhundert nach Christi), haben leider dazu geführt, dass das Judentum oft ins schlechte Licht gerückt wurde, Judenfeindlichkeit kam auf, welche in neuerster Zeit bis zum behördlich organisierten Massenmord führte. Auch Wolfsberg blieb davor nicht verschont, 1338 und 1938 bezeugen eine lange Tradition von Judenvertreibungen, an welche Judenstein, Blutskirche (jetzt Rathaus), Sporergasse als frühere Judengasse, und früher die Judenglocke, sowie das Minoritenkloster erinnern.
Ein besseres Verständnis dieser gemeinsamen Wurzeln trägt zur Vertiefung unseres Glaubens bei und ist das beste Mittel gegen Antisemitismus und Judenfeindlichkeit, denn schließlich war Christus tiefgläubiger Jude.

Schließen möchte ich diese Betrachtung mit einem Text aus dem 5. Buch Moses 6.4-9, welcher auch für uns einen Auftrag zur Weitergabe unseres Wissens über Gott, fast programmatisch, zum Ausdruck bringt:
Höre, Israel, der Ewige, unser Gott, ist einzig. Du sollst den Ewigen, deinen Gott, lieben mit deinem ganzem Herzen und deiner ganzen Seele und deiner ganzen Kraft. Es seien diese Worte, die ich dir heute befehle, in deinem Herzen. Schärfe sie deinen Kindern ein und sprich von ihnen, wenn du in deinem Hause sitzest und wenn du auf dem Wege gehst, wenn du dich niederlegst und wenn du aufstehst. Binde sie zum Zeichen auf deinen Arm, und sie seien zum Denkband auf deinem Haupte. Schreibe sie auf die Pfosten deines Hauses und deiner Tore.

Amen

Kommentare – Vorträge – Gedanken

Antwort auf: Leserbrief 26.1.91 „Ungerechter Krieg" von Dr. Yasin Masri

Leserbrief: Betrifft: Golfkonflikt

Kuwait und die Schuld der irakischen Staatsführung

Beim derzeitigen Golfkonflikt wird meiner meinung nach zusehr der derzeitige Ausgangspunkt betrachtet. Verfolgt man diesen Konflikt weiter zurück, so wird ma erkennen können, daß die irakische Führung sehr viel Schuld auf sich geladen hat und diverse "Friedensbewegungen" blauäugig auf irakische Propaganda und Halbwahreheiten hereinfallen.

1. Es wird vom Irak nicht bestritten, daß es offene Fragen zwischen Kuwait und dem Irak hinsichtlich der Ölquellen gab. Anstatt diese strittige Fragen mit Kuwait friedlich auf dem Verhandlungsweg,-möglicherweise ein langwieriges Unterfangen-zu lösen, marschierte der Irak einfach in Kuwait ein und annektierte dieses. Der Widerstand der Kuwaitis wurde dabei brutal gebrochen. Die Verbüdeten Kuwaits warteten unterdessen und setzten auf die UNO.
2. Nun versuchte die Weltgemeinschaft der Staaten über 5 Monate auf friedlichem Weg die irakische Staatsführung zu überzeugen, daß nur ein Abzug aus Kuwait die Vorraussetzung für eine Lösung des ansthenden Problems sein kann.
3. Auf die Friedensangebote, schließlich hat Sadam Hussein mit dem Einmarsch in Kuwait den Frieden gebrochen, kamen nur starke Töne aus Bagdad und sogar unbeteiligte Länder wie Israel wurden mit Giftgasangriffen bedroht.
4. Die mit 5 Monaten verspäteten Gegenwehr der Kuwaitis und deren Verbündeter (schließlich im Auftrag der UNO), ein sofortiger Gegenschlag wäre sicher erfolgreicher gewesen, wird von dem Irak als Aggression dargestellt und mit Bombardierung ziviler Ziele in Israel beantwortet, dies obwohl Israel am Irak-Kuwait-Problem gar nicht beteiligt ist.
5. Diese unberechtigten Angriffe auf Israel, und nur auf zivile Ziele, stellen ein Verbrechen gegen die Menschheit dar.
6. Die bewußt und absichtlich von der irakischen Staatsführung herbeigeführte Einleitung von Unmengen an Erdöl in den Golf stellt wiederum ein Verbrechen gegen die Menschheit und die Umwelt dar. Die Folgen davon werden in erster Linie die Menschen der Golf-Anrainerstaaten zu tragen haben, auch der Irak und Iran.
7. Den absichtlich von der irakischen Staatsführung herbeigeführten Krieg werden besonders die Entwicklungsländer und die armen Bevölkerungsschichten der gesamten Welt zu spüren bekommen. Die Gelder fließen nun anstatt in die Entwicklungshilfe in den Krieg und verpuffen im Golfdistrikt.

In diesem Sinne sind Sadam Hussein und die ihn unterstützenden Staaten und Gruppierungen schuldig bewußt und absichtlich Verbrechen gegen die Menschheit zu begehen indem nicht beteiligte Länder mit Bombenterror bedroht, Israel angegriffen (nur zivile Ziele), Umweltterror durch Einleitung von Erdöl ins Wasser, welches Grundlage für die Trinkwasseraufbereitung ist, begangen und die Verarmung weiter Schichten der Weltbevölkerung verursacht wird.

Dipl.Ing.Dr. Ulrich Habsburg-Lothringen
Zivilingenieur für Forst-u. Holzwirtschaft
A-9400 Wolfsberg

Dipl. Ing. Dr. Ulrich HABSBURG-LOTHRINGEN

9400 Wolfsberg, Reding

Tel. 04352/3936

An Kleine Zeitung

Antwort auf Dr. Yasin Masri vom 3.2.91

Der Krieg ist die Summe der Versäumnisse

Auf Ihre Frage wo die Reaktion der Weltgemeinschaft der Staaten und der UNO im Falle der Konflikte Afghanistan/USSR, USA/Lybien und Panama, Irak/Iran und Israel/Libanon geblieben sei, möchte ich ergänzend antworten:
Auch beim Einmarsch Hitlers in Österreich und in der Tschechoslowakei blieben negative Äußerungen der Weltgemeinschaft und auch der arabischen Staaten aus.
Als die Juden Europas in Hitlers Gaskammern liquidiert wurden , gab es noch immer eine Breite Unterstützung Hitlers durch die arabische Seite.
Wäre man damals gegen Hitler sofort tätig geworden, gäbe es das heutige Palästinenser-Problem nicht. Der Angriff Iraks auf Israel und die Drohung mit dem Einsatz von Giftgas sind sicher psychologisch gesehen der schlechteste Weg das Problem Palästina zu lösen. Leider sind die Parallelen zur Politik Hitlers im Falle Sadam Husseins nicht von der Hand zu weisen.
Wir sollten und müssen um des Friedens Willens geschichtliche Fakten, die über mehrere Jahre von der Völkergemeinschaft akzeptiert wurden, anerkennen und versuchen das Bestmögliche daraus zu machen. Anonsten würden die Deutschen noch immer Königsberg und große Teile Polens zurückfordern.

Dr. Ulrich Habsburg-Lothringen
A-9400 Wolfsberg

18.4.1991

TELEFAX an

Der Standard
Wien

Betrifft: Leserbrief zu Artikel " Bericht über Kurdendrama vor fast leerem Nationalrat"

Österreich setzt vor dem Begehen seiner 1000 Jahr Feier wieder richtungsweisende Akzente in der Flüchtlingsploitik. Anstatt die Hilfe für die Flüchtlinge, insbesondere die Kurden, um 100 Mio. Schillinge zu erhöhen, genehmigten sich die Großparteien mit einem einzigartigen Gespür für Solidarität mit den notleidenden Menschen die Erhöhung der Subentionen für ihre Parteikassen von 85 Mio S auf 191 Mio S.
Ist es wirklich die Meinung der Österreicher, daß es solidarisch, menschenwürdig und vordringlicher ist der Parteinfinanzierung den Vorrang vor der Kurdenhilfe zu geben?
Ist diese Verhaltensweise mit den Ideen der Solidarität, wie sie im Sozialismus und der christlichen Soziallehre kund getan werden, vereinbar?

MICHAEL GALATIK MAG.
Singerstr. 30 / 33. A-1010. Wien. Tel: 0222 / 512 98 49.

An
Herrn Dipl-.Ing. Dr.
Ulrich Habsburg - Lothringen
A-9400. Wolfsberg.

Wien, Mon, 30. Mär 1992.

Sehr geehrter, lieber Hr. Dr. Habsburg!

Seit langem fallen mir immer wieder Ihre Stellungnahmen zuerst in „Kirche Intern" und jetzt im „Standard" auf.

Ich möchte Ihnen zu Ihrem Mut, Klarsicht und Zivilcourage gratulieren. Sowas ist leider in der letzten Zeit immer rarer. Also um so mehr notwendiger.
Ihre jeder Anmaßung bare Haltung finde ich wohltuend und erfischend.

Mit freundlichen Grüßen,

M. Galatik

(M.G.)

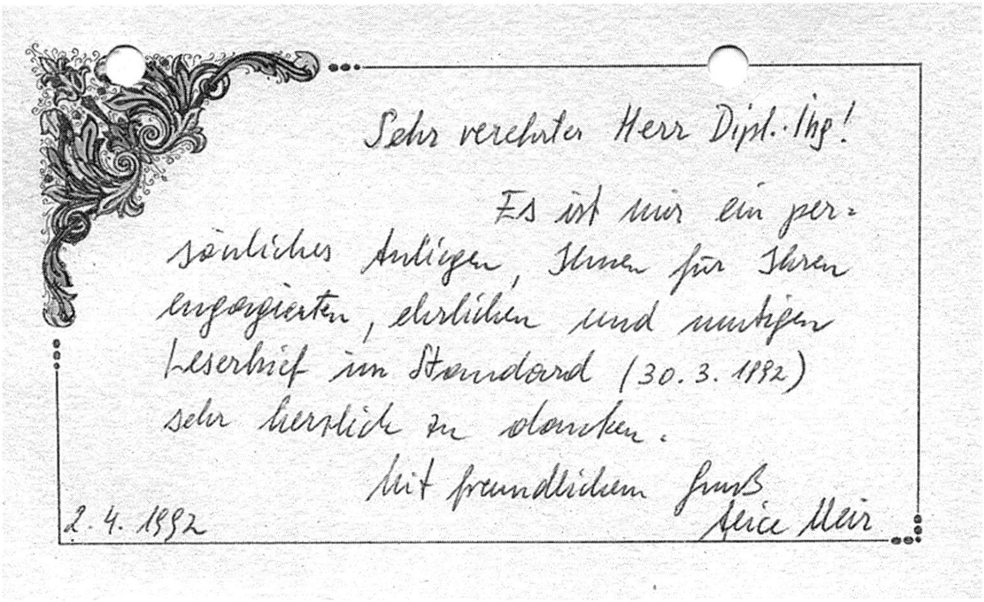

Sehr verehrter Herr Dipl.-Ing!

Es ist mir ein persönliches Anliegen, Ihnen für Ihren engagierten, ehrlichen und mutigen Leserbrief im Standard (30.3.1992) sehr herzlich zu danken.

Mit freundlichem Gruß

Alice Meir

2.4.1992

… Vortrag beim Rotary-Club Wolfsberg, 1995 …

25. Feber 1995

Rechte, bisweilen linke Gedanken zu rechts

Seit dem Niedergang des Kommunismus im Osten und den Strömungen in der katholischen Kirche, die Auswirkungen des zweiten Vatikanums zu mildern oder gar rückgängig zu machen, fällt mir zunehmend die Problematik um den Begriff Recht, rechtens, recht, rechts, links oder gar linkisch auf.
Überspitzt mag man die jetzige weltpolitische Situation wie folgt formulieren: „Die Linken haben verloren, sind deswegen aber die Armen zu ihren Rechten gekommen? Wo bleiben die *rechten* Armen und Ausgebeuteten – die konservativen Armen?"

Es mag ein Zufall sein, dass mit dem Begriff *recht* das Gute, das Gerechte, das Richtige gemeint ist, und das Eigenschaftswort *rechts* daher auch eine positive Bedeutung hat.
Links hingegen ist eher negativ besetzt, Linkshänder, links fahren im Straßenverkehr oder gar eine Linke drehen, womit sicher keine Figur im Eiskunstlauf gemeint ist, sondern eine krumme Tour. Geschweige denn an linkisch und rechtens zu denken.
Recht kommt aus dem Germanischen reht, was auf dem indogermanischen reg (aufrichten) beruht. Recht bedeutet die Gesamtheit der Rechtssätze in einem räumlich, persönlich oder zeitlich bestimmten Bereich.
Recht leitet sich von gerecht ab und ist wiederum im Zusammenhang mit richtig zu sehen.

Mit rechts (zu recht, rechtens) kommen wir schon in einen wertenden Bereich, denn rechts gilt im Volksglauben, auch in den höheren Religionen, als die glückhafte Seite (Christus sitzt zur Rechten Gottes). Die Rechte Gottes repräsentiert die Gnade, die Linke das Gericht. Der Platz zur Rechten des Königs oder Gottes ist auch der Ehrenplatz. Die rechte Hand des Menschen gilt auch als besserer Leiter des Segens (Gen. 48/18 Jakob seinen Sohn Efraim segnend; Josef sagt zu seinem Vater: „Nicht so, Vater, sondern der ist dein Erstgeborener, leg deine Rechte ihm auf den Kopf").
Rechts bedeutet aber auch konservativ, und ist ein, aus dem ersten Drittel des 19. Jahrhunderts überkommener Begriff, denn die konservativen Abgeordneten saßen auf der rechten Seite des französischen Parlamentes, die liberalen links.

Will man die Bedeutung von links und rechts, politisch gesehen, für die Menschheit im Laufe der Geschichte betrachten und einer Würdigung unterziehen, so wird in gewissen, natürlich linken Kreisen, gesagt: „links bedeute Fortschritt (Entwicklung), rechts Stagnation, womöglich Rückschritt." Ein Fünkchen Wahrheit scheint an dieser Vereinfachung doch zu liegen, sagt denn kein geringerer, als der eher konservative Philosoph Prof. Nikolaus Lobkowicz: „dass Konservative in einem bestimmten Sinne Intellektuellengegner seien".

Womit er nicht ganz unrecht hat, denn die großen gesellschaftspolitischen Entwicklungen sind weniger von der rechten beziehungsweise konservativen Seite getragen worden als von der linken/liberalen.

Rechtshandlung, ist im weiteren Sinn eine juristische Handlung, wie weit sie auch eine nicht rechte Handlung einschließen kann, mögen die Juristen klären. Keinesfalls ist eine Rechtshandlung mit einem Geschäft gleichzusetzen in welchem man die, für seine Handlung benötigte, Rechtsgrundlage erwerben kann.
Auch Rechtfertigung kann nicht als die Verschaffung von Recht für meine Tat angesehen werden, sondern sollte der Versuch sein, die Handlung aus dem Blickwinkel des Rechtes zu sehen.
Wenn einer glauben sollte, dass Rechtsradikalismus viel mit reinem Recht zu tun hätte, der ist auf dem Holzweg, dieser hat weniger mit Recht, viel aber mit abgelehnten Parlamentarismus zu tun (Nationalismus, Rassismus, Faschismus, Nationalsozialismus).

Dies führt gleich weiter zum Rechtsstaat, dem obersten Ideal des größten Teils der Menschheit, mit der weitgehendsten Entfaltungsmöglichkeit der persönlichen Rechte. Allerdings je rechter ein Rechtsstaat wird, um so mehr weicht er vom Idealtyp ab, umso mehr wird auch das Recht des Bürgers geschmälert, bis er im Faschismus und in Diktatur endet, sozusagen als Gesellschaft mit eingeschränktem Recht. Statt einer Ges.m.b.H. einer Gesellschaft mit beschränkter Haftung, wird hier die Haftung erweitert, nicht Rechtes denkende Bürger werden vermehrt in Haftanstalten eingeliefert. Ähnliches gilt natürlich auch für links.
Ein Rechtsweg hat zweierlei Bedeutung, einmal den Weg zu den ordentlichen Gerichten, das andere mal einen Weg, zu dessen Benützung mir das Recht zusteht, es mag aber auch vorkommen, dass die Beschreitung des Rechtsweges zu einem Holzweg wird.

Rechtsverkehr gibt es bei uns seit den 30er Jahren, in England fährt man nach wie vor links. Nichts mit Rechtsverkehr, vielmehr aber mit rechtmäßigen Verkehr hat ehelicher Verkehr zu tun (Einschränkungen dürfte es aber in nächster Zeit hinsichtlich Vergewaltigung in der Ehe geben). Außerehelicher und vorehelicher Verkehr ist kein rechtmäßiger sondern ein unrechter Verkehr (vor allem aus christlicher Sicht) mag er auch nur recht mäßig und bisweilen linkisch geführt werden. Verkehr verursacht Bewegung, doch nicht jede Rechtsbewegung muss ein Abschwenken ins konservative Eck bedeuten. Sehr oft sind Rechtsbewegungen (Menschenrecht, Bürgerrecht, Minderheitenschutz usw.) weniger rechts- als linkslastig.

Mit Rechtswerten beschäftigt sich die Geodäsie (Krüger-Gauß-System), sie sind kein Gradmesser im politischen Spektrum rechts – links.
Rechtstheologie mögen manche im Zusammenhang mit Rechtskatholizismus und Fundamentalismus auf der einen Seite, Befreiungstheologie, feministischer Theologie beziehungsweise Kirche der Armen auf der anderen Seite sehen. Dieser

Zusammenhang stimmt aber nicht. Rechtstheologie befasst sich streng genommen mit der theologischen Begründung des Rechtes und des Kirchenrechtes.
Im Zusammenhang mit der Kirche wird sehr oft von Links-Theologen zum Unterschied von Rechts-Theologen gesprochen, welche, statt rechtgläubige Christen um sich zu scharen, diese in rechts- und links-Katholiken aufteilen, als ob rechtgläubig unbedingt rechtsgläubig bedeuten müsse, und dies ungeachtet dessen, ob ihre Schäfchen recht gläubig sind oder nicht.

Pater Franz Edlinger, ein bei den Erneuerungsbewegungen engagierter Zisterzienser, stellt sogar die provokante Frage: „War Jesus ein Rechter oder ein Linker"? Und er versucht mit Stellen aus der Bibel die Antwort zu geben. Beim Propheten Jesaia heißt es: „Der Geist des Herrn ruht auf mir, denn der Herr hat mich gesandt damit ich den Armen gute Nachricht bringe, den Gefangenen die Entlassung und den Unterdrückten die Befreiung ... usw."
Die Zuwendung zu den Armen ist nicht ein Akt billigen Mitleids, die Armen sind die ersten Adressaten der Frohbotschaft. Heute versucht die Befreiungstheologie diese Verkündigung des Wortes zu einer Einheit mit der gelebten Verkündigung werden zu lassen.

Linke Bischöfe (Jacques Gaillot von Evreaux) und Geistliche (Küng) wurden und werden deswegen ihrer Ämter enthoben oder mit Lehrverbot belegt.
Allein der Versuch den Armen, die sicher meistens nicht rechts stehen, zu helfen und eine gerechte Nutzung der Güter zu erreichen, wird mancherorts schon als linkslastig angesehen, was im krassen Widerspruch zum Gotteswort und Auftrag Christi steht. Durch diese Botschaft sollen die Menschen aufgerüttelt werden, sollen Armut, Ungerechtigkeit, Unfreiheit schon hier auf Erden zum Verschwinden gebracht werden.
Allzu oft wurden früher die Benachteiligten auf die paradisischen Zustände im Jenseits vertröstet. Dies hat zwar die minder berechteten und bemittelten Menschen ruhig gestellt, aber nicht verhindern können, dass im christlichen Umfeld ein (linker) Marx geboren wurde, der messianische Zustände, früher als im Jenseits, verwirklicht haben wollte.

Die Problematik rechts, links mit Recht und Unrecht ist sicher auch Ausfluss einer verschieden starken Sensibilisierung für die fundamentalen Probleme und Bedürfnisse der Menschen. In diesem Punkt mag man mit dem Bibelspruch hoffend feststellen: „An ihren Früchten wird man sie erkennen."

Zusammenfassen möchte ich diese teilweise frivole Betrachtung in folgendem Schlusssatz:
„Am rechten Weg ist jeder, der sich um die Rechte der Armen, Unterdrückten und Notleidenden kümmert, mag er nun links oder rechts stehen, stur der Obrigkeit ohne Reflexion zu folgen, kann jedoch auf einen Holzweg führen."

Ulrich Habsburg-Lothringen

Blaues Blut bei den Grünen

Ein Habsburg geht für die Grünen auf Stimmenfang. Ulrich Habsburg-Lothringen (54) ist Spitzenkandidat im Wahlkreis Kärnten-Ost. Der Land- und Forstwirt sowie Ziviltechniker mit dem Wohnsitz Wolfsberg ist über das Haus Bourbon-Parma mit den Habsburgern verwandt. Anders gesagt: Ulrichs Urgroßmutter mütterlicherseits und der Vater von Kaiserin Zita sind Geschwister gewesen. Die Chancen Habsburgs, ins Parlament einzuziehen, sind zwar gleich Null. Doch dem Grün-Kandidaten genügt es „zu beweisen, daß der Adel in Österreich nicht nur im rechten Eck beheimatet ist".

Hall 26.11.95

Lieber Ulli

Gratulation zu Deinem Entschluß, in die hohe Politik zu gehen. – Dieser Artikel in der heutigen Tiroler Tageszeitung wird Dir endlich Klarheit über Deine Verwandtschaft zu Kaiserin Zita verschaffen, die nebenbei bemerkt, heute noch in Tirol allerhöchstes Ansehen genießt.

Bei all dem Streß von Beruf, Familie und Wahlvorbereitungen vergiß aber nicht auf die edle Jagd.

Erholung und Entspannung im Wald und bei Freunden ist doch etwas Bekömmliches.

Hoffentlich sehen wir uns am 8/9. Dezember in St. Andrä.

Herzliche Grüße und eine gute Zeit

Max Kleinmayr

Herrn

17.12.1995

Dipl. Ing. U. Habsburg-Lothringen
mit Gattin

Sehr geehrter Herr Diplom. Ing.

Da ich heute quasi „ein Stimmzettel bin" (der ja geheim abgegeben wird) stelle ich mich „als solcher" nicht namentlich vor. (ansonsten ist ja eine derartige „Geheimnistuerei" eigentlich nicht mein Fall.)
Ich lese als Stimmbürger grundsätzlich die Kandidatenlisten alle<u>r</u> wahlwerbenden Gruppen durch – und fand daher u.a. /wenn auch sehr weit hinten/ auch Sie!
Leider ist es ja so, daß die meisten Personen u. Namen – mit Ausnahme der jeweiligen Spitzenkandidaten – für daran interessierte Wähler gleichbedeutend sind wie wenn diese irgendeine Seite im Telefonbuch aufschlügen. (fremd – fremder – am fremdesten!)
Denn man vermittelt den Bürgern ja bei jeder Wahl die absolute Unrichtigkeit, dahingehend als wählten sie den Kanzler (Vizekanzler, oder auch LH usw.) und als bestimmten sie „die Zusammensetzung einer künftigen Regierung" – laut Stärkeverteilung und somit nach „Wählerwunsch", denkste! (aber ein Großteil der Bürgerschaft will halt – von Wahl zu Wahl – u.a. auch diesbezüglich beschwindelt werden.) Und im Schatten dieser Falschbewertung

… der Entschluss, mich ab 1995 stärker politisch zu betätigen, rief eine Reihe von Reaktionen hervor …

und eben nicht zugestandenen – daher auch nicht gegebenen „Bestimmung" – stehen dann jene der Parteien und sonstigen Wahlgruppen, die ansich einzig und allein „gewählt" werden (und sonst nichts!) als mehr oder weniger „Mauerblümchen" – die Kandidaten – der Wähler unbekannte Wesen!
Aber wenigstens vereinzelt „springen" dann, da und dort „bekannte Namen" letztendlich doch „ins Auge" (wenn sonst schon nichts – denn mich hat bisher noch niemals einer der Parteienkandidaten mündlich oder schriftlich dahingehend beworben, „ihn" oder „sie" zu wählen.)
Da ich Wahlen / vor diesen stets sehr viel „geschummelt" wird / zwar einiger Maßen ernst nehme, aber nicht todernst, – war ich irgendwo doch amüsiert-erstaunt (das ist aber weder negativ gemeint, noch abwertend – ganz im Gegenteil) als ich den gängig-berühmten Namen / also Sie / ausgerechnet auf der „grünen Liste" fand.
No ja! Immerhin sind ja die Grünen (deren Bestand und auch Vertretensein im Parlament, ich allerdings positiv einstufe) in der gesamten „rechten" Reichshälfte als „linke Chaoten" und „Extremisten" (falls überhaupt zutreffend, dann aber wenigstens mit „Geist" u. „Herz") verschrien!

3

Daß dann „bei (angeblich) solchen" ein auch so bekannter „Namensträger" kandidiert / schade, daß Sie an nicht hineinwählbarer Stelle aufscheinen / finde ich irgendwie schon heiter! (und auch positiv provokant!) Ich würde als Wähler nicht unbeding u. somit jedenfalls erwarten, daher auch nicht damit rechnen, daß jemand „diesen historischen N[illegible]en" ins doch viel eher „links-gesellschaftliche Lager" hineinträgt. Denn unter „rechts" kann man die GRÜNEN ja wirklich nicht zu- und einordnen. (auch nicht unter einer verschwommen-nichtssagenden „Mitte") Aber neu und erstmals „verirrte" sich dieser Name und Stand ja nicht auf – vermeintlich – „unebürtige" Seite – Stichwort: Erzhzg. Elisabeth Marie v. Windischgrätz / Petznek, Enkelin von Franz Joseph I. Es liegt mir aber fern, Sie nun durch Ihre Kandidatur bei den Grünen, sowie aufgrund Ihres Namens ([illegible]wandschaftsherkunft – ob „nah" oder „fern" ist ansich egal) und der Bezugsherstellung zur Windischgrätz, nun auch gleich zu einem „roten" bzw. linksausgerichteten „Habsburger" zu machen. Das stünde mir nicht zu – und ist außerdem auch wirklich nicht von primärer Wichtigkeit.

Dennoch gefiel mir Ihr Entschluß „den berühmten Familiennamen" ausgerechnet für die „GRÜNEN" („Links-Chaoten" u. „Extremisten") zur Verfügung gestellt zu haben – und da ich Wechselwähler bin (ausgenommen solche Parteien wie z.B. die „F") – diesmal wieder die „Grünen" wählte, bekamen Sie / obwohl wirkungslos / meine Vorzugsstimme! (handschriftlich eingetragen)

Völlig abgesehen davon darf ich bei dieser Gelegenheit noch anmerken, daß die Leserbriefe Ihrer Gattin immer ein wahrer Genuß für mich (und sicherlich für nicht wenige andere Bürger auch) sind! Wohl eine Art neue „Mutter Courage", oder sowas? Toll, wie und was Sie schreiben, Frau Habsburg – und ausgezeichnet, wie (vornehm, aber dennoch beinhart-unbeirrt) Sie es „diversen" Personen und (sattsam bekannten) Kreisen hineinsagen! Machen Sie bitte weiter, auch wenn sich brieflich oder auch telefonisch (wie nicht unüblich) „Beleidiger" und „Einschüchterer" an Sie wenden sollten? Das zeigt doch stets nur, daß Sie genau „den Kern der Tatsachen" getroffen haben, – solche „Reagierer" somit sehr gut „verstanden" haben, was gemeint wird. Nicht aufgeben! Unsere Gesellschaft braucht solche Mitbürger – jetzt – dringender „denn je!" Danke!

freundlichst

Ein Mitbürger

P.S. wann kommt der nächste LB ?

SCHWARZ-GELBER
Gegenwind
Klipp und klar für Monarchie und Mitteleuropa!
Nummer 20 S 20.-/ 3000 Lit/ 130 Ft/ 50 Kč/ 250 SIT April-Juni 1996

Habsburger in der Politik

Auf welchem Niveau sich österreichische Innenpolitik abspielt, mußte der frischgebackene VP-Kandidat zum Europäischen Parlament, Karl Habsburg, wenige Tage nach Bekanntgabe seiner Kandidatur feststellen. In einer Aussendung der „Sozialistischen Korrespondenz" mit dem Titel
„Ederer fordert von Habsburg Klarheit über Bewerbung bei Haider - Lügt Stadler oder lügt Habsburg?" verdächtigte die frühere Europa-Staatssekretärin und nunmehrige SP-Geschäftsführerin Ederer den PEU-Österreich-Präsidenten.

In dem per Internet verbreiteten Pamphlet stellt Ederer den Vorwurf in den Raum, Karl Habsburg habe sich bei der FPÖ beworben, und beruft sich dabei auf eine entsprechende vollmundige Aussage Jörg Haiders. Interessant ist weniger, daß die SP-Geschäftsführerin eine Aussage Haiders ungeprüft und unbestätigt weiterverbreitet und sich um eines schäbigen Punktes im politischen Spiel willen zum Handlanger des Ober-Flers macht - was eher verwundert ist die Tatsache, daß Ederer erst gegen Ende der Aussendung gegen die von Karl Habsburg vertretenen Inhalte wettert. Von „angeblichen" Briefwechseln zwischen Habsburg und Haider, den dessen Stellvertreter Stadler in den Raum stellt, ist da viel eher die Rede. Wessen Inhalts diese Briefe gewesen sein mögen, kann sich jeder zusammenreimen, der eins und eins zusammenzählen kann: Haider: „Wir sind doch beide keine Sozialisten. Wollen Sie nicht für uns kandidieren? Wir grenzen niemanden aus, der uns seine Stimme schenken will." - Habsburg: „Unsere Vorstellungen sind nicht ganz kongruent. Ich sage nur Europapolitik. Aber danke der Nachfrage" Na klar hätte Haider den klingenden Namen Habsburg gerne auf seiner Kandidatenliste gesehen und damit Europakompetenz und bürgerliches Traditionsbewußtsein demonstriert ... und damit einen weiteren erfolgreichen Schritt bei der Pulverisierung des durch den Kreisky-Wurm brösligen Vereines ÖVP getan. Daß Habsburg abgelehnt hat, war auch im Interesse einer weiteren politischen Karriere gescheit. Ein zweiter Punkt, der die Sozialisten magerlt, ist, daß der Enkel des bislang letzten Kaisers sich zwar von der Volkspartei auf Platz 2 nominieren läßt, aber dieser Vereinigung nicht beitritt. Verständlich, wenn man bedenkt, daß es heutzutage nicht gerade populär ist, als braver Parteisoldat geoutet zu werden - außerdem ist ein-Habsburger als Parteimitglied kaum vorstellbar. Mangelnde Europakompetenz wirft Ederer Habsburg schließlich unter Hinweis darauf vor, er habe bisher vor allem mit Forderungen wie derjenigen nach Abschaffung der Habsburgergesetze aufhorchen lassen.

Drei Habsburger im Kreise Kaisertreuer: SKH Dr. Otto von Habsburg mit Söhnen Karl und Hans-Georg auf der Schallaburg (Bericht im Blattinneren)

„Aussagen über einen Kandidaten, wie die der SPÖ-Bundesgeschaeftsführerin Ederer über Karl Habsburg, lassen nicht nur jede gebotene Fairneß missen, sondern entbehren jeder politischen Kultur und zeigen auch die offensichtliche Nervosität der SPÖ", konterte die VP-Generalsekretärin Maria Rauch-Kallat, und bezichtigte Haider der Lüge, „wie er dies schon oft zuvor" getan habe.

Trotz aller Anwürfe wird Habsburg den Einzug ins Europäische Parlament schaffen, wenn nicht alle Stricke reißen, gelten doch die ersten 6 Listenplätze als sicher.

Nach SKH Dr. Otto von Habsburg, der bekanntermaßen für die bayrische CSU im Europaparlament in Straßburg sitzt, und Karl Habsburg, gibt es aber noch einen Träger dieses Namens in der Politik. Auf unsere Anfrage auf eine Zeitungsnotiz hin erklärte der Bundessprecher der Grünen, Christoph Chorherr, wortwörtlich: „Ulrich Habsburg von Lothringen ist Delegierter der Kärntner Grünen zum Bundeskongreß, wurde am letzten Bundeskongreß auf Platz 16 der KandidatInnenliste zur Europaparlamentswahl gewählt und kandidierte auf Platz 4 des Kärntner Landeswahlvorschlages für die NRW 95." Sollte Ulrich von Habsburg - vor drei Jahren vom mittlerweile eingestellten Wirtschaftsmagazin „Cash Flow" zum Lieblingskaiser gekürt - tatsächlich für die Grünen ins Europaparlament einziehen - was in Anbetracht des Listenplatzes nicht sonderlich wahrscheinlich sein mag - wird eine habsburgische Renaissance Europas nur mehr schwerlich aufzuhalten sein ...

A. Š.

„Habsburgs grüner Rebell",
Dipl. Ing. Ulrich von Habsburg Lothringen

Der blaublütige Grüne

Der Wolfsberger DI. Dr. Ulrich Habsburg-Lothringen begründet, warum er ins Europaparlament will.

Er kandidiert auf der Liste der Kärntner Grünen für einen Sitz im Straßburger Europaparlament. Diese Wahlen finden ja im Herbst erstmals in Österreich statt. Die „Kärntner Woche" hat Herrn Dr. Habsburg besucht und zum Thema „Österreicher im EU-Parlament" befragt.

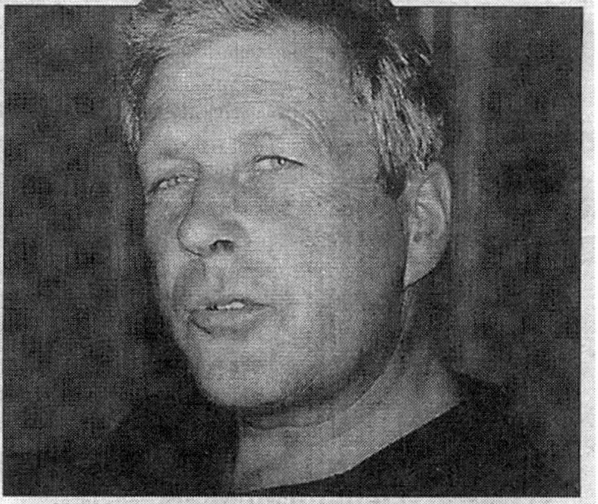

Der „blaublütige Grüne" DI. Dr. Ulrich Habsburg-Lothringen

? Wenn diese Wahlen so ausgehen, wie die jeweiligen Kandidaten es sich wünschen, säßen im zukünftigen Europaparlament drei Habsburger als Abgeordnete: Otto Habsburg für die bayrische CSU, Karl Habsburg für die Salzburger ÖVP, Ulrich Habsburg für die Kärntner Grünen. Kann es da keine familiären Konflikte geben?

! Warum? Wir waren ja schon immer eine liberale Familie und jeder versucht eben auf ganz persönliche Weise das Beste zu tun. Patriotismus ist für uns eine Selbstverständlichkeit.

? Haben Sie mit ihrer engeren Familie über Ihre Absicht zu kandidieren gesprochen?

! Natürlich. Nur ein Politiker, der seine Familie hinter sich weiß, kann letztlich reüssieren. Meine drei Söhne sind erwachsen, haben studiert und stehen im Beruf auf eigenen Beinen, bis auf den Jüngsten, der sich noch in der Ausbildung befindet. Auch meine Frau unterstützt mich. Wir leben in einer harmonischen, bi-religiösen Ehe. (Anm.d.Red.: Die Gattin Habsburgs ist vor drei Jahren zum jüdischen Glauben konvertiert, er selbst blieb katholisch).
Für unseren Lebensunterhalt komme ich mit meiner beruflichen Tätigkeit als Forstwirt (Anm.d.Red.: Dr. Habsburg besitzt rund 60 Hektar Wald), als Landschaftsplaner und Gutachter auf.

? Würden Sie es begrüßen, wenn sich der österreichische Adel mehr als bisher um öffentliche Ämter bewerben würde?

! Selbstverständlich, keine Frage. Sehen Sie, es ist doch so, daß diese Familien Verbindungen und Beziehungen in ganz Europa, um nicht zu sagen, in der ganzen Welt haben. Es sind viele gebildete und erstklassig Ausgebildete unter ihnen, sie sind bereist, sprechen oft mehrere Sprachen und sie können sich auf glattem Parkett bewegen. Warum auf dieses Potential verzichten?

? Warum, Herr Dr. Habsburg kandidieren Sie für die Grünen?

! Nach meiner Auffassung sind sie die einzige Kraft, um nicht zu sagen Bewegung, die in Europa auf ökologischer Ebene noch etwas bewegen kann. Österreich ist ökologisch ein Vorbild für Europa. Wir müssen uns bemühen, diese Dinge in Straßburg verstärkt zur Geltung zu bringen und durchzusetzen. Wir brauchen in Europa wieder mehr revolutionären Elan. Was im übrigen meinen Adel betrifft: Die Französische Revolution wäre ohne den französischen Adel auch nicht passiert.

Herr Dr. Habsburg, wir danken für dieses Gespräch.

Diskussion über neue Stadthalle

Um die Wogen in Wolfsberg zum Thema Veranstaltungszentrum zu glätten und das derzeitig eiszeitliche politische Gesprächsklima zu verbessern, hat die „Kärntner Woche" zu einer Diskussionsrunde mit Bürgermeister Kraxner und den im Gemeinderat vertretenen Parteien aufgerufen. Chefredakteur Siegfried Jost wird dieses Forum rund um den Bau der neuen Stadt- und Mehrzweckhalle leiten und lädt alle Interessierten am 6. Mai um 19.00 Uhr in den Wolfsberger Stadtsaal.

Montag
6.5.
Stadtsaal Wolfsberg

بسم الله الرحمن الرحيم

AMBASSADE DU ROYAUME DU MAROC
EN AUTRICHE

L'AMBASSADEUR

Die Aufrührer: Schon wieder ein Habsburg!

Voggenhuber: Wieder Nr. 1

Johannes Voggenhuber, bislang die grüne One-man-Show in Brüssel und in Straßburg, ist der einzige unumstrittene Europa-Spitzenkandidat Österreichs. Er wird sogar von den Regierungsparteien (von den Klubchefs Andreas Khol und Peter Kostelka) als „Top-Experte" anerkannt. Sein Hauptproblem: der Fundamentalismus-Vorwurf, der ihn politisch ausgrenzen soll. Überraschung bei den Grünen: Schon wieder ein Habsburg als Euro-Kandidat (an freilich aussichtsloser 10. Stelle der Grün-Liste) – Ulrich Habsburg-Lothringen, ein Cousin von Karl Habsburg aus Kärnten, tritt mit seinem schrulligen Faible für weiße Kreuze auf kranken Bäumen an.

Habsburg II: Grüner Gag

Vienne, le 27 sep

Monsieur Ulrich Habsburg-Lothringen
Grünes Büro Kärnten
Priesterhausgasse 1/1- 9020 Klagenfurt

Monsieur,

Vous avez été présenté par votre Parti pour être son candidat lors des prochaines élections européennes du 13 octobre 1996.

En cette heureuse occasion, je vous adresse mes chaleureuses félicitations pour la confiance bien méritée que votre Parti a bien voulu placer en vous.

Elle est certainement dûe à vos qualités humaines et intellectuelles ainsi qu'à votre contribution positive à la vie politique en Autriche et son destin européen. Vos atouts vous prédisposent à emporter un siège au sein du Parlement Européen, ce que je vous souhaite de tout coeur.

Aussi, m'est-il particulièrement agréable de vous présenter mes meilleurs voeux de succès dans votre parcours politique, avec l'espoir de vous rencontrer prochainement.

Veuillez agréer, Monsieur, le témoignage de ma haute considération.

Abderrahim BENMOUSSA

Ü B E R S E T Z U N G

Sehr geehrter Herr !

Sie wurden von Ihrer Partei als Kandidat für die Europaparlaments-wahlen am 13.Oktober 1996 aufgestellt.

Aus diesem erfreulichen Anlaß möchte ich Ihnen meine Glückwünsche für das wohlverdiente Vertrauen aussprechen, daß Ihre Partei in Sie gesetzt hat.

Dieses Vertrauen ist gewiß auf Ihre menschlichen und intellektuellen Qualitäten sowie auf Ihren positiven Beitrag zum politischen Geschehen in Österreich und dessen Zukunft in Europa zurückzuführen. Aufgrund Ihrer Stärken sind Sie auf die Übernahme eines Sitzes im Europaparlament vorbereitet, und das wünsche ich Ihnen von ganzem Herzen.

Daher ist es mir eine besondere Freude, Ihnen viel Erfolg für Ihre politische Laufbahn zu wünschen in der Hoffnung, Sie bald persönlich kennenzulernen.

Mit freundlichen Grüßen

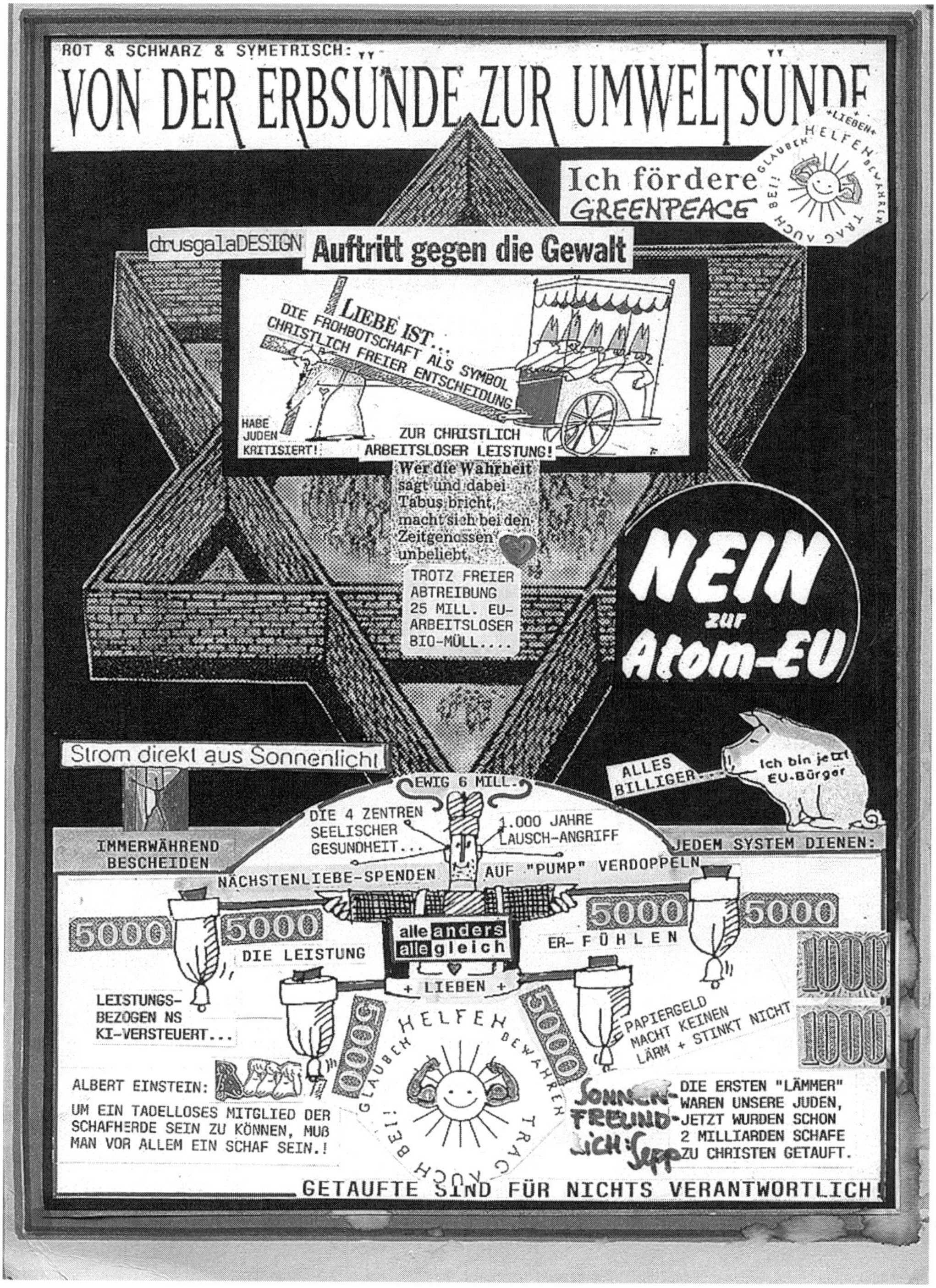
ROT & SCHWARZ & SYMETRISCH:
VON DER ERBSÜNDE ZUR UMWELTSÜNDE
Ich fördere GREENPEACE
+LIEBEN+ HELFEN BEWAHREN TRAG AUCH BEI! GLAUBEN
drusgalaDESIGN
Auftritt gegen die Gewalt
LIEBE IST...
DIE FROHBOTSCHAFT ALS SYMBOL CHRISTLICH FREIER ENTSCHEIDUNG
HABE JUDEN KRITISIERT!
ZUR CHRISTLICH ARBEITSLOSER LEISTUNG!
Wer die Wahrheit sagt und dabei Tabus bricht, macht sich bei den Zeitgenossen unbeliebt.
TROTZ FREIER ABTREIBUNG 25 MILL. EU-ARBEITSLOSER BIO-MÜLL....
NEIN zur Atom-EU
Strom direkt aus Sonnenlicht
ALLES BILLIGER
Ich bin jetzt EU-Bürger
EWIG 6 MILL.
DIE 4 ZENTREN SEELISCHER GESUNDHEIT...
1.000 JAHRE LAUSCH-ANGRIFF
IMMERWÄHREND BESCHEIDEN
JEDEM SYSTEM DIENEN:
NÄCHSTENLIEBE-SPENDEN
AUF "PUMP" VERDOPPELN
5000
5000
5000
5000
alle anders
alle gleich
DIE LEISTUNG
ER- FÜHLEN
1000
1000
+ LIEBEN +
LEISTUNGS-BEZOGEN NS KI-VERSTEUERT...
PAPIERGELD MACHT KEINEN LÄRM + STINKT NICHT
GLAUBEN HELFEN BEWAHREN TRAG AUCH BEI!
ALBERT EINSTEIN:
UM EIN TADELLOSES MITGLIED DER SCHAFHERDE SEIN ZU KÖNNEN, MUß MAN VOR ALLEM EIN SCHAF SEIN.!
SONNEN-FREUND-LICH: Sepp
DIE ERSTEN "LÄMMER" WAREN UNSERE JUDEN, JETZT WURDEN SCHON 2 MILLIARDEN SCHAFE ZU CHRISTEN GETAUFT.
GETAUFTE SIND FÜR NICHTS VERANTWORTLICH!

MIT GROßER FREUDE HABE ICH IHREN LESERBRIEF ZUR "DISKUSION" GELESEN.
DA SICH IHR HAUS, ZUR BEREICHERUNG UNSERER WELT, MITTELS "NÄCHSTENLIEBE" IMMER SCHON ZUR VERFÜGUNG GESTELLT HAT, WERDEN SIE AUF EU-BODEN NUN WIEDER -BEREICHERNDE- PROBLEMFELDER VORFINDEN. ANGEFANGEN MIT DER BESEITIGUNG VON 25 MILL. FREIGESETZTEN EU-SCHAFEN (BIO-MÜLL?) TROTZ FREIER ABTREIBUNG; BEZAHLUNG LEISTUNGSBEZOGENER -NÄCHSTENLIEBE- NACH NS-GESETZ; U. DA LEISTUNG IM VORDERGRUND STEHT, WIRD AUCH DER EU-ATOM-SPERRVERTRAG "CHRISTL" ZU BEAUGAPFELN SEIN, SAMT EINER EV. MIT HAIDER? GEMEINSAMEN UNTERFERTIGUNG. (BESAMUNG)
DIE BEWÄLTIGUNG -NÄCHSTENLIEBER- LEISTUNGEN IHRES HAUSES HAT JA VERGANGENHEIT & OFFENSICHTLICH ZUKUNFT. DA DIE LEISTUNG DER SONNE IN IHREM HERZEN NICHT UNTER GEHT, U. SIE IHRE LEISTUNG ALS FREMDARBEIT KOSTENLOS ZUR VERFÜGUNG STELLT, WIRD MIT IHRER HILFE UNSERE BEREICHERUNG WEITERGEHEN.....

UNSERE? TIER- & PFLANZEN-"ARCHE"!

MIT GOTTES HILFE BIST DU IHRE GEN-TECH. WEITERENTWICKLUNG - DAHER **SOLLST** DU VATER U. MUTTER EHREN, DAMIT..DU..USW,

EIN KIND KOMMT VON DER CHRISTL. REGEL-UNTERWEISUNG NACH HAUSE...Mt.I,1-17 ff.

MUTTI, BITTE SAGE MIR, HABE ICH EINE ZIGEUNER- OD. JUDEN-AHNEN-TAFEL?

DU HAST ZIGEUNER-AHNEN SAGT DIE MUTTER, MEINE ELTERN SIND ES, MEINE GROßELTERN SIND ES, ICH BINS, DAHER BIST DU ES AUCH!

NACH EINER WEILE KOMMT DER VATER NACH HAUSE; (DAS KIND HAT SICH ERHOLT)
VATI, BITTE SAGE MIR, BIN ICH ZIGEUNER OD. HABE ICH EINE JUDEN-AHNEN-TAFEL?

WAS SOLL DIE FRAGE? DU BIST EIN JUDE! ICH BIN AUF **-INRI-** GETAUFT, MEINE ELTERN & GROßELTERN AUCH, DAHER GEHÖREN WIR ZUM REICH DER **REICHEN JUDEN** U. DU BIST EIN LAMM -UNSERER- BESCHEIDENEN SCHAFHERDE.

WAS HAT ES MIT DER FRAGEREI AUF SICH?

ES GEHT UM DIE **NS**-KIRCHENSTEUER - WAS?! UM DIE BIBLISCHE KI-VERSTEUERUNG GEHT ES - SAG WAS HAT DIE MIT ZIGEUNER ODER JUDEN ZU TUN? ES GEHT **NUR** UM EINE VERSICHERUNG, - WURDE SIE DEM SYSTEM GEFLADDERT OD. WURDE SIE HITLER GANZ AUF LEISTUNG BEZOGEN HERAUS-VERHANDELT; - ETWA NACH Mt.X, 1-15 NACHFOLGE-REINHEIT?

IN FREIER WIRTSCHAFT:

BITTE **VATI**, SAGE MIR, ZU WELCHER RASSE & KASTE GEHÖREN DIESE PHARISÄER UND SCHRIFTGELEHRTEN, WELCHE UNSEREN STROM BEI KOSTENLOS GLEICHER WASSERLEISTUNG IMMER TEURER WERDEN LAßEN DÜRFEN.....

DIE -INRI- AHNENTAFEL! MACHT SINN & = NICHT UMSONST - **SONDERN STROM AUS KOSTENLOS WAHREM SONNEN-LICHT**........!

EINGEGANGEN AM
...996
9020

& GLAUB-WÜRDIGEN
Sg. HERRN
DI. DR. ULRICH v. HABSBURG-LOTHRINGEN
A-9400
WOLFSBERG
KLAGENFURTERSTR. 1

GUTE STAATSVERSCHULDUNG ENTSTEHT MITTELS "ARBEITSLOSER" EINKOMMEN

2.000 JAHRE CHRISTLICHE SCHAFE
DIE MINNE VERKEHRT DIE SINNE.
Ich fördere GREENPEACE
VATERLÄNDER GEWALTLOSER EU-ATOM-SPERR-VERTRÄGE!
(NÄCHSTENLIEBE-KULTUR!)
Strom direkt aus Sonnenlicht
NEIN zur Atom-EU
NEIN zur Atom-EU
DIE HIRTEN:
ERNEUERBARE ENERGIE
drusgalaDESIGN
VON EIENEM HABSBURGER DÜRFEN SICH "SCHAFE" SCHON EINE ORDENTLICHE, REIFE & SATTE LEISTUNG IM KAMPF GEGEN DIE ATOM-EU-NATUR ERWARTEN.
VIEL FREUDE AN DER ARBEIT! SONNENFREUNDLICH Sepp
GRÜNER EHRENSCHUTZ! FÜR ORDENTLICHE* & SAUBERE EU-ARBEIT* IM KAMPF GEGEN DIE NATUR*?
PRIVAT & VERSTAATLICHT?
AUCH DIE SONNEN-LICHT-LEISTUNG IST WIE NÄCHSTENLIEBE-GEIST ZU V E R S T E U E R N ;
VOLKS-HIRTEN & SEELSORGER W I S S E N W I E
DIE "GRATIS-GESCHÄFTSFELDER" DER SONNE SIND, -WIE WASSER- MIT HILFE VOLL INTELLIGENTER KLEINVERBÜNDE ÜBER *"SCHAFE" A U S Z U B E U T E N .
SPENDEN FÜR GESCHWISTER IN NOT AUF PUMP VERDOPPELN?
PRIVAT & VERSTAATLICHT!
EINGEGANGEN AM
24. SEP. 1996
100. TODESTAG VON ANTON BRUCKNER
REPUBLIK ÖSTERREICH
SG. HERRN.
D.i.DR. ULRICH v. HABSBURG-LOTHRINGEN
KLAGENFURTERSTR.
A-9400
WOLFSBERG/KÄRNTEN

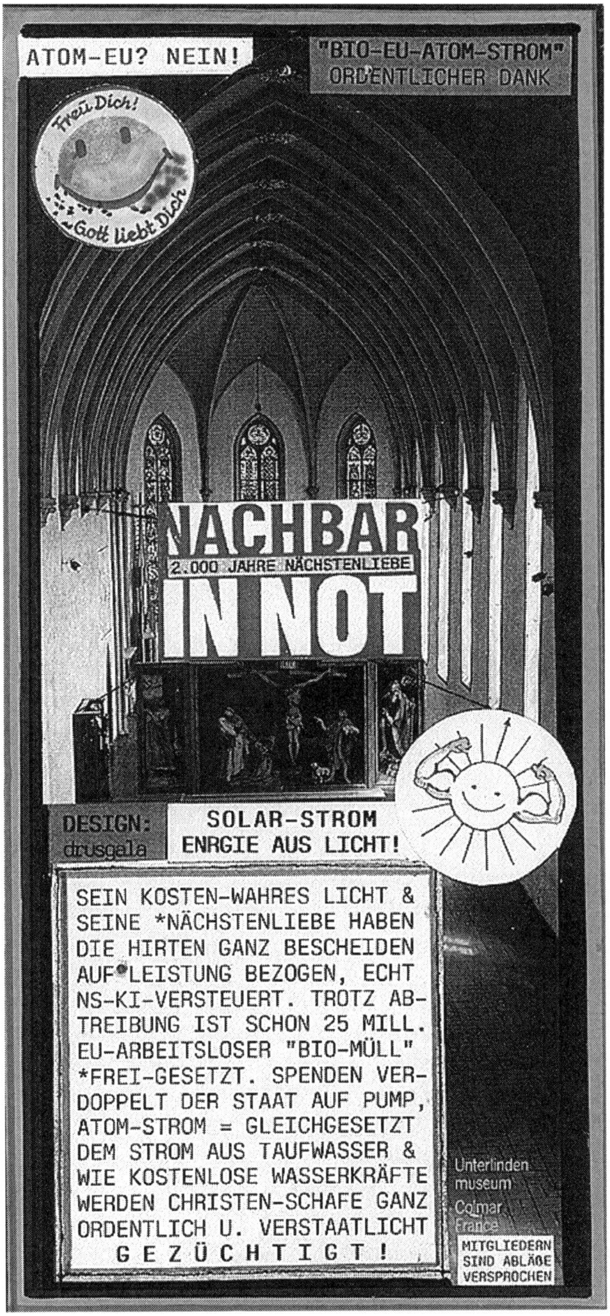
ATOM-EU? NEIN!
"BIO-EU-ATOM-STROM" ORDENTLICHER DANK
Freû Dich!
Gott liebt Dich
NACHBAR
2.000 JAHRE NÄCHSTENLIEBE
IN NOT
DESIGN: drusgala
SOLAR-STROM ENRGIE AUS LICHT!
SEIN KOSTEN-WAHRES LICHT & SEINE *NÄCHSTENLIEBE HABEN DIE HIRTEN GANZ BESCHEIDEN AUF LEISTUNG BEZOGEN, ECHT NS-KI-VERSTEUERT. TROTZ AB-TREIBUNG IST SCHON 25 MILL. EU-ARBEITSLOSER "BIO-MÜLL" *FREI-GESETZT. SPENDEN VER-DOPPELT DER STAAT AUF PUMP, ATOM-STROM = GLEICHGESETZT DEM STROM AUS TAUFWASSER & WIE KOSTENLOSE WASSERKRÄFTE WERDEN CHRISTEN-SCHAFE GANZ ORDENTLICH U. VERSTAATLICHT
G E Z Ü C H T I G T !
Unterlinden museum Colmar France
MITGLIEDERN SIND ABLÄGE VERSPROCHEN

EINGEGANGEN AM 30. SEP. 1996

Sg. Herr D.I. Dr. Ulrich v. Habsburg-Lothringen,
Sehr gerne baue ich auch ein GRÜNES Pilotprojekt, um Sonnenenergie in die Wohnungen u. Herzen zu holen. (Wir kennen uns, Sie haben eine Wohnung in Graz Geidorfgürtel gekauft.) ♡ Licht Drusgala

EIN UNTERNEHMEN VOLL ENERGIE

DAS WAHRE SONNEN-LICHT WURDE -UMSONST- EMPFANGEN UND WIRD -UMSONST- WEITERGEGEBEN MT.X

GRÜNER EHRENSCHUTZ? FÜR *ORDENTLICHE & SAUBERE EU-*ARBEIT IM KRIEG GEGEN DIE *NATUR?
BIO-FLUßWASSER-STROM UND BIO ATOMSTROM KOSTEN-WAHR GLEICH

PRIVAT ODER VERSTAATLICHT?

VOLKS-HIRTEN & SEELSORGER W I S S E N WIE!

AUCH DIE SONNEN-LICHT-*ENERGIE IST WIE NÄCHSTENLIEBE-GEIST ZU V E R S T E U E R N *;

DIE "GRATIS-GESCHÄFTSFELDER" DER SONNE SIND, -WIE WASSER- OD. SEELEN, LEISTUNGSBEZOGEN MIT HILFE VOLL INTELLIGENTER SCHAF-HERDEN--KLEIN-VERBÜNDE A U S Z U B E U T E N.

SPENDEN FÜR GESCHWISTER IN NOT AUF PUMP VERDOPPELN? PRIVAT & VERSTAATLICHT!

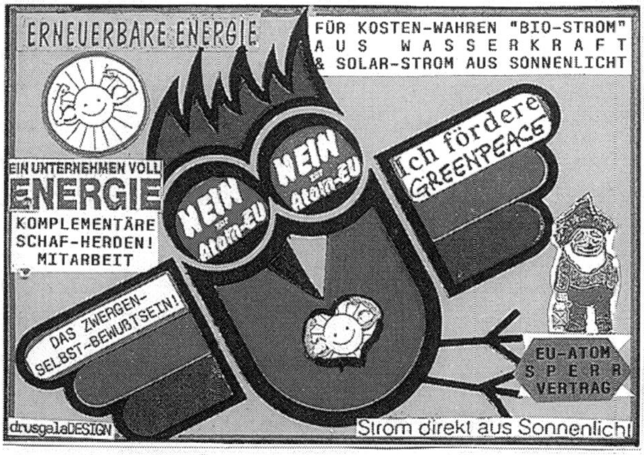

"BLAUBLÜTIGER" -EHRENSCHUTZ- FÜR SYSTEM-ERHALTENDE HIRTEN MIT EU-SCHAFHERDEN ?!

LIEBER HERR PROVINZIAL,

ALS OUT-CAST, EINER DER RD. 25 MILL. EU-ARBEITSLOSEN SCHAFE, (ZU DEN HIRTEN: LEISTUNG MUß SICH WIEDER LOHNEN?) WURDE MIR DIE GROßE EHRE ZUTEIL, FÜR EUREN LIEBEN SEELENTHERAPEUTEN, INDIEN-MISSIONAR ING. PATER SIGI LACKNER, U.WIE ER SAGT FÜR WEITERE MITBRÜDER EINE EU-MISSIONSKLAUSE IN KLGFT.ZU PLANEN U.DEN ROHBAU MIT 3 PKW GARAGEN UM HILFSARBEITERLOHN "SCHWARZ" AUFZUFÜHREN.

FREUDE AN DER ARBEIT, SOWIE DIE IDEE, EINE ZELLE FÜR EURE EU-MISSION ZU BAUEN, WELCHE ÜBER EINEN KOMPLEMENTÄREN ENERGIE-KLEINVERBUND AUCH UNS SCHAFEN EIN SPARPAKET SCHNÜREN HILFT: WEITERE ENERGIEVERSORGUNG GANZ EINFACH MIT KOSTENLOS ERNEUERBARER SONNENKRAFT (Z.B.AUCH STROM AUS ECHT WAHREM SONNENLICHT ETC.) D.H. DIE BE- U.AUSNÜTZUNG DES Z.T.GESPEICHERTEN SONNENLICHTES WIRD MITVERBUNDEN, U.KANN DAMIT DER HERDE SAMT HIRTEN "GRATIS" FRUCHT BRINGEN (MAT.X?) HAT MIR SEHR VIEL EINSATZWILLEN GEBRACHT, WOFÜR ICH MICH SEHR HERZLICH BEDANKEN MÖCHTE.

"SCHWARZEN" SEIT GENERATIONEN (GEN-TECH.?) IN DIE HERDE GETAUFTEN SCHÄFLEIN, DENEN NOCH HEUTE DIE CHRISTLICHE BESCHEIDENHEIT ETWAS BEDEUTET, - DIE SICH WEDER VON DIKTATOREN EINE "LEISTUNGS"-BEZOGENE NS-KI-STEUER (AUCH PS-BEZOGEN?) AUFSCHWATZEN LAßEN, NOCH VON DEMOKRATEN (FRIEDLICHE ATOM- ÖL- U.BANKZINS-LOBBYISTEN) IN EINE NICHT KOSTENWAHRE "GLAUBENS"-ENERGIE-VERSORGUNG VOLL -VERDOPPELT- DRÄNGEN, BZW. IN STAATSVERSCHULDUNG EINGESPANNT, SICH ALS ARBEITSLOS ERPRESST U. MIßBRAUCHT - ABGEKANZELT - FÜHLEN, IST EIN SPARPAKET, WELCHES AUF KOSTENLOS ECHT WAHREM SONNEN-LICHT BZW. GRATIS-WASSER OD. ERDWÄRME ETC. AUFBAUT, EIN KATHOLISCHER MIT- U. UMWELTSEGEN.
- - HERRLICH - -! U. DAZU NOCH EINER, WELCHER MIT HILFE REAL-U.FUNDAMENTAL INTELLIGENTER TECHNIK (SCHLANGEN-KLUG U.TAUBEN-ARGLOS) KONSTRUIRBAR IST, EIN SEGEN WELCHER AUCH VON TOTALEN "LÄMMERN" ÜBERSCHAU- BEHERRSCH- U.KONTROLLIERBAR IST, ZUALLEM ABER AUCH DEM GROßVERBUND DIENLICH "LEISTET"

- - - - EIN TRAUM - - - -

NACH TSCHERNOBYL KANN-UNS- DEM EWIG SCHULDIG-UNSCHULDIGEN "LEISTUNGS"-KOLLEKTIV AUS WEIBLICH U. MÄNNLICHEN SCHAFEN MIT HIRTEN - SO EINE VISION - GEWALTLOS, ETHISCH -VORAUSEILEND- FRIEDLICH, FAST EINE ÖKUMENISCHE? WUNDER-MITWELT-HEILUNG BRINGEN, D.H.GEWINNEN HELFEN.

LEIDER IST ES MIT DER KUNST ORDENTLICH PRAKTIZIERTER NÄCHSTENLIEBE (6 MILL.VERGASTE GESCHWISTER, SAMT PILLE U.ABTREIBUNG NUR 25 MILL.EU-ARBEITSLOSE MIT SOLIDARISCHER STAATSVERSCHULDUNG ETC.) IM GROßEN WIE IM KLEINEN NICHT SEHR WEIT HER!(2000 JAHRE U.CA.300 NACH LAS CASAS....) "LEISTUNGS"-LIEBE DER HILFSARBEITER-SCHAFE (W+M) U.DER HIRTEN-UNTERSCHIED, EIN IM KOSTENWAHREM GNADEN-WASSER DES HL.GEISTES BADENDER, IST SO GROß WIE DORFPFARRER ZU BANKO-AMBROSIANO-ZINSEN U.DEM PAPST ALS GOTTES STELLVERTRETER AUF ERDEN. - - - - - SEI WIE ES SEI - - - - -.

WENN DIE IDEE EINER INS AUGE GEFAßTEN EU-MISSION IN KLEINEN SCHRITTEN ALS SONNTAGS-KULTUR-PROJEKT DER JUGEND (DEN NÄCHSTEN) HOFFNUNG BRINGEN SOLL, WENN LÄMMERN, SCHAFEN U.HIRTEN SOLCHES ALS SELBST-BAU-SATZ VORFABRIZIERT ANGEBOTEN U. VORGERECHNET WERDEN KANN, BANKSPONSOREN SPONSERN FÜR SICH JEDE KUNST U.KULTUR, SO BIN ICH SEHR GERNE BEREIT, -PREISWERT- (AUF IN "FREIER" WIRTSCHAFT ÜBLICH ABGESPROCHENEN HILFSARBEITERPREISEN AUFBAUEND!) ABZÜGLICH DES NORM-HIRTEN-NACHLAßES (WIE IN DER SOZIALEN WOHNBAU-KUNST ÜBLICH) UNSERER "GESTÖRTEN GESELLSCHAFT?" ZU ERKLÄREN, WIE AUS WAHREM SONNEN-LICHT "KOSTENLOS" ECHTE ENERGIE KOMMEN KANN. ALLE KÜHE DIE GEMOLKEN WERDEN SOLLEN, BRINGEN FUTTER FÜR IHREN NACHWUCHS. FÜR SICH SUCHEN SIE SICH WELCHES AM TROG MIT -BEDIENUNG-OD. WENN SIE AUF DIE WEIDE DÜRFEN. AUCH DIE SONNE BEDIENT UNS LIEBEVOLL MIT GROßEM NÄCHSTENLIEBE WIRKUNGSGRAD - AUCH SONNTAGS - GEWERKSCHAFTLICH UNWIDERSPROCHEN ZEIGT SIE MEßBAR IHRE KRÄFTE, NUR MIT EINFACH WAHREM LICHT. DIESES ERFÜHLEN ALLE VON GOTT EINGESETZTEN SCHAFE MIT IHREN HIRTEN.

MIT SONNENFREUNDLICHEM GRÜß GOTT:

Leider keine VOLLENDUNG!
FÜR PLANUNG + ROHBAUARBEIT WAREN
S 180.000 ZUVIEL. (UMSONST IST DER TOD.

HOCHBAUTECHNIKER, ING.
SEPP OTHMAR DRUSGALA
A-9010 KLAGENFURT - Fach 70
für: Vorentwurf
ST. RUPERT
P. Sigi Lackner
Klause
+LIEBEN+
HELFEN
BEWAHREN
GLAUBEN
TRAG AUCH BEI!
WELT-UM-WELT
BÜNDNIS
SONNEN-ERDWÄRME
SONNEN-STROM
SONNEN-WARM-WASSER
2 GESCHOßIGER
KACHELOFEN ALS
ENERGIE-BATTERIE
P. Sigi Lackner, svd
Steyler Missionare
St. Rupert

Vera Leutenegger Klapproth

Zürich, 27. April 97

Liebe Frau Habsburg
lieber Herr Dr. Habsburg,

gerne denke ich an unser Gespräch im Palais Clam in Wien zurück.

Beil. sende ich Ihnen mein Interview mit Dr. Otto Habsburg, das ich in der renommierten BILANZ, dem führenden Schweizer-Wirtschafts-Magazin im März veröffentlichen durfte.

Im Juni werde ich wieder in Wien und auf Schloß Persenbeug weilen.

Sobald ich mich in Kärnten aufhalten würde, werde ich mich bei Ihnen sehr gerne rechtzeitig melden.

Mit herzlichen Grüßen
Ihre Vera L.K.

GÖRAN LINDAHL: DER NEUE CHEF BEI AB

BILANZ

DAS SCHWEIZER WIRTSCHAFTS-MAGAZIN

Marc Rich:
Er kann
es nicht lassen

Privilegien

Vor
der Kunst
sich Vorteil
zu verschaffe

«Die Schweizer sollten gelegentlich auf die Landkarte schauen»

Otto von Habsburg, 1912 als ältester Sohn des letzten österreichischen Kaisers geboren, ist seit bald 20 Jahren bayerischer CSU-Abgeordneter im Europaparlament. Ein **leidenschaftlicher Europapolitiker** im Gespräch – über Europa natürlich.

Otto von Habsburg

FOTOS: DUKAS/IMAPRESS

VERA LEUTENEGGER KLAPPROTH UND MEDARD MEIER

Bilanz: Was beschäftigt Sie zur Zeit als europäischer Parlamentarier am meisten?
Otto von Habsburg: Die primäre Aufgabe für mich ist die Erweiterung der Europäischen Union, der möglichst frühe Beitritt jener Völker, die noch nicht Mitglieder sind. Wir begeben uns nun in gefährliche Gewässer. Es wird kritische aussenpolitische Entwicklungen geben, und je weiter wir die Grenze der Freiheit nach Osten verschieben, desto besser wird es für den Westen und für die Mitte sein.

Was befürchten Sie konkret?
Wir sind Nachbarn eines riesigen Vulkans, nämlich Russlands. Russland ist heute in einem chaotischen Zustand. Wenn man wie ich viel in den früher kommunistischen Ländern herumkommt, stellt man eines fest: Der Kommunismus war das Zerstörendste, was es bisher gegeben hat. Aber es ist ein Riesenunterschied zwischen denjenigen Ländern, in denen der Kommunismus nur 40 Jahre, und solchen, wo er 70 Jahre geherrscht hat. In den Ländern mit 40jähriger Erfahrung leben noch ältere Leute, die sich an die Alternativen erinnern und die Jungen einführen können, es ist also noch ein Fundament da, auf das man bauen kann. Dort, wo der Kommunismus 70 Jahre regiert hat, gibt es das heute nicht mehr.
Unsere bisherige Politik war in der ganzen Region falsch. Falsch war vor allem, dass wir mit Hilfsprogrammen diese gewaltigen Kapitalien nach Russland geschickt haben, die dann dort im Boden versickerten und niemandem zugute gekommen sind – ausser der Mafia natürlich. Diese haben wir gemästet und zu Investitionen bei uns veranlasst, die nicht sinnvoll sind.

Wie hätten Sie's gemacht?
Ich hätte den Russen Sachverständige geschickt und den andern Ländern, die den Kommunismus weniger lang kannten, hätte ich das Kapital gegeben.

In Brüssel oder auch Strassburg ist ja die Osterweiterung ganz oben auf der Agenda.
Bei uns in Strassburg ist sie ziemlich weit oben, wenn wir politisch denken. Aber wir haben ständig den Konflikt zwischen den

Leuten, die nur wirtschaftlich denken, und denen, die politisch denken. Es gibt ein herrliches französisches Sprichwort: «Une plaie d'argent n'est jamais mortelle», also «Eine Wunde am Geldbeutel ist nie tödlich». Aber eine politische Wunde ist tödlich. Da muss man eben Prioritäten setzen, und die müssen so sein, dass wir den kommenden Herausforderungen begegnen können.

Aber ohne starke Wirtschaft geht es nicht.
Da bin ich nicht so überzeugt. Wie der Hitler damals angefangen hat, haben auch alle gesagt, er kann nicht, wie er will, weil die Wirtschaft am Boden liegt. Aber er konnte wohl, und er hat die Welt an den Rand der Katastrophe gebracht. Für mich ist eine Gemeinschaft oder ein Staat wie ein Schiff: Der Motor ist die Wirtschaft, die Politik ist das Steuer. Wir sitzen heute in einem Schiff, das einen starken Motor, aber ein schwaches Steuer hat, und deshalb auf die nächste Sandbank auflaufen wird.

Das Steuer funktioniert nicht, weil die Nationalstaaten eben nicht mehr so weitreichende wirtschaftliche Möglichkeiten haben. Welche Lösung schlagen Sie hier vor?
Die Nationalstaaten sind ja bereits überholt. Sie werden bestimmt irgendwo bestehenbleiben nach dem alten Parkinsonschen Gesetz, dass bürokratische Strukturen immer bestehenbleiben, so überflüssig sie auch sein mögen. Aber wir müssen einfach schauen, dass wir dieser Europäischen Union eine politische Dimension geben. Wir machen Fortschritte; es sind nicht grosse, aber es sind Fortschritte. Und wir müssen ihr eine sicherheitspolitische Dimension geben, die jetzt viel grösser geschrieben wird als noch vor kurzer Zeit.

Wie ordnen Sie denn die ganze Eurodebatte ein? Mehr auf der wirtschaftlichen oder mehr auf der politischen Seite?
Die Debatte begann meines Erachtens mit dem grundlegenden Irrtum, dass man ein Datum gesetzt hat. Die Bürokraten setzen gerne Termine. Jetzt haben wir das Datum und müssen es durchziehen, da die psychologische Wirkung des Nichteinhaltens so katastrophal wäre, dass wir das nicht riskieren können.

Kürzlich titelte eine Illustrierte: «Totalangriff auf die DM».
Bitte, dass die D-Mark bedroht ist, darüber gibt es keinen Zweifel. Aber diese Horrorszenarien entsprechen nicht den Tatsachen. Die D-Mark ist gefährdet, so wie jedes andere Geld gefährdet ist, solange es nicht so grosse Einheiten gibt, wie der Dollar eine ist. Wir haben nun die Möglichkeit, in Europa so etwas zu schaffen, und dann werden wir nicht mehr so gefährdet sein. Wir dürfen nie vergessen, was George Soros mit dem Pfund getrieben hat. Das war das erste Mal, dass ein privates Syndikat Staaten wirtschaftlich in die Knie gezwungen hat. Ich kenne Herrn Soros persönlich, und er hat mir gegenüber zugegeben, dass er in diesen 24 Stunden einen Profit von anderthalb Milliarden Pfund gemacht hat.

Ist das der Gund, dass wir den Euro schaffen wollen, um solchen Spekulanten das Spiel zu verderben?
Für mich ist das der primäre Grund, aber natürlich gibt es noch andere. Ein weiterer liegt darin, dass wir eine Stabilität der Agrarpreise erreichen. Das ist speziell in der Gegend, die ich die Ehre habe, hier zu vertreten, von grosser Bedeutung. Denn unsere Bauern hängen von den Exporten nach Italien ab, und wenn die Lira schwanken kann, wie sie will, dann ist das für uns sehr gefährlich. Mit dem Euro werden wir stabile Preise haben.

Für Sie ist der «point of no return» also überschritten: Der Euro wird eingeführt, zum Segen und Nutzen aller Beteiligten.
Ja, schon. Es wird auch Schwierigkeiten geben, aber wir sind so weit vorangeschritten, dass wir gar nicht mehr anders können. Noch einmal, ich persönlich halte es für einen Fehler, dass ein Termin gesetzt worden ist. Es wäre besser gewesen, wenn sich die Sache langsam entwickelt hätte, denn wenn ich etwas in Europa gelernt habe – und ich bin jetzt doch schon lange dabei –, dann ist es das, dass man nichts überstürzen und vor allem nie versuchen soll, den zweiten Schritt vor dem ersten zu tun, denn das endet immer katastrophal.

Waren Sie jemals zuversichtlicher als jetzt in bezug auf Europa?
Nein. Ich war nie mehr oder weniger zuversichtlich. Dass ich mich gelegentlich geärgert habe über Dinge, die passiert sind, ist vollkommen klar; dass ich ab und zu auch harte Äusserungen gemacht habe, ist selbstverständlich. Ich meine, was unsere Regierungen und unsere Bürokraten manchmal treiben, ist atemberaubend. Aber wir kommen weiter. Wir dürfen einfach nicht vergessen, dass wir eine historische Aufgabe zu bewältigen haben.

In der Schweiz wird zur Zeit diskutiert, welches Grundmodell der Erneuerung für uns das richtige ist. Manche meinen, der neoliberale Weg würde unsere gewachsenen Strukturen überfordern.
Man übertreibt ganz bestimmt. Alle Dinge können an sich gut sein. Aber wenn man sie übertreibt, werden sie negativ.

Hat Maggie Thatcher danach in den achtziger Jahren übertrieben?
Das würde ich so nicht sagen. Aber wir müssen uns immer vor Augen halten, und ich denke jetzt besonders an unsere landwirtschaftlichen Strukturen, dass es lebenswichtig ist, gewisse Dinge zu erhalten, auch dann, wenn ihre Erhaltung nicht den klassischen Regeln des Liberalismus entspricht.

Machen Sie jetzt nicht ein bisschen zu sehr in Politik und nehmen etwas zu stark Rücksicht auf Ihre Wähler?
Nein, ich war schon immer dieser Ansicht. Ich denke, dass wir die Landwirtschaft brauchen, auch in Zukunft. Ich glaube aber auch, dass wir die landwirtschaftlichen Sozialstrukturen erhalten müssen, weil wir ja doch in grossem Tempo in eine Zeit hineinkommen, wo wir erdnahe Rohstoffe in wesentlich höherem Masse als bisher benötigen. Für mich waren zweifelsohne die Fischereiprobleme des vergangenen Sommers ein grosses Alarmzeichen. Vor zehn Jahren hat man doch gesagt, das Meer ist die Zukunft, und jetzt sind wir schon so weit, dass man wegen der Fischerei Kriege führt. Nicht militärische Kriege natürlich, aber Sie kennen ja die Probleme zwischen uns und Kanada, zwischen uns und den afrikanischen Staaten. Darüber gibt man sich noch nicht genug Rechenschaft. Nehmen Sie Milton Friedman und seine Anhängerschaft, die sehen das nicht. Übrigens bin ich der Ansicht, dass Friedman in den meisten Fällen kurzfristig einen wirtschaftlichen Erfolg, langfristig einen Fehlschlag brachte. Dass also der Weg von Erhard und Röpke wesentlich sicherer ist als der von Friedman.

Warum geht alles in Europa so langsam?
Es geht gar nicht so langsam, wie man glaubt. Aber dass wir Schwierigkeiten haben, daran ist gar kein Zweifel, wir haben ja viel ältere Strukturen. Der Apparat, der die Politik lenkt, das ist doch alles aus dem 19. Jahrhundert. Wie und wo ist da Platz für einen Think tank in diesen Strukturen? Das Furchtbare ist, dass wir noch nicht verstanden haben, dass wir die Gedankenfunktion von der Verwal-

tungsfunktion trennen müssen. Wir verlangen von den Leuten Dinge, die sie nicht liefern können. Wenn man mir die Frage stellt über die zukünftigen politischen Strukturen, zum Beispiel über die Volkswahl eines europäischen Präsidenten, so muss ich sagen, dass ich eine solche Volkswahl für absolut falsch halte. Ich glaube, dass der Präsident durch ein kleines Gremium, das etwa dem heutigen Europarat entspricht, gewählt werden sollte,

aber nicht durch das Volk. Erstens stehen wir einer Sprachenvielfalt gegenüber, zweitens wäre ein solcher Wahlkampf für den oder die Betreffenden physisch beinahe unmöglich, und drittens würden dadurch ungeheure Abhängigkeiten geschaffen, bedenkt man den heute üblichen Aufwand, der bei solchen Wahlschlachten getrieben wird.

Wie gross soll denn der Staat sein, den Sie sich wünschen? Ich interpretiere es so, dass er auch für Sie viel zu gross ist.
Ja, absolut. Darum bin ich ja auch für Maastricht. Es steht im Maastrichter Vertrag sicherlich unendlich viel Mist, aber er enthält für uns eine Sache, die Gold wert ist, das ist das Subsidiaritätsprinzip. Zum ersten Mal ein internationaler Vertrag, in dem das Subsidiaritätsprinzip drin ist. Also, von unten her aufbauen, nicht von oben herab, wie es unsere Bürotechnokraten wollen. Das ist für mich das allerwichtigste. Was die Gemeinden leisten können, das sollen sie um Gottes willen an niemanden Grösseren abtreten. Für die wird eh noch viel zuviel übrigbleiben. Ein Politiker, der wirklich versteht, was seine Aufgabe ist, müsste eigentlich stolz sein auf alles, was er abtritt an Macht und Zuständigkeit. Ein Politiker sollte stolz sein auf die Gesetze, die er abschafft, und nicht auf die, die er schafft.

Was empfehlen Sie der Schweiz in bezug auf die EU?
Bitte, persönlich und von aussen betrachtet: Die Schweizer sollten gelegentlich auf die Landkarte schauen. Man sieht doch, die Schweiz ist ein kleiner Tupfen inmitten der Europäischen Union. Sie könnte aber eine ganz grosse Rolle spielen, wenn sie sich, natürlich unter Beibehaltung gewisser Eigenheiten, der EU anschliessen würde. Die Schweiz hat doch schon viel gebracht. Denken Sie an das Rote Kreuz und ähnliche Institutionen, die an sich ein riesiges politisches und auch wirtschaftliches Instrument sind. Die Ablehnung Europas war meines Erachtens ein grosser Irrtum.

Wenn Sie auf die Jahrhunderte zurückblicken, in denen Ihre Familie gewirkt hat, sind sie für Sie heute von Bedeutung?
Ja, es gibt gewisse Prinzipien, die eine Bedeutung haben, aber das ist nicht die Familie, sondern das ist diese ganze Bewegung, die vom Burgund ausgegangen und dann nach Österreich gekommen ist. Es geht um die Frage der Nationalitäten. Wir haben heute wieder sehr schwierige Nationalitätenprobleme. Wir haben Länder, die sie relativ gut gelöst haben. Nehmen wir zum Beispiel Belgien: Am Ende des Ersten Weltkrieges wurden Deutschland drei Kantone entrissen und an Belgien gegeben. Die Belgier haben ihnen alle Rechte gegeben. Und was ist das Ergebnis? Nach über siebzig Jahren sind die Leute noch genau so deutsch und stehen treu zu ihrem Deutschtum, aber sie sind auch absolut loyale Bürger des belgischen Staates. Das zeigt doch, wie man in der Nationalitätenfrage zu Rande kommen kann. Das wird für uns, je mehr wir uns nach Osten ausdehnen, ein um so grösseres Problem.

Vom «Europa der Vaterländer» bis zu einer Art amerikanischem Bundesstaat – wo befinden wir uns heute?
Also auf keinen Fall beim amerikanischen Modell. Wir müssen unser eigenes Modell bauen. Wir dürfen nicht, wie es allzu vielen Europäern passiert, Gefangene sein der verschiedenen Begriffe. Was hat man sich doch gestritten über Konföderation und Föderation. Wer die Geschichte ein bisschen lesen kann, weiss genau, eine Föderation ist eine Konföderation, die gelungen ist.

Nochmals zur Osterweiterung der EU: Ist es überhaupt noch eine Frage, ob Polen, Tschechien und die andern dazugehören?
Nein, absolut nicht. Sie gehören dazu, und sie werden auch dazukommen.

Und die Russen? Sollen die irgendwo ...?
Schauen Sie, wir haben schon sehr viel vermasselt. Zur Zeit, wo Gaidar Ministerpräsident in Russland war, hätte man das ohne Schwierigkeiten durchführen können. Da hat man es nicht gemacht. Aber jedes Mal, wenn man zurückzuckt, werden die Russen frecher. Das war doch bei Hitler genau dasselbe. Viele Politiker haben nichts gelernt aus der Geschichte. Wir hätten da klar und logisch weitergehen müssen.

Europa im globalen Sinne: Woher kommen die grossen Herausforderungen? Nach wie vor von Amerika oder mehr von Asien?
Wenn wir halbwegs auf der Höhe sind und zusammenarbeiten, können wir mit diesen Herausforderungen ohne weiteres fertig werden. Bezüglich Asien muss man Unterschiede machen. Wenn wir politisch denken, ist der Nachbar meines potentiellen Feindes immer mein Freund. Ich bin der Ansicht, dass China für uns ein notwendiger Partner sein wird. Wir dürfen nicht vergessen, was wir den Chinesen durch den chinesisch-russischen Konflikt zu verdanken haben. Bitte, sie haben es nicht wegen unserer schönen Augen gemacht. Diese Leute denken sehr real. Aber dieser Konflikt hat uns damals in einer sehr gefährlichen Zeit ungeheuer viel geholfen. Wir müssen daher versuchen, mit den Chinesen und mit den Japanern möglichst viele Kontakte zu pflegen. Sie sind für uns keine Gefahr. Sie sind wirtschaftlich manchmal lästige Konkurrenten, aber das ist vielleicht sogar gesund. Ich denke auch, dass wir mehr mit den islamischen Staaten zusammenarbeiten müssten. Dort ist viel Zukunft und Kraft, und es ist in unserem Interesse, sie auf unserer und nicht auf der Gegenseite zu wissen.

Zu Amerika haben Sie nichts gesagt. Ursprünglich hatten Sie doch recht grossen Einfluss auf Roosevelt?
Ja, ich habe mit den Amerikanern sehr viel zu tun gehabt. Aber es gibt natürlich Grenzen: Für mich zählen an erster Stelle die Interessen Europas. Aber wir brauchen die Amerikaner noch, und wir müssen auch ihnen gegenüber eine andere Haltung einnehmen, als wir das heute tun. Anstatt uns in die Ecke zu stellen und zu jammern, sollten wir versuchen, die Nato mitzutragen und dadurch die Nato aus einem einseitigen Protektorat in eine Partnerschaft zu verwandeln. ■

... antisemitische Äußerungen hatten für einen Parlamentsabgeordneten schwerwiegende Folgen – er wurde aus einem Herrenclub ausgeschlossen ...

... das Thema „Verleumdung" animierte noch viele weitere Menschen, mir ihre Meinung darüber kund zu tun ...

S.K.K.H.
DI. Dr. Ulrich Habsburg-Lothringen

Wien, 08.01.1996

Klagenfurterstraße 1
9400 Wolfsberg

Dein Schreiben vom 21.12.1995 an das Präsidium des St. Johanns Clubs

Lieber Freund,

durch die Feiertage etwas verspätet möchte ich mich bei Dir für die Zusendung des o.g. Schreibens in Kopie bedanken, vor allem jedoch dafür, daß Du es geschrieben hast und daß Du sehr klar Stellung nimmst. Ich sehe uns einer Meinung, daß es in dieser Sache wirklich ernsthaft um Reaktionen geht, wie immer sie aussehen mögen.

Zwei Briefe von Freunden in dieser Sache lege ich Dir in Kopie bei, damit Du siehst, wie andere reagieren.

Über die Gesamtzahl und Art der Reaktionen an den Club bin ich nicht informiert. "Unbestätigten Gerüchten zufolge" kommt es heute, am 8.1.1996, zu einer Kuratoriumssitzung zum Thema John Gudenus. Das läßt mich hoffen, daß es doch zu vielen Reaktionen gekommen sein könnte.

Mit besten Grüßen und ebensolchen Wünschen für das Neue Jahr

P.S. Ich werde mir erlauben, Dich über interessante Entwicklungen in dieser Sache auf dem laufenden zu halten.

Christian Spiegelfeld, Hollandtraße 10, 1020 Wien. Tel&Fax 0222/2148166

S.M.R.O.

St. Johanns Club

A-1010 Wien 1, Schubertring 4

Tel. 0222/512 21 55

Wien, 22. Februar 1996

Lieber Ulrich!

Ich danke Dir für Deinen Brief und erlaube mir, Dir zu berichten, daß der Ehren- und Disziplinarrat entsprechend einem Antrag desAusschusses am 2. Februar 1996 sich eingehend mit der Causa John Gudenus beschäftigt hat.

Es wurde beschlossen John Gudenus gemäß §6 der Statuten aus dem St. Johanns Club auszuschließen, da sein Verhalten „clubwidrig" war.

Ich bedanke mich für Dein Engagement und hoffe, daß durch diesen Beschluß der Fall für unseren Club endgültig erledigt ist.

Mit herzlichen Grüßen

Markus Spiegelfeld

MONTAG
21. SEPTEMBER 1998

Schuld, Wiedergutmachung

(LB „Wiedergutmachung", 16. 9.)
Österreich hat gemeinsam mit dem Deutschen Reich die räumliche Expansion zur Schaffung von neuem Lebensraum für die Deutschen Volksgemeinschaften, wie der Tschechen, Polen, Jugoslawen und anderer im Krieg involvierter Völker beschnitten. Daß, nach dem für das Deutsche Reich ungünstigen Ausgang dieser Expansionsbestrebungen von den anderen Volksgemeinschaften Repressalien gegen die deutschen Mitbewohner ergriffen wurden, hätte vorab als *worst-case*-Szenarium bekannt sein müssen.

Mit den im Deutschen Reich und in den von diesem eroberten oder annektierten Ländern lebenden Juden ist man anders verfahren. Man pferchte sie in Konzentrationslager und ließ ca. sechs Millionen Juden vergasen. Die Juden waren als Staatsbürger im Deutschen Reich unerwünscht und mußten daher arischen deutschen Volksgenossen Lebensraum geben, was zumeist den Verlust des Lebens bedeutete.

Wir, Österreicher und Deutsche, haben dieses Problem und diese Schuld unserer Väter und Großväter zu bewältigen und dafür geradezustehen.

DI. Dr. Ulrich Habsburg-Lothringen, Wolfsberg

*

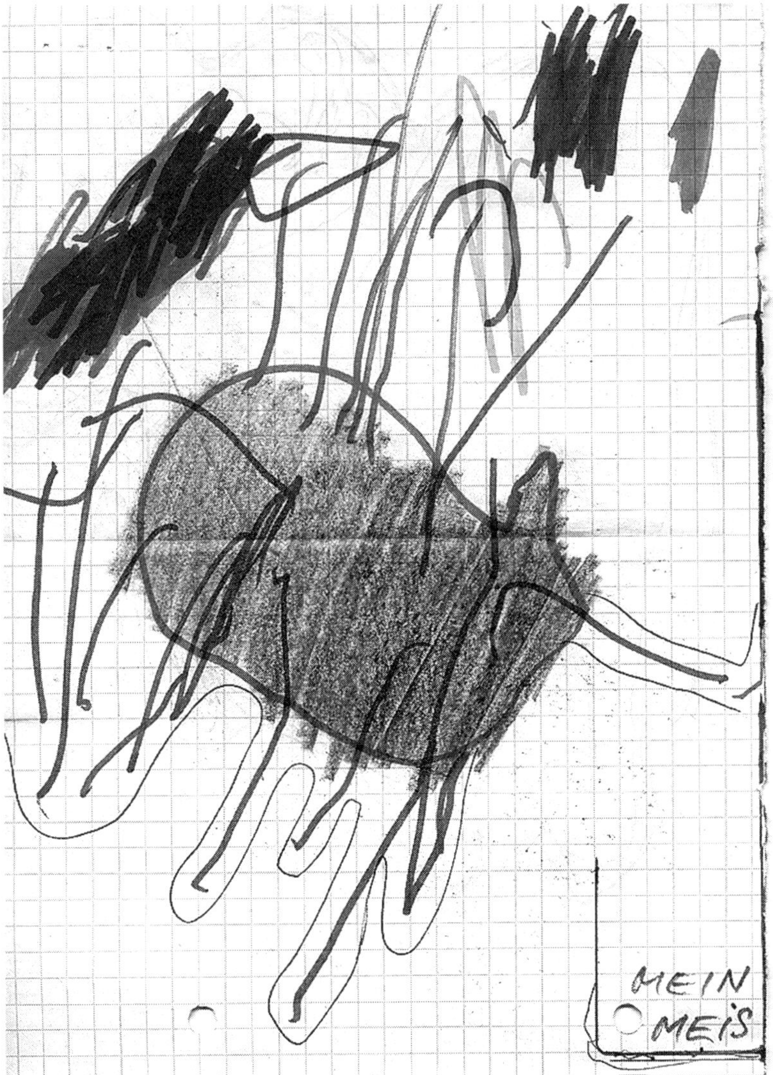

Warum will ausgerechnet Mieterschützer FAYMANN
eine arme Familie mit 2 Kleinkindern aus einer
Gemeindewohnung delogieren?
Fragen Sie Ihn 01/4000 81261

Postkarte

Absender: Guttenbrunner Junior
9071 Köttmannsdorf
Postleitzahl

KLAGENFURT
Die ... vom Wörthersee

Schützt gefährdete Tiere ...nzen

ENZIAN
KLAGENFURT 23.9.98
REPUBLIK ÖSTERREICH

Ich freue mich (schon Jahre) über Ihre LB-Beiträge / und auch jene der Frau Habsburg. Grundsätzlich bin ich ja stets Ihrer Meinung, also auch auch diesen Inhalt betreffend. Lediglich in einem Punkt

Herrn
Dr. Ulrich Habsburg-Lothringen
Straße, Hausnummer, Stiege und Türnummer oder Postfachnummer
9400 – Wolfsberg
Postleitzahl Bestimmungsort
Klagenfurterstraße 1

muß ich – in diesem Fall – passen: Für die Zeit VOR meinem Leben bin ich nicht bereit – die Schuld meiner / unserer / Väter – u. Großväter generation, quasi direkt und persönlich auf mich zu übertragen! Damit beschäftigen – ja!!

Österreich hat gemeinsam mit dem Deutschen Reich die räumliche Expansion zur Schaffung von neuem Lebensraum für die Deutschen Volksgemeinschaften, wie der Tschechen, Polen, Jugoslawen und anderer im Krieg involvierter Völker beschnitten. Daß, nach dem für das Deutsche Reich ungünstigen Ausgang dieser Expansionsbestrebungen von den anderen Volksgemeinschaften Repressalien gegen die deutschen Mitbewohner ergriffen wurden, hätte vorab als *worst-case*-Szenarium bekannt sein müssen.

Mit den im Deutschen Reich und in den von diesem eroberten oder annektierten Ländern lebenden Juden ist man anders verfahren. Man pferchte sie in Konzentrationslager und ließ ca. sechs Millionen Juden vergasen. Die Juden waren als Staatsbürger im Deutschen Reich unerwünscht und mußten daher arischen deutschen Volksgenossen Lebensraum geben, was zumeist den Verlust des Lebens bedeutete.

Wir, Österreicher und Deutsche, haben dieses Problem und diese Schuld unserer Väter und Großväter zu bewältigen und dafür geradezustehen. 2.

DI. Dr. Ulrich Habsburg-Lothringen,

2!

Freundlichst HG – 9071

Anneliese Winkler
9551/ Trattenweg 19

28.9.1998

Herrn
Dl.Dr. Habsburg -Lothringen

Klagenfurter Straße 1
9400 Wolfsberg

Ihr Leserbrief v. 21.9.1998/ Kl.Zeitg.

Sehr geehrter Herr Diplomingenieur!

Gestatten Sie mir, daß ich meine Meinung zu Ihrem Leserbrief an Sie persönlich richte.
Ich weiß nicht, wie alt oder wie jung Sie sind. Ich bin jeden= falls im Krieg ein Kind gewesen, habe aber so viel mitbekommen, daß kein Mensch gefragt wurde ob und auf welche Weise er der damaligen Führung dienen wolle.
Mein Vater ist gefallen für das sogenannte "Großdeutsche Reich". Ich fühlte mich genauso als Kriegsopfer. Es war nicht nur das seelische Leid, das unsere Familie traf. Es gab auch materielle Einbußen. Ich fühle mich in keiner Weise verantwortlich für meinen Vater oder die damaligen Generationen, weil ich weiß, daß sie keine Verbrecher waren und leider dem Gesetz Folge leisten mußten.
Seit mehr als 50 Jahren höre ich nichts anderes, als daß wir Schuld zu tragen hätten. Wo bleibt die Verjährung? Wo bleibt die christliche Vergebung? Man kann doch Generationen, die nicht dabei waren, nicht endlos schuldig sprechen und zur Kasse bitten. Wo bleiben die nicht aufgearbeiteten Verbrechen am deutschen Volk? Oder gibt es die am Ende Nicht? Einmal müßte Schluß sein!
Ich war enttäuscht über Ihre oberflächliche Aussage. Bedenken Sie, mit welcher gewichtigen Stimme Sie reden als Höchstge = bildeter in diesem Lande und dazu mit dem allseits bekannten

Namen. Sie sind aber sowohl dem einen wie dem anderen verpflichtet.

Abschließend darf ich Ihnen ein paar Autoren nennen. Sie wer =
den ein anderes Bild von der jetzigen Geschichtsschreibung
bekommen.
" das Drama der Juden Europas" v. Paul Rassinier, französi =
scher Geschichtsschreiber. Von den Deutschen in Frankr. ver =
haftet und durch mehrere Konzentrationslager geschleppt.
" Die Juden Europas zwischen Henkern und Heuchlern" v. Schwarz,
selbst Jude.
" Verraten und verkauft" v. Nicolaus Baciu, Rumäne
Die tragischen Fehler Churchills und Roosevelts!
" Bedingungsloser Hass" v. Captain Russel Grenfell

Sie sehen, ich lese vorwiegend Ausländer um ein objektives
Bild zu erhalten und diesessieht bedeutend anders aus, als
jenes, das man uns andauernd einbläut.

Ich hoffe, Sie nehmen mir meinen Widerspruch nicht allzu übel
und verbleibe mit

Hochachtung!

P.S. Ich entschuldige mich für meine Tipfehler. Ich bin keine
Schreibkraft. Meine Handschrift wollte ich Ihnen nicht zumuten.

Kleine Zeitung
Klagenfurt

29. November 1998

Betrifft: Stellungnahme zu Äußerungen von Vizebürgermeister Toefferl bei der Gemeinderatssitzung vom 24. 11. 1998

Der Herr Vizebürgermeister ist als Literat auch Führer einer scharfen Wortklinge. Dies sollte ihn jedoch nicht dazu verleiten, die Macht des Wortes diffamierend und undemokratisch einzusetzen – derartige Äußerungen bin ich eher von einem gewissen Einwohner des Bärentales gewöhnt, als von einem Sozialdemokraten. Aus falsch verstandener Demokratie, nur weil einmal die Macht nicht bei den Sozialdemokraten ist, Dr. Ulrich Habsburg-Lothringen, den Wortführer der Grünen Wolfsbergs, weil er mit für den Ausstieg aus dem Regionalverband gestimmt hat, dahingehend zu diffamieren und zu sagen, dass bei derartigem Verhalten die Habsburger schon viel früher (vor 1918) die Macht in Österreich hätten abgeben müssen, ist eines Demokraten und Sozialdemokraten nicht würdig und wäre zu Kreiskys Zeiten sicher nicht geschehen, geschweige den toleriert worden.
Worte sind gefährliche Waffen, noch dazu wenn man es versteht, sie mit feiner Klinge zu führen. Verletzungen durch derartige Worte haben meistens weitreichendere Wirkungen als die Tötung des Rivalen; auch die Geschichte lehrt uns, dass vielen Kriegen die ungezügelte Wortführung zugrunde liegt.

Ulrich Habsburg-Lothringen

FELIX ORSINI-ROSENBERG +43 +43 04252 2225 SEITE: 1

4. 12. 98

An Kirchenzeitung

Betrifft Leserbrief Ulrich Habsburg

Sehr geehrte Redaktion!

Jetzt habe ich den Orginaltext vor mir liegen u. muss feststellen, dass durch Ihre Verkürzung auch Inhaltlich viel weggenommen würde.

Leserbriefe sind ein wichtiges Stimulans für jede Zeitung.

Sie sollten dem mehr Raum geben u. darum anregen etc...

Das ist in der Wiener Zeitung DIALOG viel besser!

Jetzt heißt es im Advent nach Paulus "LICHTWAFFEN anlegen" (Röm 13)

Davon sollten auch in Kärnten einige Fünkchen zu sehen sein.

Ihr. Rosenberg
Damtschach
9241 Wernberg

0463 5877 549

PROFIL
1010 Wien

7. Dezember 1998

Leserbrief zu: Aussage Dr. Otto Habsburgs „Wir tragen den gelben Stern“

Niemals kann man die Verfolgung, Vertreibung und Ermordung der Juden mit dem Schicksal der Habsburger vergleichen. Das erstere ist so singulär, wie das andere logisch, wenn auch nicht unbedingt gerechte Folge jahrhundertelanger Herrschaft ist.

Friederike Habsburg-Lothringen
Ulrich Habsburg-Lothringen

Frau Schweiger

FORMAT

Das Magazin für Politik, Wirtschaft & Wissen

Format Zeitschriftenverlags-GmbH
Mag. Saskia Schwaiger
A-1020 Wien
Praterstraße 31
Tel: +43 1 213 12 DW 6753
Fax: +43 1 213 12 DW 6701
email: schwaiger@news.at

Herr Dr.DI Ulrich Habsburg

Wien, 10.12.1998

Betr.: Story Karl Habsburg-Porträt

Sehr geehrter Herr Habsburg,

Ich konnte Sie leider vor 22 Uhr nicht mehr anrufen und hatte dann Skrupel, Sie zu nachtschlafener Zeit zu stören. Ich darf Ihnen daher einige Sätze zufaxen, die ich eventuell für den text verwenden möchte.

Ich bitte Sie um ein kurzes telefonisches o.k. morgen Vormittag

unter: 01/217 55/67 77

oder /6788 (Sekreteriat)

Danke! Saskia Schwaiger

- „Otto war und ist der unangefochtene Primus der Familie. Er hat sich geschickt durch alle Wirren geschlagen. Seine letzte Äußerung hätte ich nicht getan, er hat wohl versucht, seinem Sohn zu helfen.

„Durch seinen politisch erfolgreichen Vater war für Karl die Latte sehr hoch gelegt. Karl hat es deshalb sicherlich schwierig."

- „Durch den Namen Habsburg wird man sicher genauer angschaut, man darf sich weniger gestatten. An Karls Stelle hätte ich schon längst den Hut draufgeworfen, er hat die Anfeindungen nicht nötig. Ich würde zurücktreten, aber das ist natürlich seine persönliche Entscheidung."

Gottfried Kiniger sen.
Hutmachermeister und Landwirt
992o Sillian.

Sillian,am 11.12.1998.

An

Friedericke und Dr.Ulrich Habsburg-Lothringen.
94oo Wolfsberg,Klagenfurterstrasse 1 .

Als Antwort auf die Leserbriefe in der " Kleinen Zeitung " möchte ich Ihnen sagen: Man liebt den Verrat,nicht den Verräter! Schämen Sie sich.

Gottfried Kiniger sen.

11/12 '98 13:56 FAX 07683 8262 4 FV Frankenburg 07683 8262 4 001

Christian Limbeck-Lilienau
A - 4871 ZIPF 17

Zipf, am 11.12.98

Leserbrief zu Habsburgdiskussion

Unerträglich

Woher nehmen Vater und Sohn Habsburg eigentlich ihre Präpotenz, jede kritische Äußerung des sich so gar nicht untertänig gebenden (Stimm) Volkes quasi als "Majestätsbeleidigung" ihrer Person abzukanzeln? Deren Verhalten, ein singuläres Gemisch aus Blassiertheit, "Rutsch mir den Buckel runter" Mentalität, "Ja, dürfens denn des" Verwunderung und borniertester Naivität läßt die beinharten Machtpolitiker H. etwas in den Hintergrund treten.
Auf Dauer ist dieses "Von Gottes Gnaden" Gehabe jedoch zum Scheitern verurteilt, ein längst fälliges Abtreten von der politischen Bühne daher höchst an der Zeit!

Fax 11. 12. an
Krone, PN,
O.Ö.N., Presse,
Standard
ca 10h

Christian Limbeck-Lilienau

Christian Limbeck-Lilienau

Dr. Ulrich Habsburg:

Gratulation zum heutigen Leserbrief im Standard!
Ich hoffe nur, daß er nicht allzu sehr gekürzt war,
jedenfalls machte er mir Mut, auch meinerseits mit
[illegible] etwas den Kopf zu zerbrechen!

Herzliche Grüße

Christian Limbeck-Lilienau

Kleine Zeitung
Klagenfurt

31. Jänner 1999

Betrifft : Habsburger-Spiel von M. Fleischhacker

Dem geehrten Redakteur dürfte entgangen sein, dass nicht alle Habsburger für Karls Politikerkarriere kämpfen. Als Kandidat der Grünen für die Nationalratswahl 1999 beziehungsweise von „Demokratie 99" für die Landtagswahlen in Kärnten, tritt der Grüne Wolfsberger Gemeinderat DI. Dr. Ulrich Habsburg-Lothringen an. In dieser Position liegen ihm die progressiven Ideen der Grünen näher als die strukturkonservativen Gedanken der ÖVP, für die Karl Habsburg weitgehendst eintritt.

Ulrich Habsburg-Lothringen

... anlässlich der Kosovo-Krise war ich veranlasst, die Handhabung der Neutralität Österreichs zu hinterfragen ...

PROFIL
1010 Wien

30. März 1999

Betrifft: Österreichs Neutralität und der Kosovo

Neutralität hat für die Österreicher einen hohen Stellenwert. Neutralität muss jedoch besonders in der heutigen Zeit aktiv gedacht und gelebt werden. Ich vermisse eine aktive und eigenständige Politik der Bundesregierung des neutralen Österreichs im Falle des Kosovo, welche dazu führt, dass ethnische Säuberungen und Kriegshandlungen in einem absehbaren Zeitraum abgestellt werden. Zeit dazu hat es schon genügend gegeben, denn das Problem ist nicht über Nacht entstanden.
Nationalratspräsident Dr. Fischer und Peter Pilz mögen die guten und wirksamen Vorschläge ihrer Parteien schnellstens der Öffentlichkeit und den Kosovo-Streitparteien übermitteln und realisieren.

Ulrich Habsburg-Lothringen

Neutralität aktiv leben

Neutralität muß – besonders in der heutigen Zeit – aktiv gedacht und gelebt werden. Ich vermisse eine aktive und eigenständige Politik der Bundesregierung des neutralen Österreichs im Falle des Kosovo, welche dazu führt, daß ethnische Säuberungen und Kriegshandlungen in einem absehbaren Zeitraum abgestellt werden. Zeit dazu hat es schon genügend gegeben, denn das Problem ist nicht über Nacht entstanden. Nationalratspräsident Dr. Fischer und Peter Pilz mögen die guten und wirksamen Vorschläge ihrer Parteien schnellstens der Öffentlichkeit und den Kosovo-Streitparteien übermitteln und realisieren.

Dr. Ulrich Habsburg-Lothringen, Wolfsberg

N.1001
IBIZA (Baleares) España
Vista nocturna.
Vue nocturne.
Nocturnal view.
Nächtliche ansicht.

TONI RIBAS

ESPAÑA correos
60
50 ANIV° DE LA F.A.O. NACIONES UNIDAS

Sg. Herr DI. Dr. Ulrich Habsburg, 4.4.1999
danke für Ihren heutigen Beitrag über Neutralität, in dem Sie beschreiben, was Neutralität genau ist. Sie haben in Ihrem heutigen Beitrag eine genauere Beschreibung über die Neutralität abgegeben, was Neutralität genau ist. Dafür danken Ihnen herzlich Ihre Töchter Rosmarin, Rosmanine (blaue Rose) und Rosmarina sowie (Dr. Bansjungerassige „Sekretärin" – Elisabeth Schütz)

(Dr. Bansjungerassige „Sekretärin" – Elisabeth Schütz)
An Herrn
DI. Dr. Ulrich
Habsburg-Lothringen
Klagenfurter Str. 1
9400 Wolfsberg
„Partnerring & Büroring"

Wir schenken Ihnen zum Danke für Ihren heutigen Beitrag einen großen Rosmarinstrauß. (Egger Flora – Gerry)

… mangelnde politische Sensibilität muss und sollte auch bei Freunden kritisiert werden dürfen …

Lieber Freund!

Es ist eine unangenehme Angelegenheit, in der ich mich bei Dir melde. Als Du mich ngerufen hast und mich gefragt hast, ob Du die Adressen der Clubmitglieder für die Versendung der Werbefolder zu Deinem neuen Buch „Das Ende der Tabus" verwenden dürftest, habe ich Dir als Altpräsidenten des Clubs spontan zugesagt. Aus eben diesem Grund at sich dann das Veranstaltungscomité an Dich wegen der Vorstellung des Buches an einem nserer Mittwoch-Abende gewandt. Nunmehr hat sich – auf die Aussendung des letzten Veranstaltungsprogramms hin – ein Mitglied an mich gewandt und mich auf den Inhalt Deines Buches aufmerksam gemacht. Daraufhin habe ich es mir besorgt und in größeren Teilen gelesen.

Eindeutiges Ergebnis für mich ist, daß dieses Buch keinesfalls im Club präsentiert verden kann. Wenn man in vielen Punkten auch durchaus über Details diskutieren mag, so ist er Grundtenor leider derart einseitig und revisionistisch, daß ich nicht bereit bin, die Einladung, die von uns ausgesprochen wurde (und hier liegt der Fehler leider eindeutig auf nserer Seite) weiter aufrecht zu erhalten. Es gibt genügend Mitglieder des Clubs, deren Väter der Großväter unter dem Terror des Dritten Reiches schwer zu leiden hatten. Diesen ein – ntschuldige bitte den Ausdruck – derartiges Machwerk vorzusetzen, hieße jeglichen Anstand ermissen lassen und auch einen Großteil der Dinge, für die der Club seit seiner Gründung insteht, zu negieren.

An Dr. G. Fröhlichsthal 25.5.99

Ich gratuliere zu Deiner Entscheidung. Habe schon ein Buch von R. Czernin gelesen

.Hg.
Graf Rudolf Czernin
chloß Schleinz
821 Schleinz-Walpersbach

Dipl. Ing. Dr. Ulrich HABSBURG-LOTHRINGEN
Zivilingenieur für Forst- und Holzwirtschaft
Telefon (043 52) 39 36 Telefax - 20
A-9400 Wolfsberg, Klagenfurter Str. 1

Titel: „Der Weg zum Nichts"
dies ließ leider Schlechtes erwarten
Herzliche Grüße Dein Ulrich Habsburg

Ich kann und will aus diesen Gründen nicht anders entscheiden und bedauere nur, daß wir das Ganze von uns aus eingefädelt haben. Der Club wird die geplante Veranstaltung daher absagen, und zwar ohne Angabe von Gründen, so daß eine öffentliche Diskussion zumindest von unserer Seite aus vermieden werden könnte.

Mit dem Bedauern, Dir keine besseren Nachrichten zukommen lassen zu können verbleibe ich

Dein

Georg Frölichsthal

(Georg Frölichsthal)

Kopie ergeht an Georg Hohenberg als Vorsitzenden des Kuratoriums

Information

über das Vorgehen des Präsidenten des St. Johanns Clubs betr. die Absage meines Vortrages

1. Sein Brief an mich.
2. Meine Antwort an ihn.
3. Meine Grundintention laut Vorwort: „Warum dieses Buch?“
4. Copie des Inhaltsverzeichnisses aus dem Buch.

Rudolf Czernin

Rudolf CZERNIN Schleinz, 9. April 1999

Lieber Freund!

Dein Brief ist sowohl der Form wie dem Inhalt nach unverschämt und ehrenrührig. So pflegen Herrn nicht miteinander zu sprechen - was Du eingentlich wissen solltest - auch wenn sie entgegengesetzter Meinung sind. Deine tatsächlich verletzende und primitive Ausdrucksweise bedient sich nicht sachlicher Argumente, sondern demagogischer Tot-Schlagworte ("derartiges Machwerk") um eine sachliche Diskussion von vornherein zu verhindern. So ein Vorgehen, dessen sich vor allem die extreme Linke bedient, zeugt im allgemeinen von Dummheit und Unsicherheit. Ebenso ist Deine Behauptung, mein Vortrag "hiesse jeglichen Anstand vermissen lassen" reine Heuchelei.

Dem Inhalt Deines Briefes nach scheinst Du mein Buch nicht gelesen oder nicht verstanden zu haben. Von "derart einseitig" wie Du mir unterstellst, kann wohl nicht die Rede sein, wenn ich beispielsweise auf Seite 32 Prof. Diewald zitierend, schreibe: "Die Geschichte des Dritten Reiches ist ebenso eine Geschichte des Aufbruchs, der Befreiung und Zustimmung, der Begeisterung, der Opferbereitschaft und einer schier schrankenlosen Zukunftserwartung. Ebenso aber ist sie eine Geschichte der Entrechtung, der Verfolgung, des Schandbaren, der Rechtswillkür, des Verbrechens, der Unmenschlichkeit, der Folter, des Mordes." Ausserdem lasse ich diesem Zitat den Satz folgen: "Das ist der historische Rahmen, den man sich beim Lesen dieses Buches stets vor Augen halten sollte." Ich habe es anscheinend versäumt, diesen Satz alle zehn Seiten zu wiederholen, damit auch solche Leser wie Du es verstehen.

Was den Vorwurf betrifft, mein Buch sei "revisionistisch", so kann ich nur sagen: Natürlich ist es revisionistisch. Nur muss man allerdings verstehen, was ich damit meine. Au Seite 21 kann nachgelesen werden: "Mit revisionistischer Literatur ist selbstverständlich nicht jene Art Literatur gemeint, der es in erster Linie darauf ankommt, das NS-Regime im allgemeinen und Hitler im speziellen zu rechtfertigen oder zu rehabilitieren; gemeint sind durchaus ernstzunehmende Werke politisch unabhängiger und international angesehener Wissenschaftler und Historiker, vor allem in den Staaten der Sieger des zweiten Weltkrieges, namentlich in den USA, England und Frankreich, von denen im Verlaufe dieses Buches die Rede sein wird." Das hättest Du halt lesen sollen, bevor Du inkompetente und dümmliche Pauschalurteile fällst.

Deine Absicht, meinen Vortrag "ohne Angabe von Gründen" abzusagen um "eine öffentliche Diskussion zu vermeiden", wie Du schreibst, werde ich zu verhindern wissen, indem ich eben diese Gründe publik mache, damit die Mitglieder nicht glauben ich hätte abgesagt, sondern erfahren mit welchen Methoden ihr Präsident vorgeht. Nicht mein Vortrag würde "einen Grossteil der Dinge, für die der Club seit seiner Gründung einsteht negieren" sondern im Gegenteil, Deine Absage meines Vortrages negiert solche "Dinge" für die der Club seit seiner Gründung einsteht, wie: Meinungsvielfalt, Fairness und Toleranz.

Überdies bestehe ich darauf, dass in den nächsten Clubnachrichten sowohl Dein Brief an mich als auch mein Brief an Dich komentarlos abgedruckt werden.

Zum Abschluss möchte ich meinen sofortigen Austritt aus dem St. Johanns Club bekanntgeben.

Es grüsst Dich

Kopien Deines und meines Briefes ergehen an alle Mitglieder des Ausschusses und des Kuratoriums.

VORWORT
aus:

„Das Ende der Tabus - Aufbruch in der Zeitgeschichte" / Rudolf Czernin; Graz, Stuttgart 1998:

WARUM DIESES BUCH?

Es gibt Themenbereiche der Zwischenkriegszeit und Nachkriegszeit, die in der offiziellen Zeitgeschichtsliteratur kaum objektive Behandlung erfahren haben, die entstellt, verdrängt, ausgeblendet oder überhaupt totgeschwiegen werden. Einer der Gründe hierfür ist, dass ein Geschichtsbild konstruiert wird, bei dem es weniger auf die objektive, unvoreingenommene historische Wahrheit ankommt als vielmehr darauf, daß es „volkspädagogisch erwünscht" ist, wie Golo Mann es einmal bezeichnet hat.
Ausgehend von dieser Tatsache, daß das offizielle, gängige Geschichtsbild sich nicht immer mit der historischen Wahrheit deckt, möchte dieses Buch als kleiner Beitrag zur Überwindung historischer Unwahrheiten und Vorurteile verstanden werden. Denn der Autor ist der festen Überzeugung, daß sich auf geschichtlichen Unwahrheiten auf Dauer kein tragfähiges Nachbarschaftsverhältnis zwischen Staaten und Völkern begründen läßt. Er ist ferner der Meinung, daß einzig und allein die historische Wahrheit - wie unbequem und unerwünscht sie auch sein mag - die einzige Grundlage für das Zusammenleben in Frieden, Freiheit, gegenseitigem vertrauen und gegenseitiger Achtung ist, was sowohl für die innerstaatlichen als auch für die zwischenstaatlichen, die menschlichen und die politischen Beziehungen gilt. Denn: Lüge entzweit, Wahrheit vereint. In diesem Sinne bietet sich ein Zitat aus dem Buch des jüdischen Autors J. G. Burg, *„Schuld und Schicksal"*, an: *„Mithelfen, die Wahrheit zu finden, ohne die es keine Zukunft geben kann, und ohne die wir alle in ein Meer des Hasses und der Rache ertrinken werden."*

INHALT

Die Deutsche Bibliothek – CIP-Einheitsaufnahme

Czernin, Rudolf:
Das Ende der Tabus : Aufbruch in der Zeitgeschichte / Rudolf Czernin. –
Graz ; Stuttgart : Stocker, 1998
ISBN 3-7020-0832-2

S.M.R.O.
St. Johanns Club
A-1010 Wien 1, Schubertring 4
Tel. 0222/512 21 55

Georg Frölichsthal

Wien, den 21. Juni 1999

Lieber Freund!

Herzlichen Dank für Deine Zuschrift betreffend meinen Briefwechsel mit Rudi Czernin. Es hat mich gefreut, in der Angelegenheit nicht nur Kritik, sondern auch Zuspruch zu erhalten. Um nicht noch weiteres Öl ins Feuer zu gießen, haben Ausschuß und Kuratorium beschlossen, sich nicht mehr öffentlich dazu zu äußern. Daher werden in der nächsten Zeitung keine Stellungnahmen und Leserbriefe abgedruckt.

Mit herzlichen Grüßen

Dein

Georg Frölichsthal

S.Hg.
Graf Ulrich von Habsburg-Lothringen
Klagenfurterstraße 1
9400 Wolfsberg

STANDARD

1. Feber 2000

Betrifft: Österreich und EU-Warnungen

Frage an die Gewerkschaft:
Wo bleibt der Generalstreik für ein freies, nicht faschistoides Österreich?

Dieser ganze Konflikt hat auch eine sozialpolitische Komponente. Die Koalitionsverhandlungen der SPÖ mit der ÖVP sind größtenteils an der Regelung von Pensionsrechten gescheitert; hier war die Gewerkschaft aus begreiflichen Gründen dagegen. Bei den weiteren Verhandlungen der ÖVP mit der FPÖ scheint es jedoch nicht besser zu werden. Durch die Äußerungen des gewichtigsten FPÖ-Mitgliedes, welches für seine flotten Sprüche bekannt ist, könnten jetzt leider zusätzlich österreichische Arbeitsplätze in Gefahr geraten. Die Gewerkschaft ist daher aufgefordert, mit Streikaufrufen auf die Gefahr für Österreichs Wirtschaft aufmerksam zu machen und die Wirtschaft soweit unter Druck zu setzen, dass diese die Unterstützung der ÖVP und FPÖ aufgibt.

Ulrich Habsburg-Lothringen

Kleine Zeitung
Redaktion

4. März 2000

Betrifft: Quergedacht für Kärnten

Verantwortung und Betroffenheit

Die politischen Ereignisse der letzten fünf Monate können als Ausfluss fehlender Betroffenheit beziehungsweise Verantwortung, hervorgerufen durch mangelndes Geschichtsbewusstsein, gedeutet werden. Der Mensch definiert sich aus seiner Familie und diese wiederum aus dem Volk, welches als Staatsvolk oder auch nur Teil eines Staates angesehen werden kann. Bleiben wir nun bei unserer Historie, welche an einer Geschichte, die sich in der drittgrößten Stadt Kärntens abgespielt hat, nachvollzogen werden soll.

Im Jahre 1962 wurde der Platz vor dem Rathaus von Franz Josefs Quai in Rathausplatz umbenannt, der nun, im Februar 2000, wieder seinen alten Namen erhalten sollte. Damals gab es den legalen Rückkehrversuch Otto Habsburgs, des Sohnes des letzten Kaisers. Die Habsburger, eine aus der Schweiz eingewanderte Familie, ob es Wirtschaftsflüchtlinge waren, kann nicht mehr genau eruiert werden, brachten es in Österreich zu Ruhm und Ansehen, ja sie setzten Mitteleuropa von Spanien bis zur Ukraine und von Oberitalien bis nach Dänemark ihr Gepräge auf. Dieses Herrscherhaus, das Haus Österreich oder casa d'austria, konnte sogar behaupten, dass in seinem Reich die Sonne nie unterginge. Diese Habsburger sollten ein Teil der österreichischen Identität sein, sie sind jedoch auch verantwortlich für den 1. Weltkrieg. Dies führte in überkonsequenter Weise dazu, dass die Familie Habsburg nach dem 1. Weltkrieg durch die „Habsburger-Gesetze" ausgegrenzt wurde, indem ihnen bis heute noch Teile der bürgerlichen Rechte vorenthalten werden. Diese Ausgrenzung konnte der Autor, als er in den Jahren um 1947 die Volksschule in Kärnten besuchte, noch am eigenen Leib erfahren – er wurde als Mitglied einer Kriegshetzerfamilie sozusagen außerhalb des Verfassungsbogen gestellt. Kleinere Geplänkel ähnlicher Art ergeben sich für den Autor von Zeit zu Zeit noch im Gemeinderat. Auch der 10. Oktober, die Art und Weise wie er gefeiert wird und wurde, kann ein Zeichen für Diskriminierung sein, schließlich war die slowenische Volksgruppe maßgeblich am Verbleib Südkärntens bei Österreich beteiligt.

Aber auch Österreich wird nun in die Verantwortung genommen. Nicht wenige Österreicher haben 1938 Hitler zugejubelt, einem „Auslandsösterreicher", der seine Lehrjahre im Wien eines anitisemitisch geprägten, christlich sozialen Bürgermeisters Lueger verbrachte. Dieses jubelnde Österreich, auch die Bischöfe haben sich damals nur unhörbar distanziert, begann mit Hitler den 2. Weltkrieg, der zur Diskriminierung und späteren Ausmerzung von Volksgruppen führte.

Österreicher waren auch in den führenden Positionen des Dritten Reiches überproportional vertreten. Obwohl wir 1945 glücklicherweise befreit wurden, sind nicht wenige unserer Mitbürger der Meinung, den 2. Weltkrieg verloren zu haben. Und nun, 55 Jahre nach Beendigung des 2. Weltkrieges, holt die geschichtslosen Österreicher die Geschichte ein; Vorgeplänkel gab es schon 1986 bei der Wahl Waldheims.

Österreich, das muss leider gesagt werden, hat zu wenig aus seiner eigenen Geschichte gelernt. Österreich war an zwei Weltkriegen maßgeblich beteiligt. Mit Frankreich waren wir in den letzten 200 Jahren vier Mal im Krieg, mit Italien in den letzten 140 Jahren ebenfalls vier Mal, Belgien und die Niederlande waren unter österreichischer Herrschaft, ebenso Tschechien und große Teile Italiens. Diese gemeinsame Geschichte, im Widerspruch zur Nationalstaatlichkeit stehend, kann natürlich auch zu Vorbehalten gegenüber Österreich führen. Dass nun die EU, denen diese Staaten angehören beziehungsweise demnächst werden, wegen wiederholter Äußerungen maßgeblicher FPÖ-Politiker zur ordentlichen Beschäftigungspolitk im Dritten Reich, Fremdenpolitik (Wahlkampf in Wien) zur EU und zum Euro, Vorbehalte gegenüber Österreich und seiner neuen Regierung hat, darf nicht verwundern. Noch dazu, wenn durch unqualifizierte Äußerungen von Vertretern der zukünftigen Regierungsparteien gegenüber Frankreich und Belgien das Gesprächsklima nicht gerade verbessert wird.

Aus einer Diskriminierung des Hauses Österreich wurde nun eine solche Österreichs. Es liegt jetzt an uns, mit unserer Geschichte sensibel umzugehen und den anderen Ländern keinen Vorwand zur Irritation zu geben. Es wäre für die Oppositionsparteien nicht sinnvoll in Pressekonferenzen groß mit den Vertretern der FPÖ aufzutreten, während von diesen offen und laut über den Euro als Fehlgeburt beziehungsweise über den Austritt Österreichs aus der EU nachgedacht wird. Dies soll nicht die Menschenrechte der Politiker beschneiden, zum Wohle Österreichs wäre jedoch eine kurz- bis mittelfristige Selbstbeschränkung angesagt.

Ulrich Habsburg-Lothringen

Unterkärntner Nachrichten
Leserbrief
9400 Wolfsberg

Wolfsberg, 4. August 2000

Zum Artikel auf Seite 1, gezeichnet Salz vom 4. 8. 2000

Stellungnahme der Günen

Der Vorwurf der Inkonsequenz mag am ersten Blick entstehen wenn man keinen sehr genauen Einblick in den Ablauf der Dinge seit dem letzten halben Jahr hat. Es wurde öfters versucht mit der SPÖ in Gespräche zu kommen, in den anfänglichen wurde dem Vertreter der Grünen von der großen Oppositionspartei sogar angeboten, dass ein Schwenk keine finanziellen Nachteile für die Grünen bringen würde, da sie ja keine rechtlichen Ansprüche auf Vertretung in den diversen Ausschüssen hätten. Dieses freundliche Angebot der SPÖ konnte natürlich nicht angenommen werden, da den Grünen ansonsten der Vorwurf der Käuflichkeit nicht erspart geblieben wäre. Die Grünen Vorstellungen für Wolfsberg zu besprechen und mit den Wünschen und Vorstellungen der SPÖ beziehungsweise des Bürgermeisters in Einklang zu bringen, konnte aus terminlichen Gründen, welche beim Bürgermeister lagen, leider bis jetzt nicht realisiert werden.

Nachdem auch die Grünen von Seiten der SPÖ niemals eingeladen wurden an ihren Vorstellungen auch vor einer Gemeinderatssitzung mitzuarbeiten und unsere Ansichten einzubringen hat es den Anschein, dass der großen Oppositionspartei nicht an einer zeitweisen Zusammenarbeit – Wettkampf der besten Ideen – mit den Grünen gelegen ist. Von Seiten des ersten Vizebürgemeisters (SPÖ) wurde auch vernommen, dass die jetzige Situation für die SPÖ sehr günstig sei.
Zur Zustimmung der Grünen zum zweiten Nachtragsbudget, indem auch die Erhöhung der Kindergartentarife enthalten war, kann nur bemerkt werden, dass auch die SPÖ zugestimmt hat. Allein die Grünen waren es, die, obwohl es derzeit politisch nicht opportun ist, für einen freien Zutritt zu den Kinderbetreuungseinrichtungen das Wort ergriffen haben, denn warum soll das Kindern vorenthalten werden, was Schülern und Hochschülern vom Staat gewährt wird.

Ulrich Habsburg-Lothringen

... Vortrag im ungarischen Vàrpalota, einer Partnerstadt der Stadtgemeinde Wolfsberg, im September 2000 ...

Österreich, die EU und Ungarn – Visionen

25. September 2000

Die Jahrtausendwende lässt uns zurückblicken auf das 1000-jährige Bestehen eines ungarischen Staates, sowie auf dessen Christianisierung vor ebenfalls 1000 Jahren. Nicht zufällig wurde auch in Österreich der erstmaligen urkundlichen Erwähnung als Ostarici vor 1000 Jahren gedacht.
Um zu wissen wohin ich gehe, ist eine Standortbestimmung unbedingt notwendig, dies betrifft die orographische, politische und kulturelle Dimension unseres Seins, unzweifelhaft definiert als Teil eines Volkes in Zeit und Raum.

1. Standortbestimmung

Wo komme ich her?

Allein die Kenntnis und Feier dieser historischen Daten lässt die Bedeutung der Geschichte des eigenen Volkes als Rückgrat für dessen Weiterentwicklung in kultureller und wirtschaftlicher Dimension erahnen. Daher wird es in einem vereinten Europa wichtig sein, die eigenen geschichtlichen Wurzeln zu kennen und sich auch dazu zu bekennen, um auch in Zukunft nicht in einem kulturellen Misch-Masch (Martin Forstner nennt dies Multikulturalismus) seine Eigenart und damit Zukunft zu verlieren.

Wo bin ich (stehe ich)?

Die derzeitige Situation, Österreich als Mitglied der EU der 15; Ungarn als ehemaliger Ostblock-Staat, mit vielen Gemeinsamkeiten mit Österreich. Beide Staaten beherbergen Minderheiten auf ihrem Staatsgebiet und es gibt andererseits, besonders bei Ungarn, auch große Minderheiten in den Nachbarstaaten. Die Probleme Österreichs in jüngster Zeit mit den Mitgliedsstaaten der EU, welche sich in den sogenannten Sanktionen der 14 äußerten – neuerdings auch anlässlich der Feier „Zehn Jahre deutsche Einheit in Dresden" – lassen es sicher für beide, für Österreich und Ungarn, aber auch für die weiteren Beitrittskandidaten, als notwendig erscheinen, geeignete Maßnahmen vorzusehen, um solche Sanktionen zu verhindern.

Wo will ich hin?

Ungarn will zur EU, um voll am europäischen und internationalen Markt teilhaben zu können, und dies bei gleichzeitiger Wahrung seiner kulturellen Eigenheit. Um sich in einer multikulturellen und multiethnischen Staatengemeinschaft behaupten zu können, bedarf es der Förderung der eigenen Kultur durch eine geeignete und expansive Kulturpolitik, wobei die Bildung von Allianzen zur Durchsetzung seiner politischen Vorstellungen unbedingt notwendig sein wird. Dies vor allem, wenn man gegen die vier dominanten Staaten der EU Erfolg haben will. Diese Aussage trifft auch für Österreich zu. Daher werden sich Ungarn und Österreich für die Zukunft etwas einfallen lassen müssen, um ihre Position in der EU zu stärken. Schließlich wird zu beachten sein, dass das 21. Jahrhundert, in Bezug auf die EU, ein Jahrhundert der Slawen sein wird, sie werden die dritte große Kraft in der EU werden.

2. Unsere Wurzeln

Die gerade in Wien zu Ende gegangene und schon vorher in Belgien gezeigte Ausstellung über Karl V. (1500) lässt die Dimension eines großen Wirtschaftsraumes, bei Beibehaltung der kulturellen Vielfalt, erahnen. Aber schon früher, unter Karl dem Großen (800), gab es mit dem fränkischen Reich ein Staatsgebilde, welches von den Pyrenäen bis zum Plattensee und von der Nordsee bis nach Rom reichte. Etwas später, vor rund 1000 Jahren, bildeten sich Österreich und Ungarn, beide am Rande des Frankenreiches liegend, heraus. Waren die Ungarn zumeist eher als kriegerisch bekannt – sie erreichten sogar das Lavanttal und Wolfsberg in Kärnten und tauschten dabei keine Gastgeschenke aus – so haben sich die Österreicher recht bald der Bettstatt als politisches Instrument bedient, um ihren Einflussbereich und das Staatsgebilde zu vergrößern. Die aus der Schweiz, dem Aargau, zugewanderte Herrscherfamilie der Habsburger – eine der ersten Wirtschaftsflüchtlinge, welche es in Österreich zu Ansehen brachte – perfektionierte diese Machterweiterung auf biologischem Wege auf geradezu vollkommene Art und Weise. Dies führte auch zu unserem, Ungarns und Österreichs, gemeinsamen Auftreten in der Weltgeschichte, welches vom 16. bis zum 20. Jahrhundert währte. Österreich gelang es gemeinsam mit Ungarn zu einer politischen und kulturellen Großmacht im Herzen Europas aufzusteigen, unter Karl V. sogar zur ersten Weltmacht.

3. Geistiger Hintergrund

Den geistigen Hintergrund, die Wertkonstante, bildete das Christentum, zuerst in seiner westlichen und östlichen Ausbildung, später auch mit seinen reformatorischen Zweigen. Trotzdem gelang es, nachdem die Sturm- und Drangzeit des osmanischen Reiches vorbei war, auch mit den, im Herrschaftsbereich angesiedelten, Muslimen in einem guten Verhältnis zu leben.
Das Judentum als älteste der drei abrahamitischen Religionen, ist ebenfalls schon seit über 1000 Jahren in diesem Raum nachweisbar. Die Juden waren zwar eher geduldet und mussten, ausgenommen das 20. Jahrhundert, bisweilen „nur" regionale Verfolgungen erdulden. Alle diese drei Religionen prägten, im Gemisch mit den verschiedenen im Staate vertretenen Völkern, die Kultur des Vielvölkerstaates, dessen Gemeinsamkeiten auch heute noch nicht zu übersehen sind. Man denke an die Eisenbahnbauten mit den Ähnlichkeiten bei den Stationsgebäuden, den Theater- und Opernhäusern, welche von Zagreb bis Lemberg und weiter bis Teplitz-Schönau sich gleichen. Weiters ist zu bedenken, dass die nun nach Europa strebenden sogenannten Visegrad Staaten, gemeinsame Infrastrukturen, wie Bahnbauten, welche auf Wien, Prag und Budapest hin ausgerichtet sind, besitzen. Die Tradition der österreichischen Verwaltung inklusive Grundbuch und Katasterwesen wird sogar von der EU als Vorteil für die östlichen Beitrittskandidaten angesehen.

Trotz aller dieser Gemeinsamkeiten darf jedoch das Trennende nicht übersehen werden. Österreich und teilweise auch Ungarn waren die dominanten Partner in diesem Vielvölkerstaat, was zu Ressentiments des slawischen Bevölkerungsteils führte und, wie man auch heute noch sieht, zwischen Wien und Prag wegen Temelin teilweise noch andauert.
Auch wenn die Geschichte der letzten 80 Jahre alle diese Völker verschiedene Wege gehen sieht, und über 45 Jahre sogar ein anderes Wirtschaftssystem zur Anwendung kam, so eröffnen sich trotzdem große Chancen für Ungarn und Österreich in der EU, vorallem wenn beide Länder politisch, kultur- und wirtschaftspolitisch, aktiv sein wollen.

Der Kommunismus kann auch als institutionalisierte Kritik am zuwenig gelebten Christentum gedeutet werden. Die Kritik konnte natürlich von keinem Besseren als von Karl Marx, einem Juden, kommen, dem die „Zehn Gebote" nicht unbekannt gewesen sein dürften – jene zehn Gebote, welche sowohl Juden als auch Christen als Maßstab für das Zusammenleben ansehen und anerkennen. Auch der Kommunismus konnte wegen menschlicher Schwächen seine Ideale nicht verwirklichen, dafür können nun vor allem die östlichen Beitrittskandidaten sowohl aus den Schwächen des Kommunismus als auch aus jenen des Kapitalismus ihre Schlüsse ziehen, und im vereinten Europa reformierend auf den Kapitalismus einwirken.

4. Die Zukunft

Betrachtet man die letzten Wortmeldungen zu Europa aus Deutschland und Frankreich so fällt einem auf, dass die Gemeinsamkeiten aus dem alten Frankenreich, trotz vieler gegenseitiger Kriege, bei beiden Staaten zu einer deutsch-französischen Dominanz in Europa führen könnten. Dies besonders, da der große deutsche Bruder jüngst dem kleinen Österreich vehement seine Vorstellung von europäischer Politik kundgetan und in Dresden weiterhin dokumentiert hat. Derzeit ist daher die Gefahr, dass sich in Europa ein Block von nahezu 90 Millionen Deutschsprechender (inklusive der Schweiz) bildet, eher gering. Der Beitritt der Staaten Slowenien, Kroatien, Slowakei, Tschechien, Polen und Ungarn, der baltischen Staaten, und in späterer Folge auch von Jugoslawien, Bulgarien und Rumänien, wird einen großen slawischen Block in der EU schaffen. In diesem Raum werden in nächster Zukunft wahrscheinlich die meisten Investitionen getätigt werden, hier liegt auch der größte wirtschaftliche Nachholbedarf. Dieser Raum wird über längere Zeit für die Investitionsgüter- aber auch Konsumgüterproduktion von großem Interesse sein. Hier wird es sich für Österreich auch als sehr notwendig und günstig erweisen, schon bei den Beitrittsverhandlungen zur EU sehr gute Kontakte zu den Beitrittswerbern zu pflegen, um später dann mit ihnen strategische Allianzen für die Politik in der EU bilden zu können, denn das 21. Jahrhundert wird ein solches der Slawen werden.

Was sollte näher liegen, als dass sich Ungarn und Österreich der alten politischen und infrastrukturellen Verbindungen wieder erinnern und versuchen, besonders hier ihre Geschäfte zu machen und zu investieren. Alte abgerissene Familienbande könnten wieder geknüpft und zu persönlichen Geschäftsbeziehungen erweitert werden. Warum sollten Österreich und Ungarn nicht in manchen Belangen zusammen auftreten, oder noch besser, sich durch jeweils den anderen vertreten lassen, wenn schon französische Politiker laut darüber nachgedacht haben, ob sich nicht Frankreich in Drittstaaten teilweise durch Deutschland oder auch umgekehrt, vertreten lassen könnte.

Vorteile werden sich für die Minderheiten ergeben, denn alle Ungarn werden nun Europäer sein, gleich ob sie in Ungarn, Slowakei, Kroatien oder Rumänien leben sollten. Die im letzten Jahrhundert neu gezogenen Grenzen werden transparenter und Regionen können den Lebensraum eines Volkes kulturell zusammenhalten und sogar dessen kulturelle Weiterentwicklung fördern.

5. Kultur

Die Kultur dieses gemeinsamen Europas darf jedoch keine Euro-Kultur, quasi als billiger Verschnitt von Schwarzwaldklinik und Musikantenstadel mit etwas Lippizzanerchoreographie sein. Die Einheit Europas darf nicht *Einheitlichkeit* heißen, denn gerade das Zusammenspiel von Vielfalt und Einheit zeichnet die europäische Kultur aus. Die europäische Kultur lebt von den Wechselwirkungen,

aber auch von den Konstanten der gemeinsamen Ideen, Werte und Strukturen, und sie ist gleichzeitig offen für den zukünftigen Wandel ihre Inhalte. (Martin Forstner 1998; zum Thema Multikulturalität und Multiethnizität in Mittel-, Ost- und Südosteuropa.)
Wir werden verstärkt mit unseren Kulturinstituten, universitären Austauschprogrammen, Hilfsaktionen zum Erhalt von Kulturdenkmälern und geschichtlicher Bausubstanzen im Osten präsent sein müssen. Nur durch eine aktive und innovative Kulturpolitik wird der Kultur Österreichs und Ungarns in der EU ein entsprechender Platz besetzt werden können. Innovativere und expansivere Kulturen werden ansonsten unsere Kultur sogar zurückdrängen. Gerade für Österreich sehe ich hier eine große Chance um sich als zweiter deutscher Staat, mit langjähriger Minderheitentradition, neben seinem mächtigen Bruder bestätigen und halten zu können. Die Schlacht zu Königsgrätz im Jahre 1866 hat uns ein Trauma verschafft, an dem wir trotz erfolgreichen Exports des Führers noch zu leiden haben.

6. Werte und Religionen

Jedes Gesellschaftssystem bedarf eines Wertekataloges um die eigenen Bürger zu schützen und einen geregelten Lebensablauf zu garantieren. In unserer 1000-jährigen, und oft gemeinsamen Geschichte, konnte dieser Mittel-, Ost- und Südosteuropäische Raum auf das Wertesystem, welches im Christentum, im Judentum und teilweise auch im Islam grundgelegt ist, zurückgreifen. Auch der Kommunismus hat Werte vorgegeben, einige davon gilt es zu bewahren.
Die christlichen Religionen haben in Europa in den letzten 50 Jahren sehr viel von ihrer polarisierenden Wirkung abgelegt und es wird vermehrt das Gemeinsame der christlichen Botschaft herausgestrichen. Im Umgang mit dem Volk Israels, den Juden, ist es in Anbetracht der Shoa, an der nicht nur deutsche und österreichische Christen beteiligt waren, zu einer sensiblen Art der Beziehung gekommen. Der Islam, ein wichtiger Träger südosteuropäischer Kultur, hat sich in der letzten Zeit durch Zuwanderung zur zweitstärksten Religionsgemeinschaft nach dem Christentum in der EU entwickelt.
Hier wird es wichtig sein, dass sich durch Integration ein europäischer Islam herausbildet, meint Martin Forstner, damit nicht durch Segregation im Namen des Multikulturalismus, eine Abschottung der zugewanderten Muslime zur bodenständigen Bevölkerung entsteht.
Nur die Integration dieser drei Religionen, des Judentums, Christentums und Islams in das Leben der Bevölkerung der EU wird es ermöglichen, einen allgemein verbindlichen Wertekatalog für das Leben, das politische und wirtschaftliche, in einem vereinten Europa aufrecht zu erhalten.

Zusammenfassung

Zusammenfassend lässt sich sagen, dass die Osterweiterung der EU große Chancen für Österreich und Ungarn bietet, welche von Österreich schon vor den Beitrittsverhandlungen wahrgenommen werden müssen. Die teilweise gemeinsame Geschichte mit Ungarn, alte jedoch noch nutzbare Strukturen aus der Zeit der österreichisch-ungarischen Monarchie, sollte von Ungarn wie von Österreich, teilweise auch gemeinsam genutzt werden, um im 21. Jahrhundert als erste von der Osterweiterung der EU profitieren zu können, und damit die eigene Kultur im europäischen Wettkampf zu stärken.
Religion bedarf als Träger und Bewahrer von Wertmaßstäben einer positiven Beachtung und Förderung, denn Relativierung von Wertmaßstäben führt langfristig zu staatlichem und gesellschaftlichem Chaos.

Ulrich Habsburg-Lothringen

... Stellungnahmen und Äußerungen zu weiteren aktuellen Themen der letzten Jahre ...

STANDARD

3. Oktober 2000

Leserbrief zu „Zehn Jahre deutsche Einheit“

Die Einladung der Vertreter der Nachbarstaaten Deutschlands, Tschechiens, Frankreichs, Ungarns usw. zur Feier „Zehn Jahre deutsche Einheit“ nach Leipzig und die Nichteinladung eines gleichrangigen österreichischen Vertreters kann auch dahingehend gedeutet werden, Ungarn wird als Nachbarstaat Deutschlands angesehen. Dies bedeutet gleicherweise, dass die deutsche Einheit noch nicht vollständig erreicht werden konnte, da sich Österreich diesem Einheitsstreben bis jetzt noch entzogen hat, man dies aber in weiterer Zukunft erwartet.

Ulrich Habsburg-Lothringen

KTZ, Kleine Zeitung
STANDARD, PROFIL

24. Oktober 2000

Betrifft: Mitschuldig – Am Problem Israel-Palästina

Das Problem Israel-Palästina ist ein europäisches, vor allem deutsches und österreichisches. Die Juden wurden 1930-1945 von den Deutschen und Österreichern gezwungen, wollten sie nicht in den Konzentrationslagern sterben, Mitteleuropa zu verlassen. Sie fanden zumeist Zuflucht in Palästina. Nach dem Krieg war keiner dieser Staaten bereit, die vertriebenen Juden samt ihren Familien wieder zurückzuholen und aufzunehmen sowie ihnen deren Besitz zurückzugeben.
Wenn schon Österreich bei der UN-Resolution für die Verurteilung Israels mitgestimmt hat, sollte es auch bereit sein, die 250.000 Juden, welche in den 30er und 40er Jahren aus Österreich vertrieben wurden, samt ihren Familien wieder in Österreich aufzunehmen, um den Palästinensern dadurch mehr Lebensraum zu gewähren. Ähnliches gilt natürlich auch für Deutschland und die damals unter deutschem Einfluss stehenden Gebiete und Staaten.

Ulrich Habsburg-Lothringen

Mitschuldig

Das Problem Israel-Palästina ist ein europäisches, vor allem deutsches und österreichisches. Die Juden wurden 1930 – 1945 von den Deutschen und Österreichern gezwungen, wollten sie nicht in den Konzentrationslagern sterben, Mitteleuropa zu verlassen. Sie fanden zumeist Zuflucht in Palästina. Nach dem Krieg war kein Staaten bereit, die vertriebenen Juden samt Familien wieder zurückzuholen und aufzunehmen sowie ihnen ihren Besitz zurückzugeben.

Wenn schon Österreich bei der UN-Resolution für die Verurteilung Israels mitgestimmt hat, sollte es auch bereit sein, die 250.000 Juden, welche in den 30er und 40er Jahren aus Österreich vertrieben wurden, samt ihren Familien wieder in Österreich aufzunehmen, um den Palästinensern dadurch mehr Lebensraum zu gewähren. Ähnliches gilt natürlich auch für Deutschland und die damals unter deutschem Einfluss stehenden Gebiete bzw. Staaten.

DI Dr. Ulrich Habsburg-Lothringen, Wolfsberg

Kleine Zeitung
9020 Klagenfurt
Leserbrief

Betrifft: Kleine Zeitung 20. 1. 2001, „Empörung über illegale Arzneien für Schweine“

Wenn man die Religion, in der moralische und ethische Werte den Menschen vermittelt werden, zur Privatsache erklärt, von staatlicher Seite aber nirgends ethische Werte gelehrt werden, darf man sich nicht wundern, dass es zu solchen Auswüchsen kommt. Pfusch, Steuerhinterziehung, Missachtung des Eigentums und Lebens (Abtreibung, Euthanasie, der Fall Promofuma) scheinen für einen nicht unbeachtlichen Teil der Österreicher Bagatelldelikte zu sein, die, da sie meistens dem eigenen Vorteil nützen, nicht verwerflich sein können. Es ist daher höchst an der Zeit, dass der Staat sich für die Vermittlung ethischer Werte, in einer Art Grundwertekatalog einsetzt, damit auch die vielen nicht religiös lebenden Österreicher gleiche Grundwerte vermittelt bekommen – die tausenden von Gesetzen sind dafür kein Ersatz. Denn eines haben wir übersehen, wir haben die Religion zur Privatsache erklärt, aber dabei vergessen, dass unser Staatswesen auf jüdisch-christlichen Grundwerten ruht. Die zur Diskussionsstellung dieser jüdisch-christlichen Grundwerte unterminiert aber die Fundamente unseres Staatswesens und unseres Zusammenlebens.

Ulrich Habsburg-Lothringen

STANDARD

September 2001

Betrifft: Leserbrief
Terroranschlag auf USA – Österreichs Neutralität

Der feige Angriff auf die USA mit seinen vielen zivilen Opfern macht deutlich, dass Neutralität schon vor Beginn von Kriegs- und Terrorhandlungen zu beginnen hat. Eine aktive Außenpolitik im Sinne von Neutralität hätte schon bei den Konfliktherden mit der Arbeit beginnen müssen, wenn erst einmal darauf losgeschlagen wird ist es für eine aktive Neutralitätspolitik – diese betrieb Österreich zumindest unter Kreisky – zumeist zu spät. Die unschuldigen Opfer sind schon entstanden und ebenso der Schaden, welcher schlussendlich die Ärmsten der Welt treffen wird, denn mindestens 1000 Milliarden Schilling werden für die Behebung der Schäden, Gegenschläge und Aufrüstung in den nächsten fünf Jahren ausgegeben werden. Dies würde reichen, zehn Millionen Menschen jährlich vor dem Hungertod zu bewahren.
Warum hat sich also Österreich als neutraler Staat nicht schon längst, schon seit Jahren, aktiv und vermittelnd in den Konflikt arabische Staaten – Israel – USA, sowie in den Bereich Globalisierungsbefürworter und Globalisierungsgegner eingeschaltet. Dies ist ein unentschuldbares Versäumnis der österreichischen Regierungen seit Kreisky, und wirft ein äußerst schlechtes Bild auf die von den Österreichern so verteidigte Neutralität.

Ulrich Habsburg-Lothringen

... folgender Vortrag hätte von mir persönlich im russischen Lipezk gehalten werden sollen, aufgrund der Terroranschläge in den USA, kam die Reise für mich nicht in Frage ...

PH Lipezk
Alexander Grigorow
Leninstraße 42
398020 Lipezk
Russland

Wolfsberg, 13. Oktober 2001

Sehr geehrter Herr Grigorow

Anbei übermittle ich Ihnen den vereinbarten Vortrag, ich hoffe er entspricht einigermaßen Ihren Vorstellungen.

Mit freundlichen Grüßen

Ulrich Habsburg-Lothringen

Vom Kaiserreich zur 3. Republik
Aus der Sicht eines Habsburgers

Dieser Vortrag stellt den Versuch dar, die geistige Verarbeitung österreichischer Politik und Gesellschaftspolitik innerhalb der letzten sechs Jahrzehnte, aus der Sicht eines Mitgliedes des ehemaligen österreichischen Kaiserhauses, darzustellen und nachvollziehbar zu machen. Zu diesem Zweck ist es notwendig, diese komplexe Materie in vier Schichten zu gliedern, welche ineinander wieder durch das Persönlichkeitsbild des Vortragenden verwoben sind, wurzelt ja dieser in einem geopolitischen und geschichtlichen Raum, welcher sich durch die Erzählungen der Generation der Großväter bis in die zweite Hälfte des 19. Jahrhunderts erstreckt, und des Autors persönliche Lebensgeschichte, welche von der Vergangenheit und dem geopolitischen Raum nicht abzutrennen ist. Die oberste Schichte, quasi die Deckschichte, ist das aktuelle Leben des Autors mit seinen Vorstellungen für ein Zusammenwachsen des europäischen Raumes. Am Rande dieser Darstellung wird auch versucht, die Beziehungen Österreichs zu Russland miteinzubinden.

1. Geopolitscher Raum

Bis zum Ende des 1. Weltkrieges hatten Russland und Österreich eine lange gemeinsame Grenze, welche von Czernowitz sodann östlich von Brody und Tarnow verlaufend bis Krakau reichte – heute ein Teil der Ukraine. Österreicher und Russen waren damals Nachbarn, die Zentren jener Staaten waren Wien und St. Petersburg. Nach 1918 änderte sich dies jedoch grundlegend. Die österreichisch-ungarische Monarchie zerfiel in Einzelstaaten. Die neuen Staaten Polen, Tschechoslowakei und Ungarn sowie Rumänien trennten nun Österreich von Russland. Wien blieb immer noch die Hauptstadt Österreichs, während St. Petersburg von Moskau abgelöst wurde. Russland war für den Österreicher in die weite Ferne gerückt. Verschiedene Gesellschafts- und Wirtschaftssysteme verstärkten dies noch zusätzlich. Während der Zeit der Naziherrschaft in Österreich und Mitteleuropa änderte sich das für einige Jahre. Berlin war nun die Hauptstadt, und mit Beginn des 2. Weltkrieges gab es wieder eine gemeinsame Grenze zwischen dem Deutschen Reich, welchem nun Österreich angeschlossen war, und Russland, nachdem man sich vorher Polen brüderlich geteilt hatte.

Nach dem 2. Weltkrieg (1945) gab es wiederum Österreich, welches durch die, nun mit der Sowjetunion in einem starken Abhängigkeitsverhältnis verbundenen Staaten Polen, Tschechoslowakei, Ungarn und Rumänien, von der Sowjetunion getrennt war. Die Ausbildung des sogenannten „Eisernen Vorhanges" einer machtpolitischen und wirtschaftspolitischen Grenzlinie, welche Mitteleuropa in zwei Einflusssphären trennte, ließ Russland, von Österreich aus gesehen, noch weiter in die Ferne rücken. Erst mit der „Wende" im Jahre 1989, als die kommunistischen Herrschaftssysteme demokratischeren Staatsformen wichen, trat eine gefühlsmäßige Annäherung wieder ein. Die Auflösung der Sowjetunion schob jedoch noch zusätzlich weitere Staaten wie die Ukraine und Weißrussland zwischen Österreich und Russland. Die Verbindungen mit Russland waren im letzten Jahrzehnt durch den Reaktorunfall in Tschernobyl aber auch schon strahlender Art. Gerade wir hier im Lavanttal waren von den radioaktiven Niederschlägen stark belastet. Und gerade in den jüngsten Tagen kehrte eine Delegation der Wolfsberger Stadtgemeinde aus Czernowitz in der Ukraine zurück, wo Wolfsberg, im Rahmen eines EU-Programmes, an der Reorganisation der dortigen Stadtverwaltung mithelfen soll.

2. Geschichtlicher Zeitablauf

Österreich und Russland, zu Beginn des 20. Jahrhunderts noch zwei Großmächte, prägten natürlich die Geschichte und Kultur in Mittel- und Osteuropa. Beides waren Vielvölkerstaaten, wobei Österreich slawische, ungarische, deutsche und italienische Volksgruppen aufzuweisen hatte. Südosteuropa, auch heute noch ein Krisengebiet, spielte im Wettkampf der beiden Staaten keine untergeordnete Rolle. Beistand und Widerstand kennzeichneten das wechselseitige Verhältnis.

1849: Russland half Österreich die Revolution in Ungarn niederzuwerfen.

1853-56: Im Krim-Krieg, als Russland gegen Frankreich, England und Türkei kämpfte, verhielt sich Österreich, sehr zum Leidwesen Russlands, neutral.

1859: Schlacht bei Solferino gegen Napoleon.

1860: Einigung Italiens, mein Urgroßvater Ferdinand IV. musste als Großherzog von Toskana abdanken und ging nach Salzburg ins Exil.
1908: Annexion Bosniens und Herzegowinas durch Österreich, als Folge des Zerfalls der Türkei; dies führte zu einer starken Irritation Russlands.
1914-18: 1. Weltkrieg, Österreich und Russland lieferten sich in Galizien und in den Karpathen blutige Kämpfe.
November 1918: Abdankung Kaiser Karls, Ausrufung der Republik (1. Republik).
1919: Habsburgergesetz in Österreich; Verlust der Herrscherrechte und Landesverweisung, sofern nicht auf die Mitgliedschaft zum Hause Habsburg verzichtet wurde und Einzug des Vermögens.
1935: Bürgerkrieg in Österreich, Errichtung des sogenannten Ständestaates; führende Sozialisten gingen ins Exil, viele auch nach Russland, diese fanden oft Unterschlupf im Hotel Lux in Moskau.
1936: Teilweise Rückgabe des Habsburger Familienfonds.
1938: Anschluss Österreichs an Deutschland durch dieNazis; zuerst von vielen bejubelt, nach Kriegsende wollte niemand dabei gewesen sein.
1939: Konfiszierung des Habsburger-Familienfonds durch Nazideutschland; Beginn des 2. Weltkrieges.
1941: Geburt des Autors.
1943: Moskauer-Deklaration der vier Alliierten; Österreich wird als erstes Opfer Hitler-Deutschlands anerkannt und soll wieder hergestellt werden.
1945: Ende des 2. Weltkrieges, Wiedererrichtung Österreichs (2.Republik); Befreiung und Besetzung durch die vier Alliierten (Russland, USA, England, Frankreich).
1955: Staatsvertrag; Abzug der Alliierten.
1963: Österreichischer Verwaltungsgerichtshof ermöglicht nach Verzichtserklärung Otto Habsburgs dessen Rückkehr nach Österreich; diese führte in Österreich, auf sozialistischer Seite, zu einer großen Beunruhigung.
1986: Bundespräsidentenwahl; Waldheim-Affäre.
2000: Erstmalige Bildung einer Koalition aus den bürgerlichen Parteien, die SPÖ als mandatsstärkste Partei musste in Opposition gehen. Das Schreckgespenst des Bürgerblocks macht bei SPÖ und Grünen die Runde (Beginn der 3. Republik?).

3. Die Person des Autors

Geboren 1941 in Wolfsberg in Kärnten, die Mutter stammte aus Dänemark, hatte jedoch deutsche und österreichische Vorfahren, letztere lebten in Prag und in Kärnten. Der väterliche Urgroßvater war Ferdinand IV., Großherzog von Toskana, er wuchs in Florenz auf, nach seiner Abdankung im Jahre 1860 lebte er in der fürstbischöflichen Residenz in Salzburg, hier wuchs auch mein Großvater auf. Den 1. Weltkrieg verbrachte er an der italienischen Front, in der Republik leistete er die Verzichtserklärung und bezog seine Pension als Generalmajor der k. u. k.-Armee, die Besitzungen in der Tschechoslowakei waren vom Staat konfisziert worden. Mein Vater wuchs in Salzburg, in einem kleinem Schloss, auf und studierte Forstwirtschaft in Wien, wo er auch meine Mutter kennen lernte, deren

Vater einen Forstbesitz in Kärnten besaß. Die Zeit bis 1952 verbrachte ich im kleinen Städtchen St. Andrä im Lavanttal in Kärnten, dem Sitz der Forstverwaltung meines mütterlichen Großvaters. Nahe an der slowenischen beziehungsweise jugoslawischen Grenze gelegen, erahnte man auch dort noch den Kärntner Abwehrkampf, welcher in den Jahren 1918-1920 gegen eine Abtrennung des slowenischsprachigen Teiles Kärntens an Jugoslawien geführt wurde, und auch die noch bis heute andauernden mentalen Folgen der Ausgrenzung der slowenischen Volksgruppe bewirkte.
In der Forstverwaltung waren an die 100 Leute beschäftigt, Forstarbeiter, Landarbeiter, Rossknechte, Melker, Wirtschafter, Köchin, Stubenmädchen, Maschinisten, Tischler, Gärtner, Kanzleipersonal, Kindermädchen, Förster und Jäger. Nach dem Krieg waren das englische Militär, sowie Flüchtlinge im Haus einquartiert. Meine beiden Geschwister und ich wuchsen relativ abgeschieden vom Rest der Bevölkerung des Ortes auf. Die Kinder des Tischlers, der Gärtnerin und der Köchin waren unsere Spielgefährten. Im Sommer zog der Haushalt, einschließlich Hühner und Kuh, für zwei Monate auf ein Jagdhaus im großväterlichen Forst und hier gab es dann Besuch von Tanten, Onkeln und Cousins und Cousinen. Hier gewann ich auch meine ersten sozialpolitischen Erfahrungen, als ich zu meinem Befremden feststellen musste, dass für die gleiche Arbeit Frauen laut Kollektivvertrag weniger bezahlt bekamen als Männer.
In der Volksschule wurde ich das erstemal mit Ressentiments Habsburgern gegenüber konfrontiert. Mitschüler warfen mir vor, die Habsburger wären Kriegshetzer. Ein bleibender Eindruck, welcher erst später durch die Lebenserfahrung richtig bewertet werden konnte. Für mich damals unfassbar, was konnte ich als Kind dafür. Ja der 1. Weltkrieg wurde durch den österreichischen Kaiser formal ausgelöst, aber mit dem österreichischen Kaiser war ich doch nur sehr weitschichtig verwandt, war doch erst sein Urgroßvater – Kaiser Leopold II. (1747-1792, der zweite Sohn Maria Theresias) – gleichzeitig auch mein vierfacher Urgroßvater.
Meine ersten beiden Gymnasialjahre (1952-1954) verbrachte ich bei meinen Großeltern in Salzburg. Der Großvater erzählte von der Schlacht bei Solferino (1859; als Folge wurde das Rote Kreuz gebildet), als sein Vater gegen Napoleon kämpfte, wo die Versorgung der Österreicher so schlecht war, dass sein Vater Sägespäne essen musste. In Salzburg war das Klima freier, Salzburg war lange Zeit ein selbständiges Fürstentum gewesen. Mein Großvater, ein begeisterter Maler, wusste viel über die Monarchie zu erzählen und sprach die fünf wichtigsten Sprachen der Monarchie.

In dieser Zeit, es waren gerade die vielen Verhandlungen zum Staatsvertrag mit den Alliierten im Gange, merkte ich auch wie sehr mich der Fortgang dieser Verhandlungsbemühungen interessierte. Im Fach Kunsterziehung wurden die fehlgeschlagenen Verhandlungen von mir als Sarg mit der Aufschrift Staatsvertrag dargestellt. 1954 kehrte ich wieder ins Lavanttal zurück und besuchte dort das Stiftsgymnasium in St. Paul (hier sind einige meiner Vorfahren begraben). Hier in der Schule verdichtete sich für mich auch die Erfahrung, dass zwar die Monarchie abgeschafft war, alle Bürger vor dem Gesetz gleich sein sollten, aber man als Habsburger trotzdem noch immer Vorbild sein musste, so war es jedenfalls die Meinung der Lehrer und vieler Meinungsbildner.

Vater, Mutter, Onkel und ein Forstbetrieb dazu, was war das nächste. Ich begann 1960 das Studium der Forstwirtschaft in Wien. Forstwirtschaft studierten natürlich etliche Söhne von Waldbesitzern und jene waren fast durchwegs Adelige. Also war die erste Zeit meiner Wiener Studienzeit eher konservativ geprägt, eine monarchistische Studentenverbindung rundete das Bild diesbezüglich noch ab. Um die Vorbildfunktion kam ich immer noch nicht herum, denn die meisten meiner Professoren kannten noch meine Eltern, besonders meinen Vater, welcher zur gleichen Zeit in der forstlichen Interessensvertretung stark engagiert war. Aber die Wiener Luft war freier, der Wind wehte von rechts nach links und auch umgekehrt. In diese Zeit fiel auch die Abgabe der Verzichtserklärung Otto Habsburgs und die damit zusammenhängenden Tumulte im Parlament, da die Linke die Ehrlichkeit der Abgabe dieser Verzichtserklärung bezweifelte und einen Staatsstreich anscheinend befürchtete; der Sturm im Wasserglas legte sich.

Der anschließende Militärdienst brachte mir meine erste öffentlichen Aufgabe, ich wurde zum Soldatenvertreter gewählt. Schon vor der Angelobung weigerte ich mich, die Treue zur Republik schriftlich zu dokumentieren, da mir als Habsburger doch gewisse Menschenrechte vorenthalten würden – es gibt nach wie vor die Sippenhaftung, und das Amt eines Bundespräsidenten ist den Habsburgern immer noch verwehrt. Hier spürte ich nun die Repression des Militärapparates, man wollte mich aus der Einjährig-Freiwilligen-Kompanie entfernen – ich musste klein beigeben. Doch als fertiger Akademiker reflektiert man den Militärdienst anders als ein 18-Jähriger. Das Militär strotzte nur so von Deutschtum, kein Wunder, es waren ja im Jahre 1965 fast alles noch ehemalige Offiziere der deutschen Wehrmacht. Deutsche Soldatenlieder, deutscher Drill ließen einen 1945 fast vergessen lassen, zudem war in den Maschinengewehren noch immer das Hakenkreuz eingraviert. Die Tätigkeit als Hochschulassistent an der Universität für Bodenkultur auf dem Gebiet der Forsttechnik brachte mich erstmals in einen weiteren Kreis der Öffentlichkeit. Ich hatte Übungen und Sprechstunden abzuhalten, konnte erstmals Auslandskontakte knüpfen und war natürlich auch mit anderen Meinungen als der konservativen konfrontiert. Die berühmten 68er Jahre waren in Wien zwar ruhiger als anderswo, zu einem und meinem ersten Protestmarsch auf der Ringstraße kam es aber dennoch. Knapp zwei Jahre vorher wurde die Koalitionsregierung aus Sozialistischer Partei und Österreichischer Volkspartei, die seit 1945 immer die Probleme Österreichs zu lösen versuchten, durch eine Alleinregierung der Österreichischen Volkspartei ersetzt. Frischer Wind kam in das Staatsgefüge und ein gewisser Gärungsprozess setzte ein. Während dieser Wiener Zeit hatte ich auch meine Frau (Friederike Klinkowström) kennengelernt. Deutsche, österreichische, italienische und schwedische Vorfahren, eine österreichische Beamtenlaufbahn ihres Großvaters, als Militär durch die Garnisonen von Zadar bis nach Budapest ziehend sowie einem Vater, der in einem jüdischen Betrieb als Prokurist arbeitete, prägten ihren familiären Hintergrund.

Ihre Vorfahren waren Ratsherren in Stralsund/Ostsee und hatten auch Besitzungen in Ostpreußen (Kaliningrad).

Eine Familie mit drei Söhnen entstand, und als ab dem Jahre 1970 dann mit Kreisky, die Sozialistische Partei für viele Jahre die Alleinregierung bilden sollte, konnte ich von etlichen sozialistischen Vorstellungen zur Jungfamilienförderung profitieren. Denn was nutzten einem hohe Absetzbeträge von der Steuer, wenn man so wenig verdiente, dass man keine Steuern zu zahlen hatte.
Ein Wechsel von der Großstadt aufs Land ab dem Jahre 1970 brachte mich vorerst für drei Jahre in einen Großforst in der Steiermark, wo mir die gesellschaftspolitische Diskrepanz zwischen Stadtleben und Landleben so richtig bewusst wurde. Frauen wirkten hier zumeist in dienender Funktion, das Regime war eher patriarchalisch.
Die Zeit in führender Position bei der Papierindustrie als Holzeinkaufsleiterstellvertreter lehrte mich, die Problematik eines am Weltmarkt agierenden Papierkonzerns, verstehen zu lernen. Die Staatshandelsagenturen aller osteuropäischer Länder waren unsere Partner für den Import von Holz für die Papierfabrik. Der menschliche Kontakt mit den führenden Persönlichkeiten dieser Firmen ließ mich das schwarz-weiß Bild zwischen östlicher und westlicher Wirtschaftsphilosophie zunehmend in Grautönen erscheinen. Schon bald war mir klar, dass die wirtschaftliche Freiheit der Bürger im westlichen Großkapitalismus nicht besser gesichert ist als im Staatskapitalismus, denn die Agglomeration von Wirtschaftsmacht führt zu faktischen Monopolen. Bei der Papierfabrik hatte ich mit vielen Arbeitern und Angestellten Kontakt, mit bäuerlichen Holzlieferanten, Großwaldbesitzern und Sägewerkern. Ich lernte deren Probleme kennen und bildete meine Meinung. War ich zwar in einem großen privaten Industriebetrieb tätig, dessen Führungsschicht natürlich konservativ/bürgerlich (rechts) eingestellt war, so neigte ich selbst leicht nach links. Gegen Ende der 70er Jahre begann ich mich in der Kirche als Leiter des katholischen Bildungswerkes, vor allem mit sozialpolitischen Fragen zu beschäftigen und fast gleichzeitig in der Kärntner Minderheitenfrage für die slowenische Seite Partei zu ergreifen. Die Hilfe für Bosnienflüchtlinge gehörte hier genauso dazu wie der Widerstand gegen den Bau von Müllverbrennungsanlagen oder umweltfeindlichen Kraftwerken. Zu dieser Zeit kamen auch meine Söhne in das Alter, wo man ausgeht und neue Gedanken mit nach Hause bringt. Leserbriefe in den diversen Zeitungen waren die Folge mit oft negativen Antworten, teilweise konnte man der Meinung sein, noch im Großdeutschen Reich zu leben. Anfang der 80er Jahre gewann ich über meinen jüngsten Sohn ungewollt Kontakt zur Grünbewegung in meinem Heimatort Wolfsberg. Dieser Kontakt hält nun seit etwa 20 Jahren an. Ich war für eine Autobahnauffahrt bei der Papierfabrik, die Grünen dagegen, die Verkehrsentwicklung und Kapazitätsausweitung der Fabrik und des naheliegenden Sägewerkes haben mir Recht gegeben.

Das Jahr der Bundespräsidentenwahl 1986 muss als entscheidendes im Leben meiner Familie genannt werden. Zuerst verlor ich meinen Job bei der Papierfabrik und machte mich selbständig, sodann engagierten sich meine Frau und ich sehr stark bei der Bundespräsidentenwahl gegen Waldheim, als dieser als Kandidat der bürgerlichen Seite aufgestellt, und sein Engagement in der deutschen Wehrmacht bei der Judendeportation in Griechenland bekannt wurde. In Leserbriefen, Unterschriften in Zeitungsanzeigen und Interviews distanzierten wir uns klar vom bürgerlichen Lager. Natürlich begann man sich nun verstärkt um die Problematik Judentum, Nazideutschland, Arisierung und Shoa zu interessieren; meine Frau und ich besuchten einschlägige Seminare dazu. Anonyme Briefe aus dem rechten Eck gehörten zur Tagesordnung. Die Bezeichnung Nestbeschmutzer und Freimaurer-Brüder uns gegenüber mussten natürlich auch fallen. Aber auch der damalige sozialistische Bürgermeister der Stadt konnte nicht verstehen, warum ich mich für Minderheiten wie Slowenen und Juden stark machte, und tätigte abfällige bis antisemitische Äußerungen. Bisweilen wurde zu den wichtigsten jüdischen Feiertagen und zur Reichsprogromnacht unser Haus in Wolfsberg von der Polizei sicherheitshalber observiert. Bis Mitte der 90er Jahre hielt diese Situation an, welche schlussendlich darin gipfelte, dass wir von der bürgerlichen Gesellschaft des Lavanttales ausgegrenzt wurden. Ab dieser Zeit begann auch die Intensivierung meiner Zusammenarbeit mit den Grünen, welche im Wolfsberger Gemeinderat mit einem Mandat vertreten waren – ein Freund meines jüngsten Sohnes war zu jener Zeit der Grüne Gemeinderat. Viele meiner Mitbürger, vor allem bürgerliche, können es noch heute nicht verstehen, wie man sich als reifer Mann der Politik zuwenden kann, da Politiker doch ein schlechtes Image hätten. Leider musste ich auch jüngst, 83 Jahre nach dem Ende der Monarchie, bei einer öffentlichen Gemeinderatsitzung feststellen, dass, vor allem auf Seiten der Sozialisten, noch unterschwellig starke Ressentiments den Habsburgern gegenüber bestehen, und Sippenhaftung noch hoch im Kurs steht. Es wird zwar die Pracht des Habsburgerreiches den Fremden allerorts gezeigt – Österreich scheint fast nur von seiner (habsburgischen) Geschichte zu leben – die Familie, welche über 650 Jahre die Geschichte Europas und Süd- und Mittelamerikas prägte, wird jedoch möglichst totgeschwiegen. Die einzige Ausnahme trifft für den Besuch der Kapuziner-Gruft in Wien, der Begräbnisstätte der meisten Habsburger, zu. Russland, so kommt mir wenigstens vor, hat seine Zeit des Kaiserreichs besser in seine Geschichte integriert als Österreich, wenn auch der Zar mit seiner Familie umgebracht wurde.

4. Persönliche Wertung der Erfahrungen

Das Problem der Republik Österreich scheint in der Mitte des 19. Jahrhunderts zu liegen, als Nationalstaaten hoch im Kurs waren und die Einigung der deutschen Fürstentümer zum deutschen Kaiserreich erfolgte. Österreich stellte über Jahrhunderte den römisch-deutschen Kaiser, welcher über die deutschen Fürstentümer und Österreich herrschte. Die Schlacht bei Königsgrätz (1866) brachte nun zwei deutsche Staaten – das deutsche Kaisertum ohne nennenswerten Minderheiten, und Österreich wo die Deutschen die größte Minderheit darstellten. Dieser Drang zu einem einheitlichen und deutschen Staat brachte innerösterreichisch Probleme mit sich und gipfelte nach dem 1. Weltkrieg, als fast nur mehr der deutschsprachige Teil Österreichs übrig blieb, im Wunsch, sich an

Deutschland anschließen zu können, was Österreich im Friedensvertrag untersagt wurde. Der Anschluss im Jahre 1938 an Hitlerdeutschland war für viele sodann nur mehr die späte Erfüllung dieses Wunsches. Der von einer großen Menge begrüßte Anschluss endete 1945, als die alliierten Mächte Österreich befreiten. Aber auch in dieser Befreiung wird die Zwiespältigkeit der Österreicher sichtbar, denn für viele haben wir den Krieg verloren, den Krieg, in dem wir angeblich unsere Heimat (deutsche) in der Ukraine, Stalingrad, Leningrad und Warschau verteidigen mussten. Österreicher, endlich mit dem Deutschen Reich vereint, waren sehr oft begeisterte Nazis und führend an der Eliminierung nicht „wertvoller Volksgruppen", wie Juden, Sinti und Polen beteiligt – auch unser ehemaliger Bundespräsident Waldheim gelangte in den Dunstkreis dieser Männer. Von einer Befreiung sprachen die wenigsten, dies galt am ehesten für die wenigen überlebenden KZ-Insassen sowie für Kommunisten, Austromarxisten und Monarchisten.
Der Staatsvertrag im Jahre 1955 brachte sodann „endlich" die Befreiung von der Befreiung. Österreich war frei, konnte nun seine Politik weitgehend selbst bestimmen. Die Rückgabe des von den Nazis beschlagnahmten Vermögen der Juden wurde nur mehr schleppend weitergeführt, und kann erst jetzt, 55 Jahre nach Kriegsende, von einer bürgerlichen Regierung einigermaßen zufriedenstellend abgeschlossen werden. Wurde in den ersten Jahren nach Kriegsende noch führenden Nazis der Prozess gemacht, so schlief dies in der Zeit des sogenannten „Kalten Krieges" ein. Die vermögensrechtlichen Strafbestimmungen für Nazis wurden aufgehoben und viele gelangten in den beiden Großparteien ÖVP und SPÖ wieder zu Amt und Würden.

Für Habsburger galt jedoch weiterhin die Landesverweisung, sofern sie nicht auf die Mitgliedschaft zur Familie Habsburg verzichteten und der im Jahre 1936 restituierte Familienfond der Habsburger, welcher von den Nazis 1938 wieder enteignet wurde, blieb auch in der 2. Republik enteignet. Es bleibt zu hinterfragen, ob die Mitschuld der Habsburger am 1. Weltkrieg jene Größe erreichte, welche durch führende Nazis und deren Mitläufer durch den Mord an den Juden, Sintis und Polen, sowie an der Inszenierung des 2. Weltkrieges getätigt wurde. Bis auf wenige Todesurteile kamen alle relativ ungeschoren davon und ihre Familien wurden nicht in Sippenhaft genommen, auch wurde das Vermögen der Familienangehörigen nicht konfisziert. Weiters steht es den Nachkommen dieser Familien offen, jedes öffentliche Amt im Staate zu bekleiden, den Habsburgern ist dies noch immer verwehrt, eine Familie mit 250 Mitgliedern wird 83 Jahre nach Ende des 1. Weltkrieges noch immer in Sippenhaft genommen, wobei der geringste Teil davon schon zur damaligen Zeit lebte.
Gerade dieser strenge Umgang mit den Habsburgern hinsichtlich der Verantwortung am 1. Weltkrieg könnte den Österreichern aufzeigen, wie man mit der Beteiligung der eigenen Väter und Großväter sowie Urgroßväter am 2. Weltkrieg umzugehen hätte. Aus heutiger Sicht finde ich als Habsburger die Auslösung des 1. Weltkrieges wegen der Ermordung des Thronfolgerpaares als Überreaktion, aber trotzdem fühle ich mich als Mitglied des Hauses Habsburg,

auch wenn mein Großvater formell darauf verzichtet hat, in eine Betroffenheit beziehungsweise Verantwortung mithineingebunden, denn dieser Entschluss brachte viel Leid über Europa.
Ein ähnliches Gefühl von Betroffenheit wünsche ich mir von allen Österreichern, deren Vorfahren am 2. Weltkrieg beteiligt waren – ein Wunsch jedoch, der von den meisten Österreichern nicht nachvollzogen werden will oder kann.

Die Habsburger sind ein Teil der unverwechselbaren Kulturgeschichte Österreichs, eines Österreichs, dessen Literatur, zum Unterschied jener Deutschlands, die Einflüsse und Kulturen der Slawen, Ruthenen, Polen, Magyaren, Italiener und der Deutschen sowie der Juden widerspiegelte. Gerade Galizien brachte so bedeutende Schriftsteller wie Soma Morgenstern (1890 Tarnopol), Manes Sperber (1905 Zablotow) und Joseph Roth (1894 Brody) hervor, sie gehörten dem Judentum an und waren begeisterte Österreicher. Verfolgt man die Nobelpreisverleihung, so muss man sich als Österreicher fragen, warum sehr viele der Preisträger 1938 Österreich verließen und zumeist erst in Amerika Anerkennung fanden – sehr viele dieser Nobelpreisträger waren Juden. Sie waren Mitglieder eines Volkes, welches die mitteleuropäische, und hier besonders die deutsche, österreichische, polnische und russische Kultur und Politik entscheidend geprägt haben. Man denke nur an den jetzt eher unbeliebten Karl Marx, Karl und Wilhelm Liebknecht, Rosa Luxemburg und viele andere. Die Vertreibung dieses Volkes aus unserem Kulturkreis bedeutet unweigerlich einen großen Aderlass für unsere Kultur, und wird langfristig für uns negative Folgen zeigen, ja, die Vertreibung dieses Volkes aus den größten Teilen Europas ist nun mitschuldig an den Problemen im Nahen Osten, indirekt womöglich an den Attentaten vom 11. September 2001 und deren Folgen.
Österreich hat zwar gemeinsam mit Deutschland den 1. Weltkrieg verloren, den 2. Weltkrieg sollten wir jedoch mit alliierter Hilfe gewonnen haben, und daher ist es für mich unverständlich, warum Österreich sich nicht um die Reste der deutschsprechenden Bevölkerung in den Nachfolgestaaten der österreichisch-ungarischen Monarchie kümmert. Die Betreuung dieser Volksgruppen, der Sudetendeutschen, der Deutschen im Banat, in Slowenien, Ungarn und in Rumänien überlassen wir Deutschland und wollen uns scheinbar aus unserer kulturellen Verantwortung stehlen, obwohl auch dieser Teil der Bevölkerung einen Teil unserer Kulturgeschichte ausmachte.
Mit diesem Hintergrund an Erfahrungen trat ich meine politische Tätigkeit an. Mit dem Wissen über die Naturzusammenhänge, einer christlichen und sozialen Lebenseinstellung und dem Mut auch Bestehendes zu hinterfragen, und von Zeit zu Zeit auch unerwünschte Meinungen zu äußern, hoffe ich meinen Auftrag als politisch denkender Mensch zu erfüllen, bei Ausschöpfung aller demokratischen Möglichkeiten.
Die Zukunft Europas liegt in einem föderalistischen Staatenbund, von Portugal bis zur Türkei, Polen und den baltischen Staaten reichend, an dem auch Israel assoziiert sein könnte. Russland sollte als europäische Macht im Osten und in Nordasien die politische Integration und wirtschaftliche Entwicklung der verschiedenen

Völker Nordasiens bis zur Beringsee betreiben. Eine direkte Integration Russlands in einem vereinten Europa wäre allein aus der politischen Gewichtung der einzelnen Staaten in der EU nicht sinnvoll, da es zu einem Übergewicht Russlands kommen würde. Im Zusammenhang mit der USA ist allerdings darauf zu achten, dass nicht auf dem nördlichen Teil der Weltkugel ein breites Band hochentwickelter und reicher Staaten entsteht, das sich gegenüber den anderen Staaten zunehmend abschottet oder Transfer nur in eine Richtung zulässt. Der Globalisierung der Wirtschaft muss eine Globalisierung der Solidarität der Werktätigen und Gewerbetreibenden folgen, ein gewisser Verzicht der reicheren Staaten zugunsten der ärmeren, um deren Entwicklung zu fördern und internationale Spannungen abzubauen, wird unausweichlich sein.

Die furchtbaren Ereignisse des 11. Septembers 2001, welche in der Folge auch dazu führten, dass ich meine Reise nach Lipeck absagen musste, werden von islamischer Seite sehr oft mit dem Problem Palestina in Zusammenhang gebracht. Aber waren es nicht die Deutschen und Österreicher, welche in Mitteleuropa den Antisemitismus zur Blüte brachten, wo Millionen von Juden zur Flucht getrieben wurden, wollten sie nicht in den Gaskammern enden. Diese Flucht endete zumeist in Palestina, da andere Länder die Juden nicht aufnehmen wollten oder konnten. Nach dem Ende des Krieges wurden diese vertriebenen Juden jedoch nicht in ihre Ursprungsländer zurückgeholt, es kamen sogar noch weitere Juden aus den Staaten Osteuropas und der arabischen Welt, wo sie unter Repressalien litten, hinzu. Das Problem Palestina ist daher vor allem ein europäisches Problem. Eine Rückführung der rund fünf Millionen Juden in ihre angestammten Länder in Mittel- und Osteuropa, werden diese Länder sicher nicht zulassen, wenn man sich die Probleme vor Augen hält, die es derzeit dort bei der Einwanderung gibt.
Alle Länder, deren Juden nach Israel ausgewandert sind, sind daher aufgefordert, sich für eine friedliche Bereinigung der dortigen Situation unter Aufrechterhaltung der Lebensberechtigung eines Staates Israel, einzusetzen. Große finanzielle Mittel werden für ein befriedetes Palestina von diesen aufgebracht werden müssen, für ein ausgelagertes europäisches Problem, welches langfristig den Weltfrieden bedroht.

Abschließend wünsche ich mir eine Verstärkung der Zusammenarbeit zur Überwindung von Grenzängsten, und damit zum Wohle der Menschheit.

... im Zuge der Arbeit der Historikerkommission, wurden die Enteignungen im Dritten Reich aufgezeigt, wobei auch das Habsburger-Vermögen erwähnt wurde ...

Univ. Prof. Dr. Alexander van der Bellen

20. November 2001

Lieber Alexander

Ich komme auf mein persönliches Gespräch mit Dir am Samstag in Klagenfurt zurück und möchte Dir einige Fakten zum Thema Habsburg und die Republik Österreich übermitteln. Anbei überreiche ich Dir auch einen Vortrag, den ich in Russland an der Universität in Lipezk im Zuge eines Österreich-Schwerpunktes halten hätte sollen und der das obige Thema mitbehandelt.
Nun die einzelnen Daten:
– Das Familienvermögen der Habsburger wird per Gesetz (StGBl. Nr. 211; § 3) vom 3. 4. 1919 entschädigungslos von der Republik eingezogen. Dies betrifft vorallem:
Familien- und Avitikalfond mit zirka 50.000 Hektar, zumeist Forstgüter (derzeit ÖBF) wie Pöggstall, Mattighofen (bekannt als Kobernauserwald), Orth, Vösendorf, Laxenburg, Mannersdorf a. L.
Kaiser Franz Josef-Kronfideikommiss mit Schloss und Park Mürzsteg und Jagdhäusern am Langbathsee (OÖ)
– Mit Gesetz vom 13. 7. 1935 (BGBl. 444/1937 und Regierungsverordnung Nr. 245925-4/37) wird die Landesverweisung der Habsburger aufgehoben und der Familienfond wiedererrichtet:
Erlass BKA vom 19. 4. 1936 (Zl 147.33-4/1936); Ministerratsbeschluss vom 10. 12. 1937, - 31.12.1937;
– Hitler-Deutschland stellte mit Gesetz vom 14. 3. 1939 (Gesetzblatt Nr. 311 für das Land Österreich) die Landesverweisung der Habsburger und die Enteigung wieder her.
– Die 2. Republik hat diese, von den Nazis erlassene Enteigung und Landesverweisung, vollinhaltlich in ihre Gesetze übernommen.
– Das Habsburger-Gesetz widerspricht auch dem § 1 der Menschenrechtskonvention, welche besagt, dass alle Menschen vor dem Gesetze gleich sind.

Ich glaube, 82 Jahre nach dem Ende der Monarchie in Österreich, wäre es an der Zeit mit dem ehemaligen Herrscherhaus und dessen Angehörigen einen Frieden zu schließen. Sie waren ein nicht unbedeutender Teil des österreichischen Volkes, der Fremdenverkehr lebt hauptsächlich von deren Geschichte und die österreichische Identität wäre ohne „Habsburg“ in ihrer Ausformung als eigenständiger Staat innerhalb einer deutschsprechenden Volksgruppe nicht gegeben. Eine geeinte deutsche Volksgruppe hat leider vor 60 Jahren mit ihrem Militarismus die ganze Welt mit Krieg überzogen.
Es würde mich freuen, wenn die Grünen zur Einbindung des ehemaligen österreichischen Herrscherhauses in die Republik Österreich, als vollwertige Bürger derselben, mit allen Rechten und Pflichten, beitragen könnten und das Unrecht, welches die Nazis mit der Enteignung und Landesverweisung gesetzt haben, von der Republik Österreich, 56 Jahre nach Kriegsende, endlich beseitigt werden würde.

Mit herzlichen Grüßen

Ulrich Habsburg-Lothringen

DIE GRÜNEN

Parlament

Der Grüne Klub im Parlament
A-1017 Wien

Telefon (01) 401 10 - 6698
Telefax (01) 401 10 - 6793, 6883
Email: infopool@gruene.at
Web: http://www.gruene.at

Univ. Prof. Dr. Alexander Van der Bellen
Klubobmann und Bundessprecher

Herr
DI Dr. Ulrich Habsburg-Lothringen
Klagenfurterstraße 1
9400 Wolfsberg

Wien, 10. Mai 2002
cg

Lieber Ulrich!

Ich komme auf Deinen Brief vom Dezember 2001 zu politischen und juristischen Fragen des Umgangs der Republik Österreich mit der Familie Habsburg zurück. Ich weiß, ich bin schon lange im Verzug (und bitte dafür um Vergebung); du weißt, wie das ist mit Dingen, die „wichtig aber nicht unmittelbar dringlich" sind – sie bleiben nicht selten liegen.

Ich habe Deinen Brief und den interessanten Vortrag an der Universität Lipezk studiert und mit Kollegen besprochen. Offenbar handelt es sich um (vor allem) drei Fragen:

- Landesverweisung und Einreiseverbote. – Wenn ich richtig verstehe, ist das heute, zumindest in der Praxis, kein Problem mehr.

- Enteignungen, die 1919 erlassen, 1935 aufgehoben, 1939 wiedererlassen und 1945 von der 2. Republik übernommen wurden. – Meine persönliche Meinung dazu ist (für die Grünen insgesamt kann ich nicht sprechen), dass entschädigungslose Enteignungen in der Regel menschenrechtswidrig sind; andererseits ist bei regierenden Herrscherhäusern oft strittig, was nun als „privates" und was als „staatliches" Vermögen anzusehen ist. Ich nehme an, es gibt einen Berg von (juristisch-politischer) Literatur zu dieser konkreten Frage des Habsburg-Vermögens. Politisch gesehen, wird eine volle Zurücknahme der Enteignungen, die am Beginn der Ersten Republik beschlossen worden sind, nach meinem Dafürhalten nicht durchzusetzen sein: im Laufe der Geschichte – und gerade nach dem Zusammenbruch der Habsburger-Monarchie - haben viele Menschen durch Währungsumstellungen, Entwertung von Anleihen und Willkürmaßnahmen ihr gesamtes Vermögen verloren. Eine Entschädigung oder Rücknahme von 1919 vorgenommenen Enteignungsmaßnahmen durch die Republik für das ehemalige Herrschaftshaus halte ich daher nicht für vertretbar. Persönlich könnte ich mir vorstellen, eine symbolische Geste zu setzen, vielleicht auch unter Hinweis auf die Bedeutung der Habsburger für die österreichische Geschichte (und den österreichischen Fremdenverkehr, wenngleich mir das etwas banal erscheint), bei gleichzeitiger beidseitiger Erklärung einer „Streitbeilegung", sofern das nötig oder nützlich sein würde.

- Sonstige Diskriminierungen, etwa den Ausschluss vom passiven Wahlrecht zum Bundespräsidenten für die Mitglieder regierender Häuser oder solcher Familien, die ehemals regiert haben (Artikel 60 Abs. 3 B-VG). (Ferner untersagt der Staatsvertrag von Wien 1955 völkerrechtlich die Wiedererrichtung der Monarchie und schafft damit Barrieren zur Löschung des Habsburgergesetzes. Es gibt auch einen Vorbehalt wegen des Habsburgergesetzes im Zusammenhang mit der Europäischen Menschenrechtskonvention.) – Wieder kann ich nur für mich persönlich sprechen (innerhalb der Grünen dürfte das umstritten sein): okay, die Habsburger sind nicht irgendeine Familie, sondern sie waren bis 1918 regierende Herrschaftsdynastie. Aber wovor soll man sich heute, 84 Jahre später, fürchten, wenn einmal jemand mit dem Familiennamen Habsburg-Lothringen für das Amt des Bundespräsidenten kandidieren würde? Erstens muss man ihn/sie ja nicht wählen, zweitens wäre mit einem Wahlsieg weder die Verfassung aus den Angeln gehoben noch die Monarchie wiedereingeführt. Insofern sehe ich das ganz cool. (Warum verbietet die Verfassung den Grünen, Ulrich Habsburg-Lothringen als Kandidaten für das würdevolle Amt des Herrn Bundespräsidenten vorzuschlagen? Ha!) Freilich bin ich überzeugter Republikaner und möchte nicht plötzlich den Ruf eines Monarchisten gewinnen. Aber das Thema reizt mich: Menschenrechte, Sippenhaftung in der n-ten Generation, und so.

Für heute verbleibe ich
mit herzlichen Grüßen

Dein Sascha.

A. Van der Bellen

... bei manchen Themen muss auch Kritik an der eigenen Partei erlaubt sein ...

Die Grünen
Franz Floss

August 2002

Betrifft: Abfangjäger und Alexander van der Bellen

Ich meine, dass in der jetzigen Diskussion um die Abfangjäger es höchst angebracht wäre, dass die Grünen ihr Konzept für eine umfassende Landesverteidigung auf gewaltfreiem Weg der Öffentlichkeit vorlegen sollten. Diese Landesverteidigung müsste den Katastrophenschutz, sowie die Ausbildung aller Menschen zur gewaltfreien Konfliktlösung (zumindest wie beim Bundesheer der Jahrgänge) umfassen, und außerdem das Rüstzeug zu einer gewaltfreien Landesverteidigung mitgeben. Die erforderlichen Werkzeuge wie Maschinen und Ausbildung für den Katastropheneinsatz (siehe Waldviertel und Mühlviertel), und der Aufwand für den Einsatz zur Hintanhaltung von Katastrophen (Schutzwaldsanierung, Gewässerbetreuungskonzepte usw.) müsste dabei ebenfalls mitbedacht werden.
Meiner Meinung nach haben die Grünen bis jetzt nicht erkannt, dass die militärische Landesverteidigung ein durchgehendes Konzept ist, wo auch die aktive Luftraumüberwachung und -verteidigung dazugehört, der man als Alternative nur ein gewaltfreies System der Landesverteidigung gegenüberstellen kann, wenn man nicht Äpfel mit Birnen vergleichen wolle.
So wie die jetzige Diskussion läuft, ähnelt es einem Hausbau, wo man auf die Errichtung eines Daches verzichtet, in der Meinung, dass bei den immer trockener werdenden Jahren infolge Klimaveränderung (auch die politische Problematik Ost- und Westeuropa hat sich verändert), auf ein Dach verzichtet werden könnte, da ja kaum mehr mit Niederschlägen gerechnet werden müsse.
Schließlich wäre zu prüfen, ob es mit der Neutralität vereinbar wäre, dass Österreich im Verteidigungsfall von Natostaaten (Österreich ist fast nur mehr von Natostaaten umgeben) oder Russland – die neutrale Schweiz kommt aus deren Neutralität sicher nicht in Frage – verteidigt werden könnte.

Mit ökosozialen Grüßen

Ulrich Habsburg-Lothringen

Kleine Zeitung
Leserbriefe
Funderstraße 1a
9020 Klagenfurt

Wolfsberg, 5. Oktober 2002

Betrifft: Schwarz gegen Grün und Boykott israelischer Waren vom 5. 10. 2002

Die in Ihrem Bericht enthaltenen Äußerungen von Ulrike Lunacek, der außenpolitischen Sprecherin der Grünen, wo zu einem Boykott israelischer Waren aufgerufen wird, sind auf das Schärfste zu verurteilen.
Die Grünen werden mit dieser Äußerung parteiisch und rassistisch und unglaubwürdig, sind sie doch einerseits gegen einen Boykott der Beitrittsbemühungen Tschechiens zur EU trotz Beibehalt der Benesch-Dekrete, und andererseits rufen sie zum Boykott auf.
Sollten diese Äußerungen der Wahrheit entsprechen, werde ich meine Mitarbeit bei den Grünen im Landesvorstand und der Gemeinde zu überdenken haben.

Ulrich Habsburg-Lothringen

... folgende Themen standen im Jahr 2002 im Mittelpunkt von Diskussionen, oder wurden nicht entsprechend behandelt ...

Novemberprogrom
Bildung der zweiten Schwarz-Blauen Regierung
Transitproblematik
Haider & Israel

Novemberpogrom

Das Novemberpogrom von 1938 führte in Kärnten zur Auslöschung der etwa 300 Personen starken jüdischen Glaubensgemeinschaft. Es wäre höchst angebracht, dass sich alle Christen fragen, ob nicht sie oder ihre Vorfahren an diesem Verbrechen mitschuldig sind, denn sie haben anscheinend nichts gehört, nichts gesehen, sind teilweise plötzlich in den Besitz ehemals jüdischen Eigentums gekommen und auch die Pfarrer haben von der Kanzel aus zugesehen. Wieso zählen 300 vertriebene und umgebrachte Juden weniger als die Toten des Kärntner Abwehrkampfs?

Dipl.-Ing. Dr. Ulrich Habsburg-Lothringen, Wolfsberg

9. 11.: Novemberprogrom (Reichskristallnacht)

Mit Interesse habe ich in den „Unterkärntner Nachrichten" verfolgt, dass das Gedenken an das Novemberprogrom von 1938, welches in Kärnten und auch in Wolfsberg zur Auslöschung der ca. 300 bzw. 6 Personen starken jüdischen Glaubensgemeinschaft führte, keine Beachtung fand. Es wurden hier das jüdische Bethaus in Klagenfurt sowie die Geschäfte und Wohnungen der meisten jüdischen Mitbürger zerstört oder stark beschädigt. In weiterer Folge wurde durch Vertreibung und Vernichtung in den Konzentrationslagern die jüdische Gemeinde Kärntens ausgelöscht. Durchgeführt wurden diese Aktionen von strammen deutschstämmigen Kärntnern mit christlichem Glauben. Es wäre daher höchst angebracht, dass sich alle Christen fragen, ob nich sie oder ihre Vorfahren an diesem Verbrechen mitschuldig sind, denn sie haben anscheinend nichts gehört, nichts gesehen, sind teilweise plötzlich in den Besitz ehemals jüdischen Eigentums gekommen und auch die Pfarrer haben diesem Treiben von der Kanzel aus zugesehen. Und diese geistige Einstellung vieler KärntnerInnen scheint auch heute noch zu bestehen, denn wieso zählen 300 vertriebene und umgebrachte Kärntner Juden weniger als die wenigen Toten Kärntner des Abwehrkampfes, an die jedes Jahr mit großen Gedenkveranstaltungen gedacht wird. Die Frage daraus: sind die Juden Menschen zweiter Klasse, oder gilt das angeblich christliche Liebesgebot nicht jüdischen Mitmenschen gegenüber?

DI Dr. Ulrich Habsburg-Lothringen, Wolfsberg

Dr. Georg Knoflach

Fernkreuzweg 12
A - 6080 Igls
Tel.: 0043/699/10259246

Igls, den 15.12.2002

DI Dr. Ulrich v. Habsburg-Lothringen

Klagenfurterstraße 1
9400 WOLFSBERG

Sehr geehrter Herr Doktor von Habsburg!

Sie wundern sich sicher, warum Sie gerade aus Igls Post bekommen.

Nun, ich bin Ortsgruppenobmann der hiesigen ÖVP und erinnere mich, wie Sie für die Grünen für einen Sitz im Europäischen Parlament kandidiert haben. Den Medien entnehme ich, daß Sie jetzt grüner Gemeinderat in Wolfsberg sind.

Außerdem entnehme ich dem Mitgliederverzeichnis des KÖL, daß Sie Mitglied der Maximiliana sind. Ich bin Mitglied der köL Theresiana zu Innsbruck.

Ich schreibe Ihnen aus folgendem Grund: Ich bin ein leidenschaftlicher Anhänger einer schwarz-grünen Koalition - aus mehreren Motiven:

- Schwarz-grün hat europaweit Zukunft, nicht nur in Österreich
- Grüne Politik basiert auf der Bewahrung der Schöpfung
- Wirtschafts- und Umweltpolitik lassen sich sehr wohl vereinbaren
- Eine gesellschaftliche Auffrischung tut auch der ÖVP gut - deswegen wird niemand weniger katholisch
- Schwarz-rot ist eine Einladung an die FPÖ, wieder das Land zu terrorisieren
- Schwarz-blau ist wirklich keine Alternative
- Die Grünen wollen schwarz-blau verhindern - sie haben die Gelegenheit dazu

Nun habe ich aber den Eindruck, daß maßgebende Teile der grünen Basis eine solche Koalition nicht wünschen. Mit der Autorität Ihres Namens könnten Sie - ohne daß ich servil wirken möchte - hier einen Meinungsumschwung herbeiführen, zumal gerade sehr viele großbürgerliche und aristokratische Kreise (siehe die Unterstützungserklärungen auf *schwarz-grün.org* im Internet) sich für eine solche Variante aussprechen. Meiner Ansicht nach haben die Grünen in Österreich - anders als in Deutschland - ausschließlich bürgerliche Wurzeln in der Ökologiebewegung seit Zwentendorf und Hainburg. In den Bundesländern - von Tirol kann ich es definitiv sagen - ist mir kein einziger linker Grüner bekannt. Auch Ihre Landsmännin Dr. Glawischnig ist davon sehr weit entfernt.

Von Seiten der ÖVP kenne ich in Tirol keine maßgeblichen Mandatare und Funktionäre, die einer solchen Koalition von vornherein ablehnend gegenüberstehen. Besonders die Jugend sehnt eine solche Variante herbei.

Es kann nicht sein, daß die Grünen die ÖVP ins rechte Eck stellen und dort verhungern lassen wollen!

Es würde mich freuen, hier mit Ihnen einer Meinung zu sein.

Mit freundlichen Grüßen

Dr. Georg Knolfach v/o Georgy, Th!

Dr. Georg Knolfach v/o Georgy, Th!

Redaktion
Kleine Zeitung
Funderstraße 1a
9020 Klagenfurt

25. Dezember 2002

Betrifft: Gedanken zur Transitproblematik, rechtzeitig vor dem 31. 12. 2002

Richtiges Kfz-Kennzeichen löst das Transitproblem

Langjährige, vergleichende Studien des Verkehrsministeriums, gemeinsam mit der Sektion Verkehr der Wirtschaftskammer, bezüglich des Transitproblems und des damit zusammenhängenden Problems der Emissionen und Immissionen, sowie deren Auswirkungen auf den Menschen beziehungsweise dessen Psyche, ergaben neuartige, ja geradezu unkonventionelle Ansätze zur Lösung des Transitproblems. In diese Studien floss auch die Beachtung und Betrachtung der Auswirkungen des innerösterreichischen Verkehrs mit ein. Das Ergebnis ist verblüffend, wenn nicht gerade sensationell, denn die Lösung liegt in dem richtigen, und vorschriftmäßig angebrachten Kfz-Kennzeichen am Lkw oder Lkw-Zug.
Das richtige Kfz-Kennzeichen erbringt anscheinend die Wirkung eines Katalysators und verringert dadurch die Umweltprobleme. Es wird daher vorgeschlagen, in Zukunft an den österreichischen Grenzübergängen an die ausländischen Lkw beziehungsweise Lkw-Züge österreichische Kfz-Kennzeichen abzugeben, wodurch sich die Belästigungen durch die Transitproblematik innerhalb kürzester Zeit beheben ließen. Derartige nun unter österreichischen Kennzeichen durchgeführte Transporte durch Österreich, fielen jetzt nicht mehr unter die Bezeichnung Transit, womit auch die Transitbelästigungen wegfielen.
Diese Erkenntnis aus der Langzeitstudie bestätigt auch die schon lange gehegte Vermutung gewisser Umweltschützer, welche sich nicht erklären konnten, warum Lkw mit österreichischem Kennzeichen, weniger die Umwelt belasten sollten als solche mit ausländischem. Das richtige, und zwar österreichische Kfz-Kennzeichen, muss ein Lkw-Zug montiert haben und sogleich treten keine Umweltbelastungen durch dessen Betrieb auf.

Der Autor ist Grün-Politiker in Kärnten, Fachmann für Bioenergie und freiberuflicher Mitarbeiter für die Koralmbahn.

Ulrich Habsburg-Lothringen

Die „Wirren"

Landeshauptmann Jörg Haider lädt jetzt jene „ehemals aus dem Land im Zuge der Wirren des Zweiten Weltkrieges ausgewanderten Kärntner und Kärntnerinnen" ein, die heute in Israel leben. „Wirren" ist gut, „ausgewandert" ist noch besser. Die von Haider einst als „anständige Menschen, die ihrer Gesinnung treu geblieben sind" bezeichneten Kärntner und sonstigen Nazis haben die paar Kärntner Juden schon vor dem Beginn des Zweiten Weltkrieges nach vorheriger Beraubung gewaltsam vertrieben (wenn sie sie nicht gleich umgebracht haben).

Wie sagte der *Herr Karl*? „Es war eine furchtbare Zeit, des Rennen und des Schiaßen . . ." Na gut, nach der doch irgendwie blöden Geschichte mit Saddam möchte der große österreichische Weltpolitiker Haider halt wieder in Israel gut Wetter machen. Aber eine kleine Frage hätten wir noch: Sind auch die in Israel lebenden Nachkommen von Frau Roither eingeladen? Ihr hat einmal das Bärental gehört, in dem jetzt Jörg Haider sitzt. Denn der Großgrundbesitz musste im Zuge dieser „Wirren" leider „entjudet" werden (von Haiders „Wahlonkel"). Aber vielleicht freuen sich die Nachkommen über eine nostalgische Besichtigung des Bärentals mit Haider als Führer.

RAU

Kleine Zeitung
Leserbriefe
Funderstraße 1a
9020 Klagenfurt

15. Juli 2003

Betrifft: Berichte über Haiders Israelis-Aktion

Die Einladung ehemaliger jüdischer Kärntner und ihrer Nachkommen zum Besuch der alten Heimat durch Landeshauptmann Haider wurde durch die ungenaue Artikulation unseres Landeshauptmannes in ein schiefes Licht gestellt.
Die Kärntner Juden sind nicht in den Wirren des 2. Weltkrieges ausgewandert, sondern mussten schon vor Beginn des 2. Weltkrieges, durch den wirren Geist vieler deutschnationaler (Kärntner) veranlasst, wollten sie ihr Leben retten, die Heimat verlassen und ihren Besitz mehr oder minder entschädigungslos zurükklassen. Haben nicht Gaue Kärnten und Steiermark schon lange vor Beginn des 2. Weltkrieges nach Berlin gemeldet „judenfrei" zu sein. Einem studierten Juristen in so hoher öffentlicher Position wäre es angestanden, hier genaue zeitliche Unterscheidungen auch verbal zu treffen.
Dass die in Kärnten lebenden Juden zur Begrüßung der Besucher aus Israel nicht eingeladen wurden, ist ebenfalls nicht verständlich und riecht nach Ausgrenzung, eine Absprache mit der Kultusgemeinde für Kärnten, Steiermark und dem südlichen Burgenland wäre günstig gewesen.

Ulrich Habsburg-Lothringen

Über die Nebenerscheinungen einer kritischen Meinung

Beilage

Wolfsberg, am 07.01.1992

GZ-P 30/92

Niederschrift

aufgenommen mit Ulrich HABSBURG-LOTHRINGEN, geb am 3.10.1941 in Wolfsberg Beruf: Zivilingenieur, wohnhaft: 9400 Wolfsberg, Klagenfurterstr 1, Tel.: 3936, als Anzeiger.

Beginn der Vernehmung: 16.20 Uhr

Mit dem Grund der Befragung vertraut gemacht, gibt er freiwillig folgendes an:

Seit dem Jahre 1989 bekomme ich immer wieder von mir unbekannten Tätern Briefe, mit neonazistischen Unterlagen als Inhalt. Im Jahre 1989 habe ich einen Brief aus Wien erhalten, der im Monat Oktober aufgegeben wurde. Dieser ist auf die Fam HABSBURG-LOTHRINGEN in Wolfsberg/Kärnten in Reding adressiert. Einen zweiten Brief habe ich im Jahre 1990 erhalten, der am 05.12.1990 in Graz aufgegeben wurde und auf Herrn und Frau Dr Ulrich HABSBURG-LOTHRINGEN-BOURBON in Wolfsberg Kärnten adressiert ist. Zwei weitere Briefe erhielt ich im Jahre 1991, wobei einer in Gleisdorf am 24.12.1991 und einer in St. Johann in der Steiermark am 29.07.1991 aufgegeben wurde. Einer ist auf DI Dr Ulrich HABSBURG-LOTHRINGEN in 9400 Wolfsberg, Klagenfurterstraße 1 und der zweite Brief ist auf Frau Friederike HABSBURG-LOTHRINGEN in Wolsberg/Kärnten adressiert.
Wer mir diese Briefe sendet kann ich nicht angeben.
Ich lege die vier Briefe samt den neonazistischen Unterlagen als Inhalt der Anzeige bei.

Aktenzeichen 8B St 406/92-4

Benachrichtigung des Anzeigers von der Zurücklegung der Strafanzeige

Die Staatsanwaltschaft hat die Anzeige

gegen Otwald Schönherr

wegen des Verdachtes des Vergehens nach dem Verbotsgesetz und der Verhetzung

geprüft und keine genügenden Gründe gefunden, gegen den (die) Angezeigte(n) ein Strafverfahren zu veranlasssen.

Staatsanwaltschaft Klagenfurt
am 29.5.1992

Erster Staatsanwalt
Dr. Dietmar Pacheiner
Für die Richtigkeit der Ausfertigung
der Leiter der Geschäftsabteilung:

StPOForm. StA **25** (Benachrichtigung des Anzeigers von der Zurücklegung der Strafanzeige)
Erl. 612.025/1 – II 1/86

Bezirksgendarmeriekommando
9400 WOLFSBERG
☎ 04352/2022
Kärnten

Die Originale sind der Sicherheitsdirektion für das Bundesland Kärnten vorgelegt worden. Die Ablichtungen derselben werden zu Ihrem Gebrauch rückgemittelt.

Kriminalrefernt beim Bezirksgesndarmeriekommando:

Schratter, AbtInsp

(Schratter, AbtInsp)

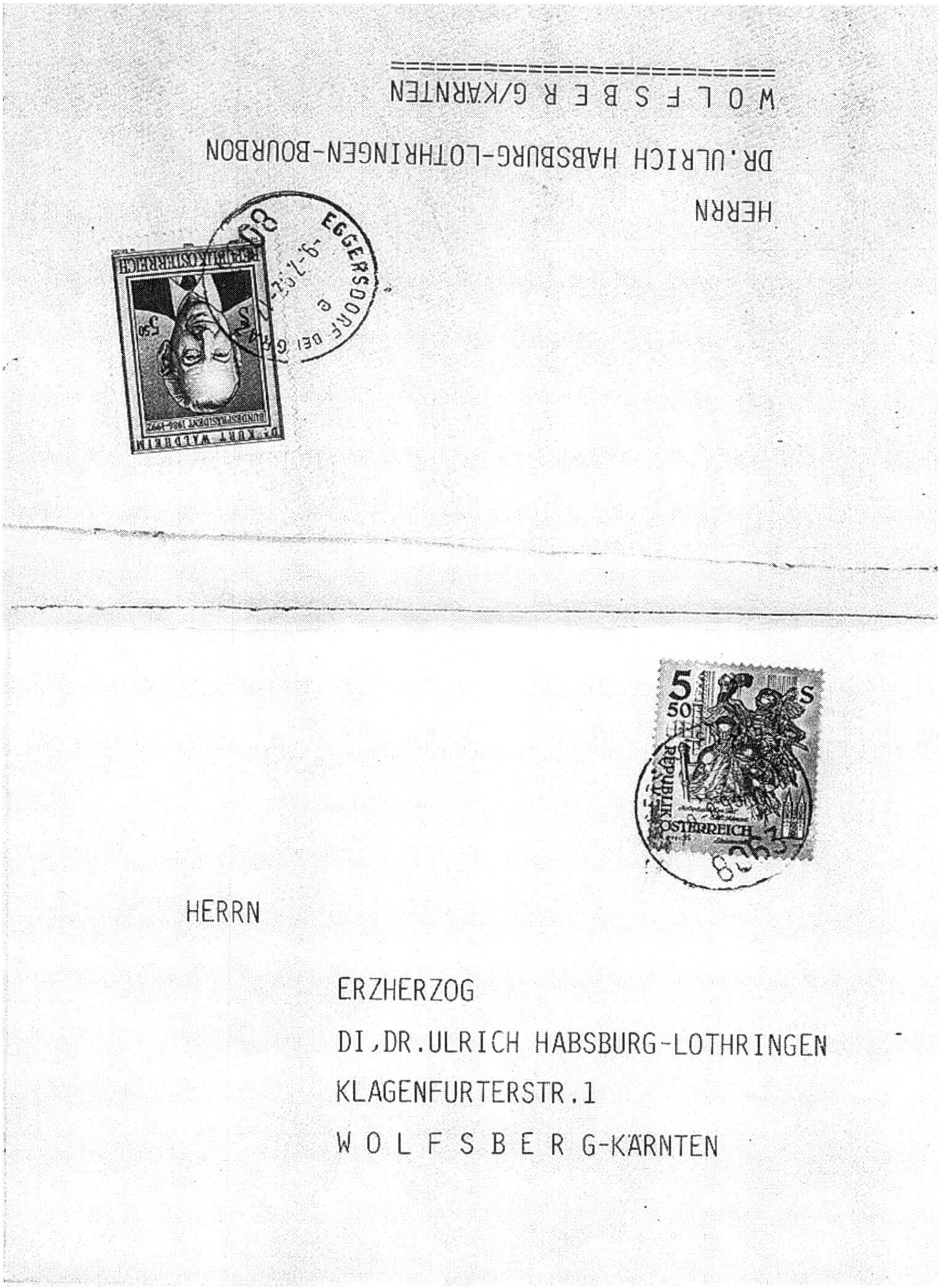

HERRN

DR.ULRICH HABSBURG-LOTHRINGEN-BOURBON

W O L F S B E R G/KÄRNTEN

HERRN

ERZHERZOG

DI,DR.ULRICH HABSBURG-LOTHRINGEN

KLAGENFURTERSTR.1

W O L F S B E R G-KÄRNTEN

UNTER DIESEM ZEICHEN

*** KEINE ARBEITSLOSIGKEIT

*** KEINE STEUERERHÖHUNGEN

*** KEINE INFLATION

*** KEIN BAUERNSTERBEN

*** KEINE SCHWINDEL

*** KEINE KORRUPTIONEN

*** KEINE LÜGEN -KEINE GESCHICHTSLÜGEN

*** KEINE PENSIONSVERKÜRZUNGEN

*** KEINE ABTREIBUNGEN

*** KEINE DROGENSÜCHTIGE

*** KEINE PORNOGRAPHIE

*** KEINE HOMOSEXUELLE

*** KEINE KRIMINIALITÄT

*** KEINE AUSLÄNDERPROBLEME

*** KEINE WOHNUNGSNOT

*** KEINE FREIMAURER

*** KEIN KOMMUNISMUS

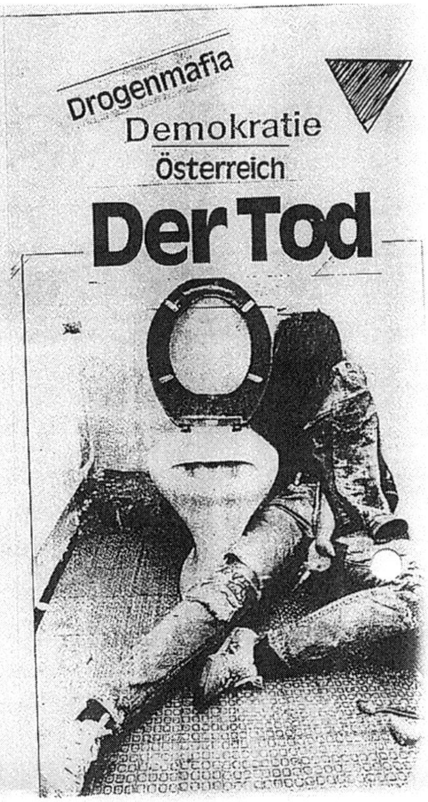

DER RUF DER ZUKUNFT

Wer klopft als nächstes auf den Bush?

"Lions International"

"Lions International" ist ebenfalls eine aktive Unterorganisation der Weltfreimaurerei. Im Auftrag der "Söhne des Bundes", wie man die B'nai B'rith Loge auch nennt, wurde Lions International 1917 in Chicago gegründet.

Aufgabe der Lions Brüder:

Aktive "Gesellschafts"-Politik, das heißt, Durchdringung von Vereinigungen und politischen Parteien und deren Beeinflussung im Sinne eines freimaurerischen "Fortschritts".

Tarnung: Demonstrative Maske "Hilfe"

(Aus: CODE 1/88, Seite 47)

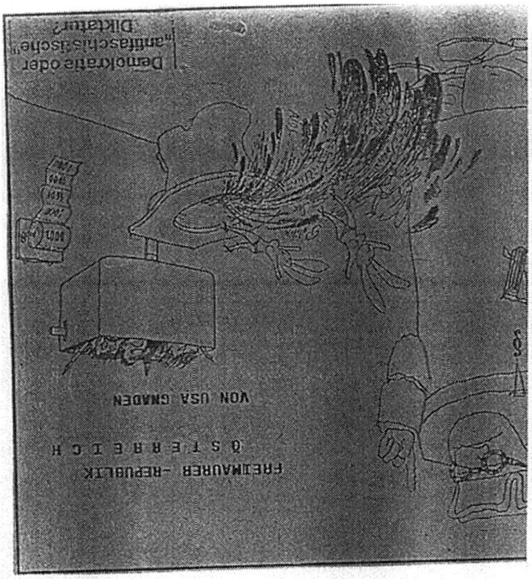

EUROP. ANTI FREIMAURER-LIGA

KÖRPERTRAINING (NACH ARNOLD SCHWARZENEGGER USA) FÜR ÖSTERR. POLITIKER UND VERHALTENSWEISEN GEGENÜBER DEN SIEGERMÄCHTEN UND DEM WELTJUDENTUM MIT ENTSPRECHENDER UNO - BENOTUNG ***

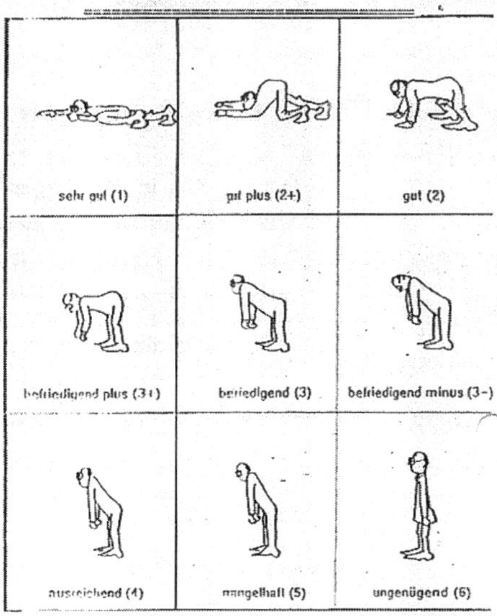

„Rotary International"

„Rotary International" wurde im Auftrag der B'nai B'rith offiziell vom Hochgradfreimaurer Paul Harris 1905 in Chicago gegründet.

Aufgabe der Rotarier:

Passive Überwachung des politischen und wirtschaftlichen Lebens sowie Nachrichtenbeschaffung im Dienste der Weltfreimaurerei.

Tarnung nach außen hin: "Weltfreundschaft".

Aus: CODE 1/88 Seite 47)

Ich bin ein
Engländer
Inder
Este
FINNE
Baske
Rumäne
Pole
Deutscher
Russe
SCHWEDE
Japaner
Apache
Bretone
Türke
... und
stolz
darauf!
Lette
Korse
Chinese
Philippine
Niederländer
Albaner
Franzose
Ibo
Zulu
Perser
Kurde
Spanier
Sorbe
Waliser
Italiener
NORWEGER
ISLÄNDER
TIBETANER
SCHOTTE
Afghane
Eskimo

Christentum und Adel

Das Christentum hat uns um die Ernte der antiken Kultur gebracht, es hat uns später wieder um die Ernte der *Islam*-Kultur gebracht. Die wunderbare maurische Kultur-Welt Spaniens, uns im Grunde verwandter, zu Sinn und Geschmack redender als Rom und Griechenland, wurde *niedergetreten* (— ich sage nicht von was für Füßen —), warum? weil sie vornehmen, weil sie Männer-Instinkten ihre Entstehung verdankte, weil sie zum Leben ja sagte auch noch mit den seltnen und raffinierten Kostbarkeiten des maurischen Lebens! . . . Die Kreuzritter bekämpften später etwas, vor dem sich in den Staub zu legen ihnen besser angestanden hätte, — eine Kultur, gegen die sich selbst unser neunzehntes Jahrhundert sehr arm, sehr „spät" vorkommen dürfte. — Freilich, sie wollten Beute machen: der Orient war reich . . . Man sei doch unbefangen! Kreuzzüge — die höhere Seeräuberei, weiter nichts! Der deutsche Adel, Wikinger-Adel im Grunde, war damit in seinem Elemente: die Kirche wußte nur zu gut, womit man deutschen Adel *hat* . . . Der deutsche Adel, immer die „Schweizer" der Kirche, immer im Dienste aller schlechten Instinkte der Kirche, — aber gut *bezahlt* . . . Daß die Kirche gerad' mit Hilfe deutscher Schwerter, deutschen Blutes und Mutes ihren Todfeindschafts-Krieg gegen alles Vornehme auf Erden durchgeführt hat! Es gibt an dieser Stelle eine Menge schmerzlicher Fragen. Der deutsche Adel *fehlt* beinahe in der Geschichte der höheren Kultur: man errät den Grund . . Christentum, Alkohol — die beiden *großen* Mittel der Korruption . . An sich sollte es ja keine Wahl geben, angesichts von Islam und Christentum, so wenig als angesichts eines Arabers und eines Juden. Die Entscheidung ist gegeben; es steht niemandem frei, hier noch zu wählen. Entweder *ist* man ein Minderwertiger, oder man ist es nicht . . „Krieg mit Rom aufs Messer! Friede, Freundschaft mit dem Islam": so empfand, so *tat* jener große Freigeist, das Genie unter den deutschen Kaisern, Friedrich der Zweite. Wie? muß ein Deutscher erst Genie, erst Freigeist sein, um *anständig* zu empfinden? Ich begreife nicht, wie ein Deutscher je *christlich* empfinden konnte . . .

* GENERAL K Ö R N E R
D.SPÄTERE BUNDESPRÄSIDENT
IN DER REPUBLIK ÖSTERREICH.***

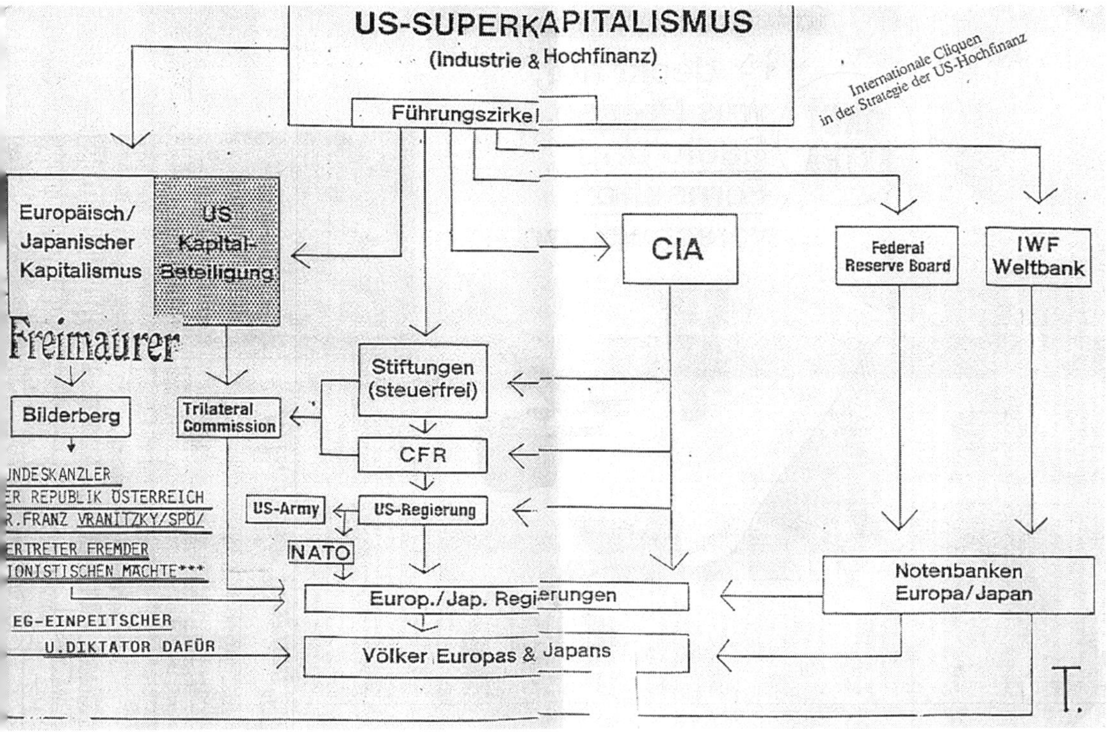
US-SUPERKAPITALISMUS
(Industrie & Hochfinanz)
Führungszirkel
Internationale Cliquen
in der Strategie der US-Hochfinanz
Europäisch/
Japanischer
Kapitalismus
US
Kapital-
Beteiligung
CIA
Federal
Reserve Board
IWF
Weltbank
Freimaurer
Bilderberg
Trilateral
Commission
Stiftungen
(steuerfrei)
CFR
US-Army
US-Regierung
NATO
UNDESKANZLER
ER REPUBLIK ÖSTERREICH
R.FRANZ VRANITZKY/SPÖ/
ERTRETER FREMDER
IONISTISCHEN MÄCHTE***
EG-EINPEITSCHER
U.DIKTATOR DAFÜR
Europ./Jap. Regierungen
Völker Europas & Japans
Notenbanken
Europa/Japan
T.

akut EXTRA

deckt auf, was Presse, Radio und Fernsehen verschweigen

Scientology: Eine Sekte ohne Gott

Sie wollen die Weltherrschaft. Es beginnt mit dem Einstein-Test

Scientology heißt: „Die Lehre vom Wissen". 1954 hat der Amerikaner L. Ron Hubbard die Sekte gegründet. Eine merkwürdige Religion: Scientologen haben keinen Gott. Sie glauben nur an sich selbst und die Verbreitung ihrer Lehre. Sie wollen Geld, Macht, die Weltherrschaft. Die Scientology-Kirche hat in Deutschland rund 300 000, weltweit über fünf Millionen Anhänger. Auf der Straße wirbt sie mit dem „Einstein-Test". Ergebnis immer: Du hast Probleme, brauchst unsere Kurse. Sie versprechen Erfolg im Beruf, geistige Freiheit, Durchsetzungsvermögen. Kosten für das ganze Programm: rund 500 000 Mark. Scientology-Expertin Renate Hartwig: „Scientology ist die Lehre von Ausbeutung, Unterdrückung, Angstmacherei."

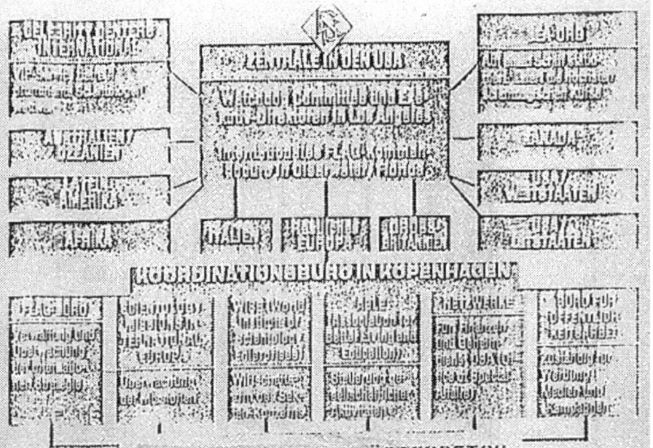

„Liberales Forum"

...te mit der eigenen Stadtver-... notorisch schlecht. „Er ...mten, das ist unglaublich", ...Gemeinderat den „ordinären ...den Wagner abseits der Öf-...gt. In einem Streit mit dem ...or griff sich Wagner einen ...en von dessen Schreibtisch ...mit den Worten „Das sind keine Akten, das ist Müll!" auf den Boden.

Scientologe Wagner: Unterwegs zum geistigen Wesen.

Aber das Wählervolk, selbst oft von der Verwaltung gequält, sieht über die Beschimpfungen von Beamten ebenso hinweg wie über andere Schattenseiten des Volkstribunen. Seit 1974 ist Wagner Mitglied bei der Sekte Scientology (profil 19/93) – politisch geschadet hat es ihm bisher nicht.

Kommt die Rede auf seine Sektenaktivitäten, geht Wagner in die Defensive. Das sei „Privatkaffee", argumentierte er auf einem Flugblatt kurz vor der Wahl. „Ich habe noch nie ein Verbrechen oder verfassungsfeindliche Aktionen gesehen." Auch psychische Abhängigkeit von Scientology gibt es nicht, erklärt er, während er einen Stapel scientologischer Bücher als Argumentationshilfe herbeischafft.

Seine Rolle bei Scientology spielt Wagner herab: Er sei dort „Kunde, nicht Mitarbeiter". Wie zeitintensiv das Dasein als Käufer des scientologischen Weltbilds ist, wissen seine Kollegen im Gemeinderat seit Jahren. „Wenn es ihm schlechtgeht, dann taucht er einige Wochen ab und geht auf Kurse. Anschließend ist er wieder da und voll geladen", beschreibt eine langjährige Mandatarin. „Wie ferngesteuert kommt er mir dann vor", ergänzt ein früherer Koalitionspartner. „Wir fürchten uns dann immer vor neuen Aktionen."

Die Selbstbeschreibung als „zahlender Gast ändert nichts an der Intensität der Betätigung in Scientology", berichtet ein früheres Sektenmitglied von ihren Erfahrungen: „Ich habe diese Erklärung benutzt, um meine Mitgliedschaft zu verharmlosen."

„Edelzeugen" nennt die Wiener Universitätsprofessorin Brigitte Rollet diese Art prominenter Mitglieder, zu denen auch der Wiener Maler Gottfried Helnwein zählt. Die Psychologin, die Vorsitzende der Gesellschaft gegen Sekten und Kultgefahren ist, warnte in einem parlamentarischen Hearing Anfang des Jahres vor diesem Effekt: Durch die Mitgliedschaft von Personen des öffentlichen Lebens erhofft sich die Sekte Werbung für ihre Arbeit.

Durch das straffe Führungssystem der Scientologen sind die Mitglieder hervorragende Informanten für die Sekte. „Ethik-Offiziere" führen Dossiers über alles, was ihnen im Zuge von „Reinigungs-Run-downs" von ihren „Kunden" erzählt wird. In Deutschland erklärte deshalb die CDU schon vor zwei Jahren, daß die Mitgliedschaft in der Partei mit einer Betätigung bei Scientology unvereinbar ist.

Solche Inkompatibilität sieht das Liberale Forum noch nicht. Der Begriff „Liberalität" müsse eben auch die Möglichkeit zur Mitgliedschaft bei Scientology umfassen, will Heide Schmidt an dem Zweckbündnis festhalten.

Pepi Wagners Mödlinger Kollegen im Gemeinderat glauben mittlerweile an eine Wiederholung der Vergangenheit: „Der ordnet sich nicht unter. Der Hasard ist vorprogrammiert." ■

GERECHTIGKEIT FUR WIZENTHAL:

HONSIK ERSTATTET ANZEIGE: MEINEID, BETRUG, MORD!

Gerd Honsik
Anwaltskanzlei
Sánchez de Lerin Garcia
C/Academia, 8 - 28014 Madrid

Betrifft: Strafanzeige gegen Szymon Wizenthal aus Galizien wegen Meineid Betrug und Mord

An den Bundespräsidenten
der Republik Österreich
Dr.Thomas Klestil
Ballhausplatz
1010 WIEN
Österreich

Sehr geehrter Herr Bundespräsident !

An dem obersten Hüter der österreichischen Verfassung wende ich mich an Sie, um gegen der österreichischen Staatsbürger Szymon Wizenthal wegen folgender Verbrechen Strafanzeige zu erstatten:

Betrug, Fälschung, Meineid, Anstiftung zur falschen Zeugenaussage, Erpressung, Volksverhetzung, Menschenraubes, Verunglimpfung des Andenkens Verstorbener und heimtückischem Mord.

Gleichzeitig apelliere ich an Sie, die von mir erhobenen Vorwürfe und vorgelegten Dokumente einer unvoreingenommenen rechtsstaatlichen Prüfung zu unterziehen.

Der Beschuldigte, der seinen Namen in Simon Wiesenthal verfälscht hat, hält sich gegenwärtig vermutlich in Wien auf.

Ich habe meine Vorwürfe gegen den Beschuldigten nach jahrelangen Recherchen in Buchform zusammengefaßt und veröffentlicht und mit zahlreichen Bildtafeln in einer Weise belegt,daß mein Buch nach Überprüfung der Authenzität der Dokumente unverzüglich zur Erstellung der Anklageschrift gegen Wizenthal herangezogen werden kann.

Auch appelliere ich an Sie, die in meinem Buch erhobenen Vorwürfe ordnungsgemäß der Staatsanwaltschaft zu übergeben, sich seitens der Anklagebehörde Bericht erstatten zu lassen und darauf zu beharren, daß gegen den Beschuldigten ohne Ansehen seiner gegenwärtigen gesellschaftlichen Stellung und ohne Rücksichtnahme auf seinen vorläufigen politischen Stellenwert in Österreich, Deutschland, Israel und den Vereinigten Staaten, strafrechtlich gegen denselben vorgegangen werde.

Ich bin sicher, daß bei einer verfassungs und und gesetzeskonformen Überprüfung der in meinem Buch erhobenen Vorwürfe und einer Überprüfung des von mir verwendeten Aktenmaterials, dem als Berufsverbrecher überführten Szymon Wizenthal aus Bucacs, die unter falschen Angaben erschlichene Österreichische Staatsbürgerschaft zu entziehen ist und wegen Flucht-Verabredungs-und Wiederholungsgefahr die unverzügliche Verhängung der ordentlichen Untersuchungshaft zwingend notwendig wird.

Alle in meinem Buch angeschuldigten Randfiguren (wie der österreichische Justizminister Michalek) und alle Organisationen (wie die jüdische Freimaurerloge Bnai-Brith) deren gesetzeswidriges Verhalten ich nachweise, werden auf der Grundlage der geltenden Gesetze zur Verantwortung zu ziehen sein.

Hochachtungsvoll
Gerd Honsik

ES GEHT UNS ALLE AN!

NUR DIE WEITE VERBREITUNG DIESES BUCHES, AUCH UNTER POLITIKERN, JOURNALISTEN UND JURISTEN, KANN BEWIRKEN, DAß:

MOSSAD UND CIA DIE STRATEGIE AUS MORD, FÄLSCHUNG UND POLITISCHER BEEINFLUßUNG IN MITTELEUROPA BEENDEN. (PAPST-ATTENTAT, MORDE VON MOLIN), DIE »KRIEGS-VERBRECHER-PROZESSE« DER ALLIIERTEN VERBRECHER EINGESTELLT, DIE OPFER ENTSCHÄDIGT UND REHABILITIERT UND DIE WIEDERAUFNAHME ALLER VERFAHREN GENERELL VERFÜGT WIRD, DAß SZYMON WIZENTHAL FÜR MEINEID, MORD, BETRUG, FÄLSCHUNG UND VOLKSVERHETZUNG VOR GERICHT GESTELLT UND ABGEURTEILT WIRD.

Zur "EUROPÄISCHEN GEMEINSCHAFT – EG"

Die sogenannte "EUROPÄISCHE GEMEINSCHAFT", die in Wahrheit, trotz massivster Propaganda der Medien und trotz der offenkundigen Unterdrückung aller Gegenargumente, von der Hälfte der Europäer abgelehnt wird, ist ein typisches Produkt von "Intellektuellen" – Juden und auch Nichtjuden.

Die bekannte jüdische Autorin Salcia LANDMANN schrieb einmal:

> **"Die Intellektuellen in der westlichen Welt sind der dümmste Teil der Bevölkerung!"**
> **(Intellektuell: geistig einseitig; intelligent: geistig einsichtig)**

Die Begründung dieses Urteils: "Aus Erfahrungsmangel!"

Diese "Intellektuellen" wirken nicht im Einklang mit der Natur, rechnen nicht mit den verschiedenartigen Bindungen und Wertvorstellungen der unterschiedlichen Völker, sondern sie spekulieren mit wirtschaftlichen und finanziellen Gewinnen und Verlusten, mit "Konten" und "Guthaben" in ungedeckten Währungen!
Natur und Mensch sind Nebensache!
Diese Art einer zentralistischen, übernationalen sogenannten **"NEUEN ORDNUNG"** entspricht genau den naturfremden Machtvorstellungen und den religiös begründeten Herrschaftsansprüchen des Judentums.
Die größtenteils ahnungslosen, aber freimaurerisch gut präparierten Betreiber der sogenannten "EG" wollen so, bewußt bzw. unbewußt, im geistig – seelisch zermürbten Europa (möglichst unter Ausschaltung des Volkswillens!) die Voraussetzungen dafür schaffen, daß sich künftig die biblischen Verheißungen erfüllen können; z.B. gemäß Psalm 2; 8,9 (JHWH zu seinem auserwählten Volk):

> "Erbitte von mir, und ich gebe dir Völker zum Erbe, zu deinem Besitz die ganze Erde. Mit eisernem Szepter magst du sie leiten, sie zerschlagen wie Töpfergeschirr."

In Israel / Palästina wird diese Art Herrschaft schon geprobt!

Juli 1993

Kardinal Groër warnt vor einem vereinten Europa

Kardinal Hans Hermann Groër hat in der Zeitschrift „30 Tage in Kirche und Welt" zur politischen Einheit des Kontinents Europa Stellung genommen. Kardinal Groër sagt:

„Wir bewegen uns auf eine riesige Zusammenballung von Macht zu und wissen nicht, wer sie in den Händen halten wird. Die Vereinigung Europas könnte auch einem großen Führer den Weg bahnen. Die Gefahr ist konkreter, als man glaubt: ein vereintes und entchristlichtes Europa kann zu einem neuen Kollektivismus führen, der über die vom Hedonismus vernebelten Gewissen der Massen eine vollkommene Macht ausübt. Es wäre die Herrschaft der kalten Brutalität, ein infernalisches Reich."

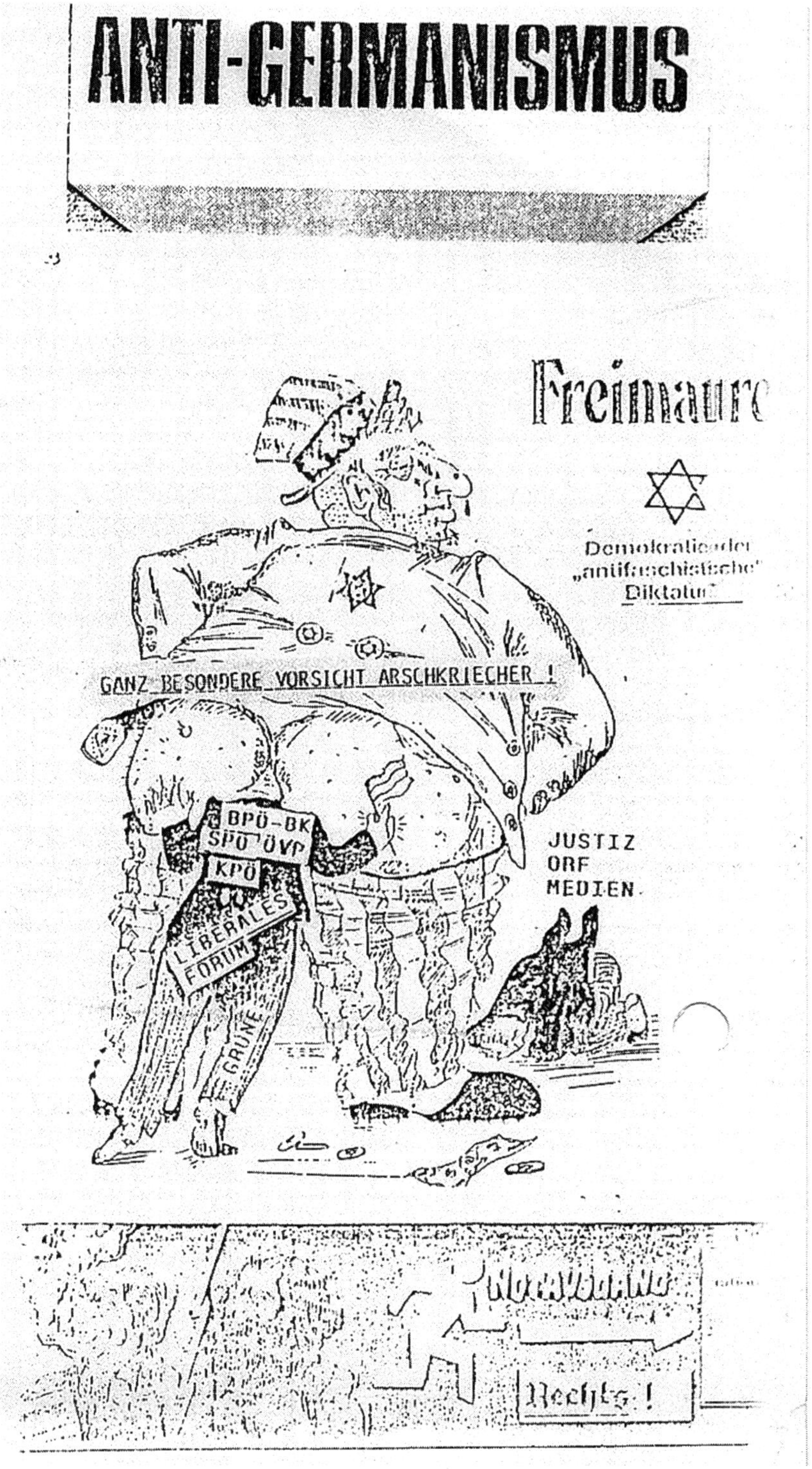
ANTI-GERMANISMUS
Freimaure
Demokratie der
„antifaschistische"
Diktatur
GANZ BESONDERE VORSICHT ARSCHKRIECHER !
BPÖ-BK
SPÖ ÖVP
KPÖ
LIBERALES FORUM
GRÜNE
JUSTIZ
ORF
MEDIEN.
Rechts !

Anhang

... auch meine Frau Friederike musste sowohl in der Politik als auch in der Kirche Österreichs latenten Antisemitismus feststellen, was zum Teil wehleidige Reaktionen hervorrief ...

Reding 339
9400 Wolfsberg

16-2-1988

An die Österr.Volkspartei
Kärntnerstrasse 51

Diese Partei,wie sie sich in den vergangenen zwei Jahren durch ihre Vertreter präsentiert hat,ist für mich nicht mehr wählbar. Die antisemitischen Äußerungen,die aus ihren Reihen immer wieder gekommen sind,tun mir-als Nichtjüdin,aber Christin- zutifst weh und lassen die letzten christlichen Grundideen in dieser Partei vermissen;ja,ich meine,daß durch solche Worte Jesus zum wiederholten Male von uns gekreuzigt wird.
Ein Präsident,der nicht einsehen will,daß er Vieles falsch gemacht hat und eine Partei,die dieses Handeln oder Nicht-Handeln noch unterstützt und verteidigt,statt daß beide Teile ihre moralische Schwäche eingestehen,sind für mich nicht akzeptabel.

Jx

Die ÖVP.

Generalsekretär
Mag. Helmut Kukacka

Frau
Friedrike Habsburg-Lothringen

Reding 339
9400 Wolfsberg

Wien, den 24.Februar 1988
Dr.B/bs

Sehr geehrte gnädige Frau!

Vielen Dank für Ihren Brief.

Wenn wir Sie enttäuscht haben, so tut mir dies aufrichtig leid, doch leider schreiben Sie nicht konkret, was an unseren Vorstellungen Ihr Mißfallen erregt hat.

Zweifellos ist man im nachhinein immer klüger, doch hat Bundespräsident Dr.Waldheim in seiner Fernsehansprache auch zugegeben, Fehler gemacht zu haben, hingegen hat der Herr Bundespräsident nie behauptet, von dem Kriegsgeschehen und den furchtbaren Ereignissen ganz generell nichts gewußt zu haben, sondern seine Aussagen bezogen sich jeweils - nach Befragung - auf ganz bestimmte Situationen und Geschehnisse, die man nicht verallgemeinern kann. Das "Gesetz des Handelns" liegt aber jetzt - auch nach der Verfassung - bei der Person des Herrn Bundespräsidenten Waldheim selbst, und nicht bei einer Partei.

2 Die Österreichische Volkspartei hat sich auch wiederholt gegen jede Form von Antisemitismus ausgesprochen und wenn es zu "verbalen Angriffen" gekommen ist, dann haben wir immer konkrete Vorwürfe gegen konkrete Personen erhoben, meist sogar mit dem ausdrücklichen Zusatz, daß man die Juden in ihrer Gesamtheit nicht für die Verleumdungen einzelner verantwortlich machen darf.

Ich bitte Sie, nicht Antisemitsmus zu orten, wo keiner ist, nur um sich darüber - gut- oder böswillig - entrüsten zu können.

Mit freundlichen Grüßen

8.3.1988

Friederike Habsburg-Lothringen
Reding 339
9400 Wolfsberg

Österreichische Volkspartei
Generalsekretariat

Auf Ihren Brief vom 24.2. möchte ich doch folgende Antwort geben.
Das Hauptproblem scheint mir zu sein,daß die Sensibilisierung dem Antisemitismus gegenüber gerade in der ÖVP eine äußerst geringe ist.In Ihren Reihen gab es jedenfalls bei den entsprechenden Äußerungen nicht den von mir erwarteten Aufschrei,der Ausdruck eines echten Entsetzens gewesen wäre,sondern ein viel zu langes Taktieren,wie weit man sich der Gunst der Wählerschaft entziehen würde,wenn die Reaktion eine schärfere wäre.Ganz zu schweigen von den kleinen und größeren "Seitenhieben" auf jede- auch berechtigte- Kritik aus jüdischen Kreisen während des Wahlkampfes und seither,die nie zurückgewiesen wurden.
Ich bitte Sie,mir -und Menschen gleicher Denkweise- zuzugestehen, daß ich mir,als mündige Bürgerin dieses Staates,meine eigene Ansicht darüber bilde,wann und wo Antisemitismus beginnt,auch wenn ich damit nicht mit der ÖVP konform gehe.

Mit freundlichen Grüßen

Friederike Habsburg-Lothringen

Die ÖVP.

Generalsekretär
Mag. Helmut Kukacka

J X

Frau
Friedrike Habsburg-Lothringen

Reding 339
9400 Wolfsberg

Wien, den 15.März 1988
Dr.B/bs

Sehr geehrte gnädige Frau!

Vielen Dank für Ihr nochmaliges Schreiben.

Die ÖVP leitet ihren politischen Gestaltungswillen aus einem christlich begründeten Verständnis von Mensch und Gesellschaft ab. Sie setzt sich daher auch für die in der Erklärung der Menschrechte zum Ausdruck kommenden natürlichen Rechte des Menschen ein. Der bestimmende Höchstwert unserer Politik ist die menschliche Person, die durch ihr schöpferisches Denken, kritisches Bewußtsein und verantwortliches Handeln den unveräußerlichen Anspruch auf Freiheit und Selbstbestimmung besitzt.

Diese Selbstbestimmung gestehen wir Ihnen, wie jedem anderen Mitbürger, selbstverständlich zu.

Ihren - unbegründeten - Vorwurf, die Sensibilisierung gegenüber dem Antisemitismus sei in der ÖVP eine äußerst geringe, teile ich nicht. Im Gegenteil, wir haben uns immer der Kritik gestellt, gerechtfertigte Kritik auch anerkannt und haben Konsequenzen gezogen, wenn und wo Grenzen überschritten worden sind.

Mit freundlichen Grüßen

Friederike Habsburg-Lothringen
Reding 339
9400 Wolfsberg/Kärnten 4.2.1988

An die Redaktion "Die Gemeinde"

Betrifft Artikel 261/362
"Professoren streiten-Juden schuld am Antisemitsmus?"

Leider kann ich die Beurteilung über Prof.Sutter nur bestätigen. Im Rotary-Club Wolfsberg hielt er im Mai 1987 einen Vortrag mit dem Titel"Antisemitismus".Ich wae sehr positiv eingestellt,er wartete ich doch eine Aufklärung für die -zum großen Teil auch heute noch -mehr oder weniger überzeugten Alt-und Neunazi.Nach 19 1945 fand sich nämlich im ehemaligen Kriegsgefangenenlager Wolfsberg die"ehrenwerte Gesellschaft"für ein paar Jährchen zur Entnazifzierung zusammen;den Erfolg diesereMaßnahmen kann man heute noch sehen und vor allem hören! Während des Vortrages Prof. Sutters meinte ich zum falschen Thema gekommen zu sein,denn es war,wie in Ihrem Artikel zulesen ist,eine Negativ Aufzählung von seit Jahrhunderten verbreiteten "Tatsachen"über die Juden.Doch noch erhoffte ich eine Gegendarstellung um endlich das richtige Bild zu erhalten,aber dem war nicht so, und am Ende des Vortrages herrschte beruhigtes Einverständnis.Die heiße Diskussion,die ich erwartet hatte-und empfindliche Nazis hätten sicher bei einer anderen Darstellung des Themas aufgeschrieen-blieb aus;man war zufrieden,denn man hatte sich,wie etliche Stimmen aus dem Zuhörerkreis zeigten,die akademische Bestätigung geholt,daß man ja mit seiner Meinung ganz richtig liegt.Da ich schon vor Wut kochte, fehlte nur mehr die kleine Episode vom Juden,der ,vom Papst die Hostie empfangend,diese vor die Füße des Papstes ausspuckt,die Prof.Sutter dann noch über seinen Vortrag "drüberstreute".Ich sagte in diese Zufriedenheit hinein,daß mir der Vortrag absolut einseitig erschiene und ich doch eine Gegendarstellung erwartet hätte,Darauf meinte Prof.Sutter er sei nur Historiker,kein Judaist.Außer meinem Mann kam mir noch ein Schweizer Rotarier zu Hilfe,der meine Ansicht bestätigte,da ich mich mit meiner Argumentation einem Univ.Professor doch nicht gewachsen fühlte.Nach e einigen Banalitäten und Geschmacklosigkeiten aus dem Publikum, meldete ich mich nochmals zu Wort und las das -vorsorglich - mitgebrachte,Papst Johannes XXIII zugeschriebene,Bußgebet über "unsere älteren Brüder"vor, zur Besinnung.Doch weit gefehlt!Prof. Sutter bebte vor Zorn,als er meinte,daß er das nicht notwendig hätte,da er Katholik und sein Vater von 38-45 im KZ gewesen sei.. Ich hatte,scheint es,in ein Wespennest gestochen!Weitere Kommentare erübrigen sich,denke ich.Ich war daher sehr erstaunt,gleich in der ersten Nummer der "Gemeinde",die ich abboniert habe,von berufenerer Seite die gleiche Meinung über Professor Sutter zu finden.
Ich danke für die Zusendung Ihrer Zeitung,die mir sehr gut gefällt,da sie mir einen guten Einblick in jüdisches Leben und Denken gibt.Mit zusätzlicher Lektüre über das Judentum ausgerüstet, hoffe ich gut gewappnet den Kampf gegen das "Gespenst Antisemitismus"bestehen zu können.Viel Kraft ubd Mut für diese gemeinsamen Bemühungen wünsche ich Ihnen und mir. Herzliche Grüße Ihre

Wien, 16. III. 88

Sehr geehrte gnädige Frau!

Ihre Stellungnahme zum Thema "Professoren streiten – Juden schuld am Antisemitismus?" hat mich sehr beeindruckt, denn hierzulande ist es nicht allzu üblich sich so ehrlich und kämpferisch gegen das "Gespenst Antisemitismus" zu engagieren.
Besonders berührt war ich von der Tatsache, daß sie das Bussgebet Papst Johannes XXIII zitiert haben. Auch ich habe es einmal bei einer Versammlung vor hohen Parteifunktionären vorgetragen und gleichzeitig angeregt es doch in den Religionsunterricht einzubauen.
Gerade bei Schülern aus antisemitisch geprägtem Elternhaus könnte es grosse Wirkung erzielen. Auf meinen Vorschlag herrschte eisiges Schweigen und keiner der Anwesenden war zu einer Stellungnahme bereit. Anscheinend hatte auch ich damals in ein Gespensternest gestochen.
So sehr ich auch der Ansicht bin, daß es keinen mühevolleren Kampf – als den gegen Gespenster gibt, desto mehr freue ich mich immer wieder beherzte Mitstreiter gegen diese zu finden.

Mit herzlichen Grüßen
Ihre
Edith Stener

Edith STENER
Ausstellungsstr. 1
1020 Wien

Geantwortet am 25. 3. 88
Handschriftlich!

Rotary-Club Wolfsberg

März 1988

Sehr geehrte Herren!

In meiner sichtlich naiven - Unwissenheit bezüglich Rotary-Gepflogenheiten, habe ich nicht vermuten können,daß über Vorträge der Schleier des Geheimen gelegt wird!Dagegen unwissentlich verstoßen zu haben bitte ich zu entschuldigen, möchte aber betonen,daß ich absolut ganz zum Inhalt meines Leserbriefes stehe. Doch wurde wder von der Zeitung "Die Gemeinde" noch von mir dem"Profil" ein Interview gegeben.Der Artikel im"Profil" ist eine Eigeninitiative des dafür verantwortlichen Redakteurs.
Da weder Sie noch ich an einer weiteren Teilnahme meinerseits an Rotary-Damenmeetings Interesse haben werden,müssen Sie in Zukunft auch nicht mehr befürchten,daß von mir etwas ausgeplaudert wird,das offensichtlich nicht für alle Ohren bestimmt ist.

Mit Grüßen

Friederike und Dr. Ulrich Habsburg-Lothringen
A-9400 Wolfsberg, Klagenfurterstraße 1 10.9.1989

Zutiefst beschämt sind wir als Christen der Katholischen Kirche, daß vom obersten Hirten in Rom zu den ungeheuerlichen Worten, die von Polens Kirchenführern in Zusammenhang mit dem Karmeliterkloster in Auschwitz gefallen sind, bis jetzt keine Äußerung der absoluten Ablehnung gekommen ist. Diese Art der Vatikan-Taktik und damit des Papstes gab es ja vor 50 jahren in Bezug auf die Judendiskriminierungen und -deportationen auch schon und nun wiederholt sich das alles? Wir haben scheinbar gar nichts gelernt! Und haben noch immer nicht die geringste Sensibilisierung dafür, wann und wo Antisemitismus anfängt und schon gar keine in Bezug auf Glauben und Gefühle der Juden im Zusammenhang mit der Shoa. Man hätte sich erwartet, daß ein Papst, der sonst sehr wohl seine Aussagen zu vielen Fragen der Menschlichkeit und auch zu vielen anderen Themen macht, auch dazu etwas zu sagen hätte. Es ist überflüssig das päpstliche Schweigen mit den politischen Umwälzungen, die erfreulicherweise zur Zeit in Polen stattfinden, zu begründen; denn was gegen die Menschlichkeit verstößt kann und darf nicht unwidersprochen bleiben! Oder muß man zur Schlußfolgerung kommen, daß zwar Polen, nicht aber die Juden eine Frage der Menschlichkeit sind?
Als Christen und Katholiken ohne "Sprachrohr" wollen wir daher wenigstens auf diesem Weg energisch gegen alles, was von katholischer Seite rund um das unheilvolle Auschwitz-Kloster gegen die Juden gesagt und getan wurde, protestieren, da es mit Christentum, wie wir es verstehen, unvereinbar ist und vor allem wollen wir uns dafür entschuldigen.

abgedruckt i. "Gemeinde" v. 7.11.89

APOSTOLISCHE NUNTIATUR
IN ÖSTERREICH

THERESIANUMGASSE 31
A-1040 WIEN

12.10.1989

Sehr geehrter Herr Dipl.Ing. und
Doktor Ulrich Habsburg-Lothringen !

Ihr Schreiben vom 10. September ds,.J. wurde an das Vatikan-Staatssekretariat weitergeleitet und mit 3. Oktober beantwortet.

Es wird den Absendern höflich empfohlen, sich über den angesprochenen Fragenkomplex und die hierzu von verschiedenen kirchlichen Stellen erfolgten Stellungnahmen zunächst selbst umfassender und objektiver zu informieren und auch von der als Anlage beigefügten vatikan Verlautbarung freundlich Kenntnis zu nehmen.

Mit dem Ausdruck meiner hohen Wertschätzung

+ D. Squicciarini

+ DDr. Donato Squicciarini
Titularerzbischof von Teurnia
Apostolischer Nuntius

Herrn
Dipl.Ing.Dr.Ulrich HABSBURG-LOTHRINGEN
Staatlich Befugter und Beeideter Zivilingenieur
für Forst- u. Holzwirtschaft
A-9400 WOLFSBERG, Reding 339

Die Kommission des Heiligen Stuhls für die religiösen Beziehungen zum Judentum hat mit Befriedigung das am 6. September 1989 vom Präsidenten der Kommission für den Dialog mit dem Judentum des polnischen Episkopats, Bischof Henryk Muszynski, veröffentlichte Kommuniqu▒<1▒e zur Kenntnis genommen.▒&E▒

Die darin ausgedrückte Absicht, ein Zentrum für Information, Begegnung, Dialog und Gebet einzurichten, so, wie es die Genfer Deklaration vom Februar 1987 vorsieht, wird positiv aufgenommen, denn der Heilige Stuhl ist überzeugt, daß ein solches Zentrum bedeutend zur Entwicklung guter Beziehungen zwischen den Christen und den Juden beitragen würde.▒&E▒

Der Papst hat ja bereits in seiner Ansprache an die jüdische Gemeinde in Wien am 24. Juni 1988 der Hoffnung Ausdruck gegeben, daß ▒%"dieses Zentrum fruchtbare Resultate hervorbringe und anderen Nationen als Beispiel diene".▒&E▒

Das Gebet und das gottgeweihte Leben der Karmelitinnen, deren Kloster in irgendeiner Weise im Herzen dieses Zentrums sein wird, werden entscheidend zu dessen Gelingen beitragen.▒&E▒

Um die Verwirklichung dieses bedeutsamen aber kostspieligen Projekts zu unterstützen, ist der Heilige Stuhl bereit, seinen finanziellen Beitrag zu leisten.▒$li▒

Johannes Kardinal WILLEBRANDS▒$re▒

Präsident▒$re▒

18. September 1989▒$li▒

▒■

Dr. Andreas Maislinger
Universitätsassistent am Institut für Politikwissenschaft

Friederike und Dr. Ulrich
Habsburg-Lothringen
9400 Wolfsberg, Klagenfurter Str.

Aktenzahl (bitte angeben)

I 31/31

12. November 1989

Verehrte Frau Habsburg-Lothringen,
Verehrter Herr Habsburg-Lothringen,

ich habe Ihren Leserbrief in der GEMEINDE vom 7.November gelesen. Vielleicht schreiben Sie auch an den Direktor der Gedenkstätte Auschwitz-Birkenau, Herrn Mgr. K. Smolen, PL-32600 Oswiecim, Panstwowe Muzeum Oswiecim-Brzezinka?

Ich könnte mir vorstellen, daß jetzt mit der neuen Regierung eine Möglichkeit besteht die Konzeption des Museums Auschwitz zu ändern.

Mit besten Grüßen Ihr

Dr. Andreas Maislinger
Universitätsassistent am Institut für Politikwissenschaft

Kardinal Jozef GLEMP
Primas von Polen
WARSZAWA
Polen

Aktenzahl (bitte angeben)

I 31/43

Eminenz!

In einem Leserbrief an die Süddeutsche Zeitung habe ich versucht, mich für das Kloster neben der Gedenkstätte Auschwitz einzusetzen. Leider wurde mein Brief jedoch von der Süddeutschen Zeitung nicht veröffentlicht. Eine Kopie liegt Ihnen bei.
Den Medien entnehme ich, daß Sie eine Konferenz zum THema "SHOA" einberufen wollen. Da ich mich sehr intensiv mit dem polnisch-jüdischen Verhältnis beschäftige, wäre ich Ihnen sehr dnakbar, wenn Sie mich zu diesem Treffen einladen würden.

Was den Streit um das Kloster in Auschwitz betrifft, wird meiner Meinung nach immer vergessen, daß die Juden tatsächlich einen Grund zur Klage haben, denn der Holocaust wird in der Gedenkstätte nicht in gebührender Weise dargestellt. In der von Direktor Kazimierz Smolen verfaßten Broschüre "Ein Gang durch das Museum" aus dem Jahre 1981 heißt es im Kapitel "Birkenau" auf Seite 113: "Diese Stätte soll künden von dem Heldenmut, der Menschlichkeit und Opferbereitschaft vieler Menschen des polnischen Volkes. Darüber hinaus aber soll dies eine Stätte des Gedenkens sein für die Opfer der Nazibarbarei aus allen Völkern". Auch das Besuchergruppen vorgeführte Tonband auf dem Wachturm des Vernichtungslagers Birkenau erwähnt die Juden nur am Rande. Hier sollte eine Änderung der Gedenkstätte ansetzen, und nicht beim Kloster! Ich bedauere es tief, daß man die Nonnen vertrieben hat, über eine völlige Änderung der Konzeption des Museums jedoch öffentlich noch nicht gesprochen wird. Ich finde es skandalös, daß keine Bücher über die SHOA ver-

A-6020 Innsbruck, Innrain 52, Telefon 05222/724-2712 (Sekretariat 2711) · P.S.K. Konto Nr. 34 17.803

kauft werden und die Verwaltung und Betreuung des Museums noch immer ausschließlich in polnisher Hand ist. Auschwitz "gehört" nicht nur Polen, sondern Europa und der ganzen Welt. Dieser "Besitz" bedeutet jedoch vor allem Verantwortung. Warum sollte diese Verantwortung alleine Ihr Volk tragen?

Bei dieser Gelegenheit möchte ich auch noch etwas zu Österreich und der Bundesrepublik Deutschland sagen: Mein eigenes Land hat die Erlaubnis bekommen, eine Ausstellung zu gestalten - und hat sich einseitig nur als Opfer dargestellt! Dafür schäme ich mich als Österreicher, denn jeder weiß, daß gerade aus Österreich besonders viele NS-Verbrecher kamen, welche an der SHOA führend beteiligt waren.

Die Ausstellung müßte daher unbedingt ergänzt werden. Neben dem tatsächlich sehr stark vertretenen Widerstand müssen auch die österreichischen Täter in der Gedenkstätte Auschwitz-Birkenau gezeigt werden.
Warum die DDR mit einer Ausstellung vertreten ist, nicht jedoch die Bundesrepublik Deutschland, das bleibt mir völlig unverständlich. Die DDR hat sich doch kaum um eine Aussöhnung mit dem polnischen und jüdischen Volk bemüht, die BRD hat dies jedoch fast vorbildlich getan.

Dieser Brief sollte nicht zu lange werden. Falls bei Ihnen Interesse besteht, würde ich Ihnen sehr gerne ausführlicher meine Vorstellungen zur Umgestaltung der Gedenkstätte mitteilen. Einen ähnlichen Brief werde ich auch an Ministerpräsident Mazowiecki und Direktor Smolen senden.

Hochachtungsvoll

Dr. Andreas Maislinger
Universität Innsbruck

1994?

Christl.-Jüdischer Koordinierungsausschuß Kärnten
Friederike-Sarah Habsburg-Lothringen
Klagenfurterstr.1
9400 Wolfsberg

Leserbrief - Redaktion "Kleine Zeitung"
Funderstr.1a
9020 Klagenfurt

Es ist die Gedankenlosigkeit heutiger Politiker, vor allem solcher der FPÖ, die so betroffen macht. Der Ausspruch des Herrn Gaugg über Nazi vergißt nämlich die eigentlichen Opfer. Die nicht-jüdische Bevölkerung konnte sich frei entscheiden dafür - für Nazi - zu sein und mitzumachen, oder dagegen zu sein und still zu bleiben - umso größer der Mut derjenigen, die dagegen waren und dies auch laut äußerten ! Die Juden und die Zigeuner aber hatten keine freie Wahl - für sie gab es nur KZ und Tod - und für diese Menschen sind solche Äußerungen eine Beleidigung ! Über das tödliche Grauen, das die damaligen Opfer beim Wort "Nazi" empfinden, sollten sich nicht nur Politiker Gedanken machen, aber vor allem diese! Und es sollte weder als "witziges Wortspiel", noch als unbedachte Äußerung und schon gar nicht als ernst gemeinte gesagt werden dürfen, sondern es ist für jeden Menschen, der in der Öffentlichkeit arbeitet, ein zwingender Grund sich zu entschuldigen - und aus dieser Öffentlichkeit zu verschwinden!

Für den christlich - jüdischen Koordinierungs
Koordinierungsausschuß Kärnten

Friederike-Sarah Habsburg-Lothringen

Zitat Gaugg: N - A - Zi

Neu - attraktiv - zielstrebig? - i?

Ing. Wolffried Dietrich

UNTERER ALMWEG 12, 9020 KLAGENFURT
TEL. 0463/46005

An die
KLEINE ZEITUNG
Funderstraße 1a
9020 K L A G E N F U R T

Betr.: Leserbrief

Habsburg contra Tilian
"Ulrichsberg" - Leserbriefe vom 6. u. 8. April 1995.

Wo nehmen Sie, Frau Friederike Habsburg-Lothringen, nur den grenzenlosen Haß gegen jene alten Soldaten her, denen das Andenken an ihre gefallenen Kameraden trotz Beschimpfung, Kriminalisierung und Entwürdigung durch Ihresgleichen noch Pflicht ist? Unsere Väter würden von Ihren Ahnen auf "Gott, Kaiser und Vaterland" eingeschworen, wir hatten einen Eid auf "Führer, Volk und Vaterland" zu leisten und niemand hat gefragt, ob das eine oder das andere rechtens ist! Aber Werte, wie Treue, Ehre, Opfe mut und Liebe zur Heimat waren immer dabei, wenn es galt, das Leben gegen jene Kräfte einzusetzen, welche angetreten waren, um Ihre Vorfahren zu vernichten und in weiterer Folge jene Diktatur über Europa zu verhindern, welche im Osten jetzt langsam zerbricht. Lassen Sie wenigstens die Toten in Ehren ruhen, das bittet Sie ein ehemaliger Obergefreiter, einer, der sich nicht Verbrecher schimpfen lässt, weil er bei der Wehrmacht dienen mußte und dessen Vater noch für Ihre Familie im Kampf zum lebenslangen Krüppel geschossen wurde!

Klagenfurt, 10 April 1995.

Durchschriftlich an Frau Friederike Habsburg-Lothringen
Klagenfurterstraße 1, 9400 WOLFSBERG.

Habsburg:

Als 1918 sich die Tschechen-Slovaken- Ungarn- Slowenen- u. Kroaten vom Hause Habsburg lösten, hatten die ein freies Völkerleben bis 1945. Genau eine Generation lang. 27 Jahre.
Von 1945-89 waren diese Völker in Geiselhaft des gottlosen Kommunismus, mit Allen seinen Greueln.

Nur das Kernland des kath. apost. Hauses Habsburg-„Österreich" blieb davon verschont.

Der Österr.-Staatsvertrag wurde durch „Pater Petrus" im Rosenkranz-Sühne-Kreuzzug von Gott erbetet. Ausspruch von Figl u. Raab.

Dem „Himmel" sei Dank. „Maria" wir danken Dir!

Die ganze Freiheit u. den damit verbundenen Wohlstand können die Österreicher diesem „Gottes-Geschenk" verdanken.

Ist die heute umsichgreifende Gottlosigkeit nicht ein Verrat? Wollen die Österreicher in diesen Sumpf hineinsteigen, aus dem die Russen nach 80 Jahren noch nicht heraus gekommen sind.?

Diese Wahrheiten der Jugend überbringen wäre Ihre journalistische Aufgabe.

Es ist keine Krise der Kirche, sondern eine Krise dess Glaubens und der Gläubigen. Ein tiefer persönlicher Verfall!

Waren die Männer, die mit dem
Einsatz Ihres Lebens, alles Nazi's
die uns den Staatsvertrag brachten ?
Österreich muss frei sein.
Österreich ist frei !!!
Raab - Figl - Kreisky u.s.w.
In Israel werden fast täglich
Menschen getötet, Einheimische nicht
Fremde. Die Eigentümer des Landes
Israel - sind die Palestinenser „2000 Jahre'
nicht die Juden.

mungs-Jubiläumsbier 1995 und „Wohl bekomm's!"

Othmar Mory, Bleiburg

Ulrichsberg

Seit 1959 gedenkt man jedes Jahr im Oktober der gefallenen Soldaten der Kameradschaft IV (Waffen SS) des 2. Weltkrieges am Ulrichsberg. Anläßlich dieser Gedenkfeier übernahmen Politiker aller österreichischen Parteien den Ehrenschutz und hielten Festreden. Um nur einige zu nenen: Bundeskanzler Dr. Klaus, die Verteidigungsminister Graff, Dr. Schleinzer, Dr. Lichal, LH. Zernatto, LH. Wagner, Dr. Frischenschlager, Bgm. Ausserwinkler usw. Die KTZ vom 4. und 7. März bezeichnet die Soldaten der Kameradschaft IV als Verbrechertruppe. Sie waren laut Aussagen deutscher Politiker ein Teil der Deutschen Wehrmacht. Da auch ich, wie alle genannten Politiker, gebeten wurde, als Festredner teilzunehmen, die umrahmt war von der Geistlichkeit beider Konfessionen (mit Bischof), Bundesheer, Musikkapelle, Festgästen aus mehreren Ländern, haben wir alle laut KTZ an einer Feier zu Ehren einer Verbrechertruppe teilgenommen. Dagegen protestiere ich und fordere auf, sich offiziell zu entschuldigen.

Rudolf Tillian, Hermagor

Friederike Habsburg-Lothringen
Klagenfurterstr.1
9400 Wolfsberg

"Kleine Zeitung"
Betrifft Leserbrief Herr Tillian vom 6.4.1995

Es wäre "50 Jahre danach" endlich an der Zeit einzusehen, daß <u>alles</u> in und an dem Regime der Nazi verbrecherisch war. Und wenn an einer Gedenkfeier am Ulrichsberg oder anderswo noch so viele Politiker und Geistlichkeiten teilnehmen und wenn man dies auch jedes Jahr tut macht es das Nazi-Reich und seine Handlanger doch nicht weniger verbrecherisch. In neuaufgefundenen Dokumenten wird übrigens auch der Beweis erbracht, daß auch die Wehrmacht zum Teil an Verbrechen beteiligt war.
Wie sagte doch kürzlich ein alter Herr, Jude, der die KZ`s von Auschwitz bis Buchenwald überlebt hat, zu mir:
Wenn sie doch nur endlich zugeben wollten, daß sie Böses getan oder zugelassen haben, dann wäre das für alle -Opfer wie Täter- die echte Chance für einen Neubeginn. Aber Schuld zugeben ist offensichtlich immer die Sache des anderen.

Friederike Habsburg-Lothringen

Sterben müssen andere

Zum Leserbrief „Ulrichsberg" von Frau Habsburg-Lothringen vom 8. April

Das darf nicht unwidersprochen hingenommen werden. Ich gehöre nicht der Kameradschaft IV an – ehemalige Angehörige der Waffen-SS –, die ein Teil der Deutschen Wehrmacht war. Das waren genausowenig Kriegsverbrecher wie die Angehörigen der Wehrmacht. Ich war Kriegsteilnehmer bei einer bayerischen Infanteriedivision und bin dort auf keine Nazis gestoßen. Ganz im Gegenteil: es waren mehrheitlich Regimegegner. Kriege werden von den Politikern und Waffenlobbies begonnen – sterben müssen andere. Und das war bei den Habsburgern nicht anders. Die Habsburger haben nicht nur geheiratet, sondern zur Stärkung ihrer Hausmacht auch Kriege geführt. Frau Friederike Habsburg-Lothringen, auch da gab es viel Blut und Tränen! Ihr Urahn Rudolf I., der kleine Graf aus dem Schwabenland, war bereits ein erfolgreicher Raubritter. Es steht Ihrem Haus nicht zu, das Gedenken auf dem Ulrichsberg als Naziverherrlichung zu interpretieren. Es geht um das Gedenken an jene, die auch von ihresgleichen in den Tod geschickt wurden.

Dkfm. Erich Vogel, Döbriach

„Handlanger"

Frau Friederike Habsburg-Lothringen! Zuerst: Ihre abwertende Äußerung über „gewählte Politiker unseres Landes (und im Amt befindliche Geistliche)" zeugt von einem beängstigenden Manko an Demokratieverständnis. Sie haben nur vergessen, den sehr verehrten Herrn Otto von Habsburg auf Ihre Negativliste zu setzen. Obgenannter hat es nämlich mit seinen Grundsätzen vereinen können, ein sehr beachtliches Referat im Rahmen einer Ulrichsbergfeier zu halten. Zum zweiten: Ohne beachtliche Allgemeinbildung behaftete Mitteleuropäer wissen, daß es in jedem Staatengebilde nur eine geringe Zahl von Entscheidungsträgern – Fachleute sprechen von etwa 0,3 % – gibt, deren Vorgaben vom Volk zu befolgen sind. Je demokratischer, desto besser, je diktatorischer, desto schwieriger für den einzelnen. Sie sprechen vom Nazireich und „seinen Handlangern". Da darf ich Ihnen etwas auf die Sprünge helfen. Da wären (was mir vorerst so spontan einfällt): Von Ribbentrop, von Papen, von Rundstedt, von Bock, von Leeb, von Kluge, von Witzleben, von Reichenau, von Brauchitsch, von Bardolf und so weiter. Alles klingende Namen, von uns 18jährigen zu Kriegsbeginn mit Ehrfurcht bestaunt, ihren Befehlen folgend, waren es doch durchwegs Persönlichkeiten von Adel, wie es die Titel bezeugen. „Sie" wissen es – heute –, daß es sich um Handlanger des Naziregimes gehandelt hat. Da diese Herren nicht mehr greifbar sind, nehmen Sie sich das Recht heraus, Ihren Schmutzkübel auf die damals 18jährigen auszuschütten, nur weil diese heute über Siebzigjährigen auf der Europagedenkstätte Ulrichsberg für das Überleben danken und für den Frieden beten. Und das zusammen mit unseren ehemaligen Gegnern, unseren politischen Madataren, der Geistlichkeit, dem österreichischen Bundesheer und allen Mitmenschen, die guten Willens sind.

Norbert Rencher, Klagenfurt

Ulrichsberg: Europa-Gedenkstätte für die in den Kriegen gefallenen Soldaten

FOTO: EGGENBERGER

Habsburg contra Tillian

Wo nehmen Sie, Frau Friederike Habsburg-Lothringen, nur den grenzenlosen Haß gegen jene alten Soldaten her, denen das Andenken an ihre gefallenen Kameraden trotz Beschimpfung, Kriminalisierung und Entwürdigung durch Ihresgleichen noch Pflicht ist? Unsere Väter wurden von Ihren Ahnen auf „Gott, Kaiser und Vaterland" eingeschworen, wir hatten einen Eid auf „Führer, Volk und Vaterland" zu leisten, und niemand hat gefragt, ob das eine oder das andere rechtens ist! Aber Werte wie Treue, Ehre, Opfermut und Liebe zur Heimat waren immer dabei, wenn es galt, das Leben gegen jene Kräfte einzusetzen, welche angetreten waren, um Ihre Vorfahren zu vernichten und in weiterer Folge jene Diktatur über Europa zu verhindern, welche im Osten jetzt langsam zerbricht. Lassen Sie wenigstens die Toten in Ehren ruhen, das bittet Sie ein ehemaliger Obergefreiter, einer, der sich nicht Verbrecher schimpfen läßt, weil er bei der Wehrmacht dienen mußte und dessen Vater noch für Ihre Familie im Kampf zum Krüppel geschossen wurde!

Ing. Wolffried Dietrich, Klagenfurt

Traurig gestimmt

Allgemein ist bekannt, daß irren menschlich ist. Bundeskanzler Dr. Bruno Kreisky ging etwas weiter und hat gemeint, „gescheiter wird man wohl werden dürfen". In der Demokratie muß man Toleranz üben und Fehler einsehen. Traurig aber stimmt mich, daß ein Mann, den ich sehr geschätzt habe, nämlich Landtagspräsident a. D. Rudolf Tillian, 50 Jahre nach der (Gott sei Dank) gewaltsamen Zerschlagung des Schreckensregimes der Nazis auf Parteikonferenzen und in Tageszeitungen mittels Leserbriefen die Kameradschaft IV (Waffen-SS) lobt und verherrlicht. Mittlerweile wird im „profil" schon auf schwere Vergehen der Deutschen Wehrmacht in verschiedenen Ländern hingewiesen. Herrn ÖR. Tillian würde ich bitten, daß er sich solchen Berichten auch mit der notwendigen Zeit und Aufmerksamkeit widmet. Für meine Partei, der ich über 40 Jahre angehöre, schäme ich mich, weil sie Menschen mit solcher Einstellung in so hohe demokratische Funktionen berufen hat.

Franz Prettner, LAbg. a. D.
Bundesobmann der SPÖ-Bauern

Nichts verherrlicht

Herr Rudolf Tillian hat in seinem Leserbrief in keiner Weise das Nazireich und seine Handlanger verherrlicht. Tillian bezeichne ich als Humanisten. Es kann ja wohl kein Zufall gewesen sein daß er jahrzehntelang Präsident des Kärntner Landtages sein konnte. Zum Ulrichsbergtreffen: Wir alle, die wir Träger der Felduniform waren, egal ob beim Heer, der Luftwaffe, der Marine oder der Waffen-SS, haben gemäß den damaligen Gesetzen den Einberufungsbefehl erhalten und waren eben Soldaten. Keiner von uns wurde Soldat, um Verbrechen zu begehen, ganz im Gegenteil wir wurden strikte angewiesen korrekt und ritterlich zu sein. Vielleicht kann auch das geglaubt werden. Sehr viele von denen, die ab 1938 zur damaligen Deutschen Wehrmacht bzw. Waffen-SS kamen, sind nicht mehr am Leben. Die Heimkehrer, ob kriegsbeschädigt oder gesund, haben das zerstörte Österreich wieder aufgebaut. Ich kenne sowohl als Veteran und als Mitglied des Österreichischen Kameradschaftsbundes sehr viele Kameraden – ich könnte keinem einzigen Verbrechen unterstellen. Uns nach 50 Jahren zu verdammen, weil für uns die Begriffe „Heimat, Mut, Tapferkeit und Treue" Lebensinhalt sind, ist gelinde gesagt, unmenschlich. Hört doch, bitte endlich auf mit dieser infamen Kollektivschuld. Wo bleibt denn da für uns der Begriff „Menschenwürde"?

S. Scherer, Gnesau

11.4.95

KLEINE ZEITUNG 29

Kameradschaft

Zu „Ulrichsberg" vom 8. April

Daß Sie, Frau Habsburg-Lothringen, alle Kameradschaftsfeiern und -treffen als Nazipropaganda hinstellen, ist beschämend und eine Beleidigung für alle draußen gebliebenen, in fremder Erde ruhenden Soldaten und jener, die bei solchen Veranstaltungenn ihrer gedenken. **Paul Kometter, Klagenfurt**

Kriegsgeneration

Zum Leserbrief „50 Jahre danach" vom 8. April ist anzumerken, daß es die heranwachsende Generation weniger interessieren dürfte, welche Fehler in der Vergangenheit gemacht wurden, als vielmehr, was heute getan wird, um ein Überleben für morgen zu sichern. Vermessen wäre es, die monarchische Staatsform ringsherum so einfach als verbrecherisch zu bezeichnen. Vermessen ist es, die Kriegsgeneration zu diskriminieren.

Wir waren Kinder der Zeit, vom Schicksal gefordert... und haben bestanden. In einer beispiellosen Kraftanstrengung schuf diese Generation die Fundamente für einen Neubeginn. Veteranen aller Nationen treffen sich als Freunde am Ulrichsberg und setzen dort ein Zeichen der Versöhnung und Friedensbereitschaft. Chaoten finden sich keine darunter.

DI. Matthias Themeßl, Bodensdorf

25.4.95

LESE

19.4.1995

Sperrmüll

Das Studium der Leserbriefseite vom 15. April hat mein geschichtliches Wissen um drei interessante Thesen bereichert: 1. Bei der deutschen Wehrmacht gab es keine Kriegsverbrecher, auch nicht bei der Waffen-SS. 2. Rußland hatte zwecks Errichtung einer europaweiten Diktatur Deutschland den Krieg erklärt. 3. Begriffe wie „Heimat, Mut, Tapferkeit und Treue" legitimieren im nachhinein den Völkermord, der aber nur von Politikern und Waffenlobbies, nicht von Soldaten begangen wurde. Ich weiß nicht, warum Sie solch geistigem Sperrmüll so viel und so oft Platz einräumen. Ich weiß nur, daß dieser von Deutschland und seinen Verbündeten initiierte Krieg unendlich viel Leid über Europa gebracht hat und es nicht den geringsten Grund gibt, dieser „Heldentaten", denen Millionen zum Opfer gefallen sind, zu gedenken. Im Gegenteil: Es wäre sinnvoller, sich im stillen Kämmerlein bis ans Lebensende für diesen Wahnsinn zu genieren und nicht den Kärntner Ulrichsberg mit dem Zusammentreffen von „Kameradschaften", Waffen-SS, Burschenschaften usw. europaweit ins rechtsrechte Zwielicht zu rücken. – PS: Ich empfinde es als tragikomisch bis widerwärtig, wie einige Leserbriefschreiber an Frau Habsburg-Lothringen Sippenhaftung betreiben und ihr sogar das Raubrittertum ihres Urahns Rudolf I. vorgehalten wird. **Heinz Grötschnig, Klagenfurt**

werden. **Elfriede Krempl, ÖHV-Generalsekretärin**

25.4.95

Gedenken an die Toten

Zwar bin ich der Meinung von Frau von Habsburg (Leserbrief vom 8. April), aber sie hat bestimmt gemeint, daß in der Zeit der Monarchie unter den Kaisern noch für eine gerechte Sache gekämpft wurde. Es ist auch ungerecht, Frau von Habsburg für eine Sache, die ihre Vorfahren begannen, zur Rechenschaft zu ziehen.

Ich selbst habe Gott sei Dank nie einen Krieg miterlebt, und ich will auch gar keinen miterleben, aber meine Urgroßväter und Großväter haben im Ersten und Zweiten Weltkrieg gedient. Die im Ersten gedient haben, errangen auch einige Auszeichnungen, aber vor allem haben sie für die Erhaltung und Ehre ihres Vaterlandes und Erzhauses gekämpft, wogegen die des Zweiten nur unfreiwillig in den Krieg zogen. Hier war ihr An-„Führer" ein irrer Mensch, der nur, weil er an keiner Kunstschule angenommen und seinen Haß gegen Juden auf seine eigene Art revanchieren wollte, diesen Krieg anzettelte und deshalb Zigtausende Menschen unnötig starben und brutalst ermordet wurden. Deshalb ist es, glaube ich, kein Verbrechen, der vielen armen Männer zu gedenken, die in diesem unsinnigen Krieg ihr Leben gelassen haben, denn auch meine Familie gedenkt eines Großonkels, der in Belgrad aus dem Leben gerissen wurde. **Dr. Wilhelm Vehn-Gayer, Klagenfurt**

3x

Infame Unterstellung

In der ORF-Sendung „Der Report" (11. April) wurde behauptet, daß die Deutsche Wehrmacht in Rußland und in Jugoslawien nicht nur sozusagen laufend Kriegsverbrechen begangen hätte, sondern daß es auch „einschlägige Wehrmachtsbefehle" gab, die die Soldaten zu Übergriffen geradezu ermuntert haben sollen. Das ist eine infame Unterstellung. Es wurde dabei verschwiegen, daß es besonders in diesen beiden Ländern einen völkerrechtswidrigen, hinterhältigen und grausamen Partisanenkampf gegeben hat, dem unzählige deutsche Soldaten zum Opfer gefallen sind und der natürlich harte deutsche Vergeltungsmaßnahmen zur Folge hatte. Gewiß hat es in der Wehrmacht auch Übergriffe gegeben. Aber diese wurden (auch das wurde im „Report" verschwiegen) von den deutschen Militärgerichten in der Regel streng, ja nicht selten mit dem Tode bestraft.

Karl Huber, Viktring

KLEINE ZEITUNG

SONNTAG
16. APRIL 1995

9.5.95

KLEINE ZEITUNG 35

Vergeltungsmaßnahmen

Zu „Infame Unterstellung" vom 16. 4.

Lieber Herr Huber, Sie haben vergessen, daß Hitler mit seinen Truppen es war, der in Polen, Jugoslawien, Rußland und andere Oststaaten einmarschiert ist. Aber nicht mit Pauken und Trompeten, sondern mit Waffen aller Art. So wurde der erste Haß geschaffen. Jeder, der sich gegen Hitler gestellt hat, hatte zwei Möglichkeiten: entweder ins KZ oder zu den Partisanen, also war „Partisan" noch besser. Die SS mit dem Totenkopf war (mit Ausnahmen) bekannt für Greueltaten. Ich war Zeuge, als die SS auf dem Hauptplatz in Mureck Mitte April 1945, also bei Kriegsende, drei deutsche Soldaten erhängte, mit der umgehängten Tafel „Deserteur". Daß sich nach Ihrer Auslegung die hinterhältigen, grausamen Partisanen nicht ohne Widerstand abknallen ließen, ist verständlich, genauso, daß es auf beiden Seiten zahllose unschuldige Tote gab, weil Krieg war. Wie Sie schreiben, gab es für diese deutschen Opfer natürlich harte deutsche Vergeltungsmaßnahmen.

Peter Klemenjak, Launsdorf

Soldaten: Kriegsverbrecher?

Zu allen Zeiten gab es Diktaturen, die Politik in Gewalt umsetzten und Kriege entfachten. Zu allen Zeiten war der Soldat, als Opferlamm des Krieges, ein „armes Schwein", der dem Befehl gehorchend im Marschtritt in den Untergang getrieben wurde. Wenn er ausbrechen wollte und den Befehl verweigerte, starb er auf kurzem Wege und wankte „ohne Tritt" an die Wand. Ein gütiges Schicksal erlaubte mir, als Sanitäter an vielen Fronten einen humanen Dienst zu versehen und unversehrt wieder die Heimat zu sehen. Sechs Millionen Soldaten der deutschen Wehrmacht mußten diesen sinnlosen Opfergang beschreiten. Soldaten, denen nicht bewußt war, daß ein verbrecherisches Regime sie in den Tod trieb. Dieses Regime, und nicht die Soldaten, waren die Verbrecher. Wenn heute von Angehörigen unseres Volkes die Soldaten des eigenen Volkes beschimpft und als Verbrecher hingestellt werden, dann ist das zutiefst deprimierend.

Hermann Vogel, Klagenfurt

9.5.95

FRIEDERIKE HABSBURG-LOTHRINGEN

A-9400 Wolfsberg, Klagenfurterstraße 1
Tel 04352 3936; Fax: Dw-20
Email: ulrich.habsburg@gmx.at

"Der Standard"
Redaktion Leserbriefe
1010 Wien

Wolfsberg, am 25. April 2003

Ausgabe 2002-10-09
Seiten 1 u. 6
Antisemitismus – Vorwurf an Grüne

Die Grünen reagieren heftigst auf den Antisemitismus – Vorwurf. Ihre Einstellung zu Juden kann sicher nicht als „klassisch antisemitisch" bezeichnet werden, ein Teil von ihnen praktiziert jedoch die moderne Variante des „Anti - Jüdisch – Seins", den Antizionismus. Wenn nun die Grünen vehement von sich weisen, dass sie in irgendeiner Form antijüdisch seien, sollte man es auch Juden zubilligen, dass sie die Israel – Äußerungen mancher Grün – Politiker sehr wohl als antijüdisch empfinden. Oder will man den Juden vorschreiben, was sie als antijüdisch empfinden dürfen und was nicht?

Die im Buch abgebildeten Faksimile erschienen ursprünglich in folgenden Medien:

Akademische Blätter
Bilanz
Der Standard
Die Furche
Die Presse
Kärntner Woche
Kleine Zeitung
Kronen Zeitung
News
Reader's Digest
Ruperti Bote
Schwarz-Gelber Gegenwind
Unterkärntner Nachrichten

Anmerkungen zu den Briefwechsel:

Seite 48 und 53:
Dr. Siegfried Lorber
Seite 58:
Otto Umlauft
Seite 87:
Med. Rat Dr. Karl Laßnigg

Die Herausgabe dieses Buches wurde unterstützt von:

Land Kärnten
Stadtgemeinde Wolfsberg
Grüne Bildungswerkstätte Klagenfurt
Kärntner Landesversicherung
Bank für Kärnten und Steiermark